GIORDANO BRUNO

Von der Ursache, dem Prinzip und dem Einen

Aus dem Italienischen übersetzt von
ADOLF LASSON

Mit einer Einleitung von
WERNER BEIERWALTES

Vervollständigt, mit Anmerkungen, Biographie,
Bibliographie und Register versehen und
herausgegeben von
PAUL RICHARD BLUM

FELIX MEINER VERLAG
HAMBURG

PHILOSOPHISCHE BIBLIOTHEK BAND 21

1872 1. Auflage als Band 53
1902 3. verbesserte Auflage als Band 21
1923 4. unveränderte Auflage
1977 5. erweiterte und teilweise neuüberarbeitete Auflage

CIP-Kurztitelaufnahme der Deutschen Bibliothek

Bruno, Giordano
Von der Ursache, dem Prinzip und dem Einen / vervoll-
ständigt, mit Anm. Biographie, Bibliogr. u. Reg.
vers. u. hrsg. von Paul Richard Blum. — 5., erw. u.
teilw. neuüberarb. Aufl. — Hamburg: Meiner, 1977.
 (Philosophische Bibliothek; Bd. 21)
Einheitssacht.: De la causa, principio e uno <dt.>
ISBN 3-7873-0403-7

© Felix Meiner, Hamburg 1977
Alle Rechte, auch die des auszugsweisen Nachdrucks, der photo-
mechanischen Wiedergabe und der Übersetzung, vorbehalten
Herstellung: Proff & Co. KG, Bad Honnef. Printed in Germany

INHALT

Abkürzungsverzeichnis.................... VII
Einleitung. Von Werner Beierwaltes IX
Editiorischer Bericht LI
Lebensdaten Giordano Brunos............... LIII
Auswahlbibliographie LVIII

Giordano Bruno
Von der Ursache, dem Prinzip und dem Einen

Einleitungsschreiben 3*
Gedichte 17*
Erster Dialog 1
Zweiter Dialog 24
Dritter Dialog......................... 46
Vierter Dialog 74
Fünfter Dialog 97

Anmerkungen zu Bruno, „Von der Ursache, dem Prinzip und dem Einen".................. 117
Namen- und Sachregister 147

ABKÜRZUNGSVERZEICHNIS

A	Camoeracensis Acrotismus (OL I 1)
AM	Articuli adversus mathematicos (OL I 3)
C	De la causa, principio et uno (Text, Fußnoten u. Introduzione der Ausg. Turin 1973 von G. Aquilecchia. − Für die Einleitung von W. Beierwaltes s. dort Anm. 1)
Cabala	Cabala del cavallo pegaseo Con l'aggiunta dell' Asino Cillenico (Dial. it.)
CC	La cena de le ceneri (Dial. it.)
CC 1955	La cena de le ceneri (krit. Ausg. Turin 1955 von G. Aquilecchia)
Dial. it.	Dialoghi italiani. Hrsg. v. Gentile/Aquilecchia, Firenze ³1958
Doc. ven.	Documenti veneti (Prozeßakten), in: V. Spampanato, Vita di Giordano Bruno, Messina 1921.
E	De gli eroici furori (Dial. it.)
I	De l'infinito, universo e mondi (Dial. it.)
Im	De immenso et innumerabilibus (OL I 1 u. I 2)
L.	Lasson
LC	De lampade combinatoria Lulliana (OL II 2)
LPA	Libri physicorum Aristotelis explanati (OL III)
LTS	Lampas triginta statuarum (OL III)
M	De monade, numero et figura (OL I 2)
Ma	De magia, Theses de magia, De magia mathematica (OL III)
Mercati	Angelo Mercati, Il sommario del processo di Giordano Bruno, Città del Vaticano 1942.
OL	Jordani Bruni Nolani Opera latine conscripta,

	ed. Fiorentino, Tocco et alii, Neapel/Florenz 1879–1891 (drei Bände [röm. Ziffern] in acht Teilen [arab. Ziffern])
RP	De rerum principiis (OL III)
S	Sigillus sigillorum (OL II 2)
Spaccio	Spaccio de la bestia trionfante (Dial. it.)
STM	Summa terminorum metaphysicorum (OL I 4)
TMM	De triplici minimo et mensura (OL I 3)
U	De umbris idearum (OL II 1)
V	De vinculis in genere (OL III)

EINLEITUNG

Der Dialog ‚De la causa, principio et uno' entstand — wie ‚La Cena de le Ceneri' und ‚De l'infinito, universo e mondi' — in einer relativ freien und glücklichen Lebenszeit Giordano Brunos: seinem englischen Aufenthalt, 1584 geschrieben und im selben Jahr in einem fingierten Venedig (= London) publiziert.[1]

Die dialogische Form läßt bei Bruno weniger die platonische Intention eines dialogischen Philosophierens wirksam werden, das durch eine argumentative Prüfung gegenseitiger Meinungen zu einem nicht immer fixierbaren Resultat gelangt, sie eröffnet vielmehr für Bruno — durch die Dialogpartner bisweilen fiktional verfremdet — die Möglichkeit, seine eigene geistige und geschichtliche Situation zu beschreiben und in ihr sich selbst zu profilieren. Dies wird gerade im ersten der fünf Dialoge ‚De la causa' in einer verteidigenden und mildernden Replik auf manchen Überschwang und Ausfall im „Aschermittwochsmahl" besonders deutlich; deutlich aber auch in der oft überscharfen, nicht selten nur einen selbstgemachten oder überkommenen Popanz treffenden Kritik der philosophischen und theologischen Tradition. Die Ambivalenz solcher Kritik zeigt sich nicht zuletzt an der Einschätzung der aristotelischen Physik und Metaphysik; ihr stehen Brunos kosmologische Grundgedanken zwar entgegen, wesentliche Denkfiguren aber, die das Neue zu formulieren versuchen, sind *ohne* sie nicht vorstellbar.

Die neue Kosmologie Brunos: Unendlichkeit des Universums und die unendliche Zahl von Welten in ihm, steht in der Nachfolge der kopernikanischen Reform. Brunos Selbstverständnis beansprucht, die Erkenntnis des Kopernikus, daß die Erde nicht Zentrum des Universums ist, radikal vollendet zu haben — metaphorisch gesagt: der Tag zu sein, dem Kopernikus „wie die Morgenröte der aufgehenden Sonne voraufgegangen ist".[2] Was aber durch Bruno nach seinem eigenen Zeugnis an den Tag kam, ist die „antiqua vera filosofia", die bisher verborgen gewesen sein soll. Gerade diese über Brunos Selbstcharakteristik hinausweisende Aussage jedoch relativiert das Pathos des Neuen auf das geschichtlich als wahr Akzeptable hin: „Epochenschwelle"[3] kann zureichend nur verstanden werden, wenn die Kontinuität von Begriffen, Fragen, Problemen und Denkstrukturen *in* und *trotz* der Diskontinuität erkannt wird; freilich darf dabei die Invarianz von Worten nicht über die begriffliche Umformung der Sache hinwegtäuschen. Das Denken Brunos jedenfalls ist im Umbruch zur Neuzeit eines jener folgenreichen Paradigmen, die das Neue ebensosehr im Alten, wie das Alte im Neuen sehen lassen.

Wenn im folgenden Versuch einer Hinführung zu den Problemen in ‚De la causa' auf diese Interferenz geachtet wird, dann nicht, um „Schon-Dagewesenes" beruhigt festzustellen und festzuhalten, sondern um im Blick auf die *sachliche* Bedeutung eines *Gedankens* ein möglicherweise höheres Maß an Vernunft und Objektivität herauszustellen, das in der Geschichte des Denkens wirksam zu sein scheint. Ohne daß man Universalgeschichte im Sinne der Hegelschen Logik unvermittelt übernehmen müßte, gilt für einen derartigen Prozeß der Gedanke: das Neue erscheint nicht dadurch als neu, daß es das Alte destruiert, sondern indem es dies als ein ihm selbst Wesentliches — auch in der Negation — in sich aufhebt, in der Umformung bewahrt. Für Bruno zumindest kann dies nachgewiesen werden, gerade weil er die von Kopernikus her neue Physik und seine eigene neue Kosmologie primär durch zentrale Elemente (Begriffe) der neuplatonischen und aristotelischen Metaphysik expliziert. Die inhaltlichen *Differenzen* zeigen sich dabei besonders frappant an den traditionellen Termini (zum Beispiel der ursprünglich cusanischen ‚coincidentia oppositorum' oder dem ‚possest'), deren Geltungsbereich sich erweitert oder verschiebt, die aber dennoch in der Denkstruktur von ihrem Ursprung sich zu lösen nicht imstande sind.

In ‚De la causa' versucht Bruno nicht — wie in ‚La Cena' und ‚De l'infinito' — eine Explikation des Universums unter primär kosmologischer Hinsicht, vorherrschend sind in diesem Dialog vielmehr metaphysische Fragen: Was macht das Universum, d.h. das Sein im Ganzen (tutto essere) zu einer in sich beziehungsreichen Einheit? Welches sind die bewegenden, immanent belebenden Kräfte dieser Einheit? In welchem Bezug steht der *eine* universale Grund zu dem Vielheitlich-Ganzen des Universums? In den Antworten auf diese Fragen erörtert Bruno 1. die Funktion und den Wirkungsbereich von ‚Prinzip' und ‚Ursache', 2. als Bewegungs- und Lebensprinzip des Universums Sein und Wirken der Weltseele, 3. den Begriff der Materie, an der und durch die die einzelnen Lebensbezüge und Gestalten des Ganzen sich zeigen, das Verhältnis von Materie und Form also, und 4. das Sein des Einen selbst unter dem zweifachen und doch einen Aspekt: als in sich seiendes göttliches Prinzip und als schaffendes, Alles bestimmendes und einigendes Wirken, in dem auch die Wirkung der einzelnen Kräfte oder Ursachen gründet. Obgleich die Frage nach der Erkenntnis, sowie die emotionale und intellektuelle Befreiung des Menschen aus dem Bereich des Endlichen auf das Unendliche hin für Bruno durchaus von hohem Interesse ist, ist über die „Stellung" des Menschen im Universum in diesen Erörterungen verschwindend wenig zu finden. Die Aufgabe des Menschen ist die des Reflektierenden, dessen intensiver Blick dem Universum gilt, der aber als dieser Reflektierende gar nicht eigens in Erscheinung tritt.

1. Prinzip und Ursache

Ganz im Sinne der metaphysischen Tradition nennt Bruno Gott „erstes Prinzip" und „erste Ursache" zugleich;[4] die unterschiedliche Benennung möchte unterschiedliche Aspekte des selben Seins und Wirkens deutlich machen: Prinzip, sofern Gott das Erste überhaupt ist, dem alles Andere an Seinsdignität nachsteht; Ursache, insofern der Unterschied zum Seienden (le cose tutte son da lui *distinte . . .*)[5] durch ihn selbst gesetzt ist. Dies entspricht sowohl dem Gedanken als auch dem Sprachgebrauch des Aristoteles und des Cusanus.[6] Der Gott der aristotelischen Metaphysik ist die eine πρώτη ἀρχή, an der Alles hängt, die als das zeitfreie Denken ihrer selbst zugleich das „Wertvollste" (τιμιώτατον) im Seienden, d.h. das schlechterdings Wirkende oder Wirkliche ist.[7] Der Gott der philosophischen Theologie des Cusanus ist reflexiv in sich selbst hervorgehendes und sich creativ äußerndes ‚principium', als solches aber auch universale Ursache, das „Vor" Allem schlechthin.[8]

Zu differenzieren sind die Begriffe Prinzip und Ursache bei der Erklärung von Gegenständen oder Prozessen der Natur. Prinzip — als der umfassendere Begriff — meint in diesem Bereich dasjenige Element, welches eine Sache oder einen Prozeß innerlich konstituiert und sich in diesen als identisches durchträgt, Ursache aber dasjenige, was zur Produktion einer Sache beiträgt, aber sein Sein außerhalb dieser hat.[9] Diese Differenzierung klingt allerdings schärfer als sie im Denken Brunos sich durchhält. Die Reflexion auf das Universum bringt zunächst die Weltseele als ‚forma universale' in den Blick.[10] Für sie gelten analog zum Begriff ‚Gott' ebensosehr *beide* Begriffe: sie ist erwirkende Ursache (causa effettrice),[11] sofern sie das Universum leitend bestimmt; sie ist Prinzip, sofern sie als innere Form die Welt belebt und gestaltet.[12] Wenn man von dem Zielbegriff des Gedankengangs, der Weltseele, einmal absieht, so folgt Bruno in der doppelten Valenz der Begriffe Prinzip und Ursache für die Erklärung natürlicher Gestaltungen und Prozesse aristotelischem Denk- und Sprachgebrauch. Die Begriffe Prinzip, Ursache (und Element) werden von Aristoteles bisweilen ohne Unterschied für die selbe Sache gebraucht: alle Ursachen gelten auch als Prinzipien.[13] „Allen Prinzipien ist gemeinsam, das Erste zu sein, woraus etwas *ist, entsteht* oder *erkannt* wird" — anzunehmen ist also ein Prinzip für Sein, Werden und Erkennen. „Von diesen Prinzipien sind die einen den Dingen, deren Prinzip sie sind, innerlich, die anderen außer ihnen."[14] Gemäß dieser Bestimmung kann nicht nur die erwirkende oder materiale Ursache Prinzip sein, sondern ebensosehr die formende oder die Ziel-Ursache. Bruno ist auch in der vierfachen Bestimmung der Bezugsbereiche der Ursachen mit Aristoteles einig: das Sein-Bestimmende, das die je eigentümliche Gestalt Gebende, ist causa formalis;[15] das auf Bestimmung hin Mögliche oder Bestimmung selbst Hervortreibende ist causa materialis; das „Woher" der Bewegung (= der Veränderung, der Prozesse) ist die erwirkende Ursache (causa efficiens); das „Wohin" oder Um-Willen (Ziel oder Ende) von Bewegung und Werden die Ziel-Ursache (causa finalis).[16] Sowohl für Aristoteles als auch für Bruno gilt, daß Ursächlichkeit das einzelne Seiende und das Seiende als Ganzes nicht „beiläufig" bestimmt oder daß Ursächlichkeit als Reflexionsbegriff oder rein sprachliche Kategorie Seiendes nicht *nur* auslegt, sie ist vielmehr innere Struktur des Seienden selbst: die Ursächlichkeit ist in *Wesens*ursachen wirksam.

Im Verlauf der Erörterung in ‚De la causa' konzentriert sich der Gedanke auf die zwei Ursachen oder Prinzipien: Materie und Form. Diese sind jedoch als eine Einheit zu denken, da die Formen der Materie selbst immanent sind. Diesem in seinen Konsequenzen von Aristoteles abweichenden Gedanken entspricht dennoch die aristotelische Reduktion der vier Ursachen auf Materie und Form, weil Wesen, Ziel oder Bewirkendes mit der inneren Gestalt eines Seienden oder eines Prozesses identisch gedacht werden können.[17] Durch die die innere *Gestalt* oder *Form* eines Seienden als Ziel bestimmende Ursache wird die *erwirkende* Ursache aktiviert. Die Form eines Seienden also *ist* das erwirkte *Ziel*. Materie aber ist der intelligible oder sinnenfällige Ermöglichungsgrund jeder Konkretion von Form oder Vereinzelung. Im Gegensatz zu Bruno stehen für Aristoteles jedoch Materie und Form in einer ontologischen Differenz zueinander, sind aber für das Zustandekommen von Prozessen und konkreten Formen (d.h. von Einzelnem) aufeinander notwendig bezogen. Während Aristoteles ferner durch die vierfache Ursächlichkeit und deren Reduktion auf die in sich bezügliche Differenz von Materie und Form primär Einzelprozesse oder bestimmtseiendes Einzelnes erklärt, die Ordnung des Ganzen aber durch die Ziel-Ursache, das erste (göttliche) Prinzip, garantiert sein läßt, erweitert und intensiviert Bruno die Funktion der Form-gebenden Ursache aufgrund seines Materie-Begriffs, der Konzeption der Weltseele und des Einen. Für die beiden letztgenannten ist dies durch eine neuplatonische Grundansicht und durch den Begriff des Schöpfers begründet.

2. Weltseele

Universum oder Welt als eine aus sich lebende Einheit ist bedingt durch das Wirken der Weltseele. Sie ist deren „universale (innere) Form"[18] oder die „eine und erste Form", die, durch sich und von sich her subsistierend, sich Allem „als Prinzip aller Formung und Subsistenz unvermindert mitteilt".[19] Indem sie sich derart mitteilt, vermittelt sie den „Geist" (intelletto universale, mens) in das Seiende und macht dieses erst durch diesen Akt *belebt* oder *beseelt*. Geist aber gehört zur Seele selbst, er ist ihr erstes und ein ihr wesentliches, ihr „innerstes" und wirklichstes oder wirksamstes Vermögen (facultà).[20] Diese aktive Vermittlung des Geistes erweist die Weltseele als den „primus motor" aller Prozesse und damit auch allen Seins.[21] Als solcher gestaltet oder formt sie nicht nur das Einzelne auf ein durch Geist Lebendiges hin, sondern setzt auch den sinnvollen und sich gegenseitig tragenden Bezug des Einzelnen zueinander, so daß trotz vielfältiger immanenter Unterschiede durch sie ein einiges Ganzes besteht;[22] sie bewirkt also den nexus oder die connexio rerum, damit aber die Harmonie der Welt, die zugleich ihre Schönheit ist.[23] — Die einigende Kraft, die als ein aus dem Geist hervorgehender Aspekt seiner selbst zu denken ist, — sie entspricht ganz der Beschreibung von *dessen* Wirken — ist *amor*: dieser durchdringt verbindend Alles ganz, „affektiert Alles in Allem und wirkt Alles in Allem".[24] Das Böse oder Dysfunktionale überhaupt hat in diesem Universum keinen Platz, wenn durch die Weltseele Geist oder Vernunft „überall" oder „in Allem" wirksam sein soll. Aufgrund ihrer Unteilbarkeit[25] nämlich, die ihre vielfältigende Wirkung einschließt, ist die Weltseele ganz im Ganzen der Welt *und* ganz in jedem Teil des Ganzen.[26] Metapher für diese Allgegenwart der Weltseele im Universum ist der Kreis, das Licht und die Stimme. Dafür, daß die Weltseele ohne Selbstminderung Allem an dem ihr eigenen Geiste teilgibt, steht der Gedanke ein, sie sei das Zentrum eines Kreises, das sich zum Ganzen hin expliziert, welches nur durch eben diese Explikation überhaupt *ist* — daher ist das Zentrum implicite „das ganze Wesen des Kreises",[27] Alles ist *in* Allem, was durch das Zentrum sein kann. — Weltseele als universale Form ist „unendliches Licht" (lux infinita),[28] das gerade alles Endliche durch sich ausgrenzt und es als Einzelnes bestimmt, als ganzes aber ist und bleibt es unendlich, wie das Zu-Erleuchtende, das Universum selbst, unendlich ist. — Die Stimme ist als eine und ganze überall hörbar: so ist das eine Zentrum der Kraft in Allem wirksam, unteilbar nicht wie der Punkt, sondern als eine diffundierende, ihre Fülle aufschließende und dennoch kontinuierliche Einheit.[29]

Ein Aspekt des Wirkens der Weltseele also ist amor — der Zusammenhalt —, ein anderer, vom Begriff der formenden

Form her gedacht, ist der des *creativen Gestaltens:* den durch die Weltseele vermittelten Geist versteht Bruno — analog dem platonischen Demiurgen (fabro del mondo), dem orphischen „Auge der Welt", dem als empedokleisch deklarierten Unterscheider der Formen und dem plotinischen Grund der Formen in der sinnenfälligen Welt — als den *„inneren Künstler"* (artefice interno), der aus der Materie im ganzen alle Formen *in* ihr wirkt und damit die Summe des Einzel-Seienden zum in sich stimmigen Ganzen ordnet.[30] Anima mundi et spiritus universi — oder der in der Weltseele wirkende Geist ist so als ‚ars artium' oder ‚prima ars' gestaltende *Natur* selbst;[31] sie ist die das Seiende insgesamt von innen her (als Prinzip) bildende Kraft,[32] die die Materie nicht als ein ihr gegenüberliegendes (ihr äußerliches) Mittel „benutzt", sondern, mit dem mundus archetypus idealis verbunden, *in* der Materie ihr unmittelbares Explikationsfeld hat.

Durch diese Bestimmung „innerer Künstler" zu sein, ist die Weltseele als ein Geist, der Alles „macht", auch die vermittelnde *Mitte* zwischen dem göttlichen Geist, der Alles „ist" und dem Geist im Einzel-Seienden, der Alles „wird".[33]

In seiner Konzeption der Weltseele verbindet sich Bruno expressis verbis mit mehr oder weniger sachlichem und geschichtlichem Recht mit Empedokles, den Pythagoreern, die sich für Bruno in wirkungsgeschichtlich bedeutsamen Versen Vergils dokumentieren, mit „Platonikern", Orpheus und Plotin.[34] Wesentliche Elemente der platonischen Tradition, die sich im Neuplatonismus mit dem stoischen Sympatheia-Gedanken verbanden, sind auch in Brunos Modifikationen wirksam geblieben.

Ursprünglich und für die spätere Kosmologie maßgebend wurde der Begriff einer Weltseele in Platons ‚Timaios'[35] entwickelt: sie ist das im Nus des Demiurgen gründende und von ihm her wirkende Struktur- und Bewegungsprinzip des Kosmos, der reflektierte und reflektierende Ausdruck des den Kosmos begründenden und in seiner Geordnetheit bewahrenden mathematischen Verhältnisses, das einende Prinzip von Welt, welches die Proportion oder Analogie der Teile herstellt und erhält. Diese aber, das „schönste Band",[36] bewirkt den Zusammenhang oder die „Freundschaft" (φιλία = amor) der Weltkonstituenten. Die Weltseele ist selbst das Inbild der Einheit von Gegensätzen: des Kreises des Selben und des Anderen.[37] Durch die Einheit dieser beiden Bewegungen, der reflexiven, denkend auf sich selbst gerichteten und der sich in den Bereich des Sinnenfälligen entäußernden Bewegung, ist die Einheit, Harmonie und Vollkommenheit des Kosmos garantiert. Aufgrund der Existenz der Weltseele wird als wesentliche Aussage der platonischen Kosmologie möglich: der *eine* Kosmos, das „sichtbare und das Sichtbare umfassende Lebewesen, als Bild des Intelligiblen der sinnlich wahrnehmbare Gott", gründet in einem intelligiblen oder rationalen Prinzip, seine Bewegung ist Bewegung *durch* Denken, aus ihm hat er seine Schönheit und Vollkommenheit.[38]

Plotin nimmt den platonischen Begriff von Welt als eines lebendigen Wesens auf und integriert ihn in den stoischen Sympatheia-Gedanken. Das Prinzip dieses Lebens, dessen einzelne Elemente miteinander wesenhaft verbunden sind, ist die All- oder Weltseele: *eine* Seele belebt und bestimmt alle „Teile", sie ist überall „dieselbe", d.h. nichts ist von ihrem Wirken ausgeschlossen, sie bringt durch ihre Omnipräsenz das Fernste einander nahe (Alles ist durch Alles „affiziert").[39] Sowohl gegenüber Platon als auch gegenüber Bruno besteht allerdings — mit je verschiedenen Konsequenzen — eine wesentliche Differenz: die Weltseele ordnet und lenkt zwar den Kosmos, sie „erleuchtet" die Materie und macht dadurch den Welt-Körper intelligibel, sie *verbindet* sich jedoch nicht unvermittelt mit ihm, schon gar nicht kann sie als *produktives* Prinzip *in* der Materie verstanden werden; sie transzendiert (ὑπερέχειν)[40] vielmehr den Kosmos, insofern der sie begründende Geist ein Aufgehen im Kosmos verwehrt: sie bleibt „immer oben".[41] Die Vermittlung der Intelligibilität und damit der Geordnetheit und Harmonie des Kosmos durch die Weltseele ist also von Distanz bestimmt. Dennoch ist der sinnenfällige Kosmos ein dem intelligiblen ähnliches „Bild", weil in ihm die Weltseele als Lebensform die Zeit als das Bild des zeitfreien Nus gesetzt hat; der Kosmos ist dadurch immerhin eine zur Einheit des Nus *analoge* Totalität, die die Gegensätze in sich austrägt.

Alle Elemente des Gedankens — platonisch, neuplatonisch und stoisch — sind in *Ficinos* Begriff der Weltseele ineinsgefügt. Sachlich und geschichtlich steht er Bruno — auch in der Verbindung dieser Konzeption mit der ‚magia naturalis' — am nächsten. Welt- oder Universalseele denkt Ficino als Konkretion oder Vermittlung der freien Selbstentäußerung Gottes (diffusio sui ipsius); sie ist der Einheit stiftende Grund der Welt: Et quia ipsa est universorum *connexio*, dum in alia migrat, non deserit alia, sed migrat in *singula*, ac semper *cuncta conservat*, ut merito dici possit *centrum* naturae, universorum *medium*, mundi series, vultus omnium nodusque et *copula* mundi.[42] Diese erwirkte Einheit ist als die Verbindung des Einzelnen untereinander *und* zum Ursprung hin zu verstehen, von dem das Gegründete nie total trennbar ist. Resultat des Wirkens der *einen* Weltseele ist also: Kontinuität des Seienden insgesamt, lückenloser Bezug zum absoluten Anfang, Vollkommenheit, immanentes Leben und Bewegung des Universums.[43] Schon Ficino begreift ‚amor' als Wirkweise der Weltseele; deshalb wird er, wie die Weltseele selbst, als ‚nodus perpetuus et copula mundi' benannt.[44] Er ist eine das Geschaffen-Seiende insgesamt durchdringende, im eigentlichen Sinne kosmologische Kraft: das in sich unterschiedene, abgegrenzte und bestimmte Seiende verbindet er zu einer „Eintracht" (concordia)[45], ordnet es damit zugleich und macht es schön; er ist jedoch nicht nur konstituierender Anfang des Seienden (dessen ‚effectio'), sondern hat auch die Funktion der ‚reductio' und ‚conservatio' des Seienden, in der in sich disparaten Materialität läßt er den einen und einigenden intelligiblen Grund erscheinen;[46]

Reduktion ist zugleich Spiritualisierung. ‚Amor' erweist sich durch diese doppelte Vermittlung als Funktion des Mitte-Seins der Weltseele. In diesem Gedanken einer kosmischen ‚concordia' durch ‚amor' knüpft Ficino — wie dann Bruno[47] — an die kosmologischen Prinzipien „Liebe" und „Zwist" des Empedokles an und intensiviert die neuplatonische Konzeption nicht zuletzt durch „Orphisches".[48]

In welchem Maße und Sinne sich die aus der philosophischen Tradition aufgenommenen Elemente des Gedankens ‚Weltseele' in Brunos Denken auf eine intensivere Einheit mit ihrem „Körper" hin (dem Universum, der Welt) modifizieren, kann bei der Erörterung des Begriffes ‚Materie' noch deutlicher werden.

3. Materie

Gerade an seinem Begriff von Materie zeigen sich charakteristische Eigentümlichkeiten von Brunos Denken. Die Weise ihres Zusammenwirkens mit der Weltseele aber bestimmt die Struktur des Universums; zugleich wirft Materie ein Licht auf den Bereich und die Wirkintensität des göttlichen Prinzips.

Bruno hebt den Unterschied seiner Materie-Konzeption zur aristotelischen immer wieder hervor. Sein Vorwurf, der Materie im aristotelischen Sinne komme gar keine Realität zu, sie sei lediglich eine ‚logica intenzione', magis logicum quam physicum,[49] trifft sich — freilich in ein positives, nicht-polemisches Verstehen gewendet — mit der Aussage gegenwärtiger Aristoteles-Forschung, die so genannte „erste Materie" sei reine Abstraktion oder ein „Reflexionsbegriff".[50] — Erste Materie ist im Sinne des Aristoteles das notwendige Substrat ($\dot{v}\pi o\kappa e\acute{\iota}\mu e\nu o\nu$) aller physikalischen Prozesse (Veränderung oder Bewegung), Voraussetzung dafür, daß wirkende Kräfte ($e\ddot{\iota}\delta\eta$) die reine Möglichkeit ($\delta\acute{v}\nu\alpha\mu\iota\varsigma$) in immer wieder neue Formen differenzierend fortbestimmen.[51] Daß aus der Unbestimmtheit der ersten Materie (πρώτη ὕλη) vielfältig bestimmtes Etwas oder bestimmte Materie (ὕλη αἰσθητή) werde, dafür bedarf es also einer *in sich seienden* Aktivität (ἐνέργεια); in ihr allein ist die Überführung eines Zustandes der Materie in einen anderen, der „Umschlag" auch von Gegensätzen ineinander begründet und begreifbar.[52] Dieser vollzieht sich aus einem Nicht- oder Noch-nicht-Sein (relativem Nicht-Sein) in umgrenztes, selbständiges, wahrnehmbares, erkennbares und aussprechbares Sein. Demgegenüber müssen der ersten Materie — via negativa — all diese Prädikate abgesprochen werden, so daß ihr auch die allgemeinste Prädikation — οὐσία — nicht zukommen kann; damit gerade wäre sie ja formende Form und nicht die Bedingung aller Formierung, die Offenheit zu aller Vereinzelung.[53] Aristotelisch ist sie also jenes ‚prope nihil',[54] das sie im Sinne Brunos nicht sein kann oder soll.

Er selbst versteht sich in seiner Gegenstellung zu Aristoteles dergestalt, daß er — in einer eher diffusen Weise freilich — Intentionen Demokrits, Epikurs, Lukrezens, Davids von Dinant und Avicebrons weiterführe.[55] Durch die beiden letztgenannten ist der Realitätscharakter der Materie so weit intensiviert, daß sie mit dem göttlichen Prinzip identisch gedacht wird.[56]

Brunos eigene Konzeption ist allerdings nicht ohne Ambivalenz, so daß sie nicht unmittelbar mit den Resultaten der genannten Tradition gleichgesetzt werden kann. Die Ambivalenz ist darin zu sehen, daß Bruno sich einerseits nicht aus dem aristotelischen Modell eines Bezugs von Materie und Form überhaupt befreien kann, andererseits aber — und darin besteht die wesentliche Transformation des Gedankens — die Form als den Wirkaspekt von Materie selbst begreift. Dies allerdings dominiert über den aristotelischen „Rest",[57] so daß der Gedanke an einen quasi-äußerlichen Bezug von Materie und Form nicht eigentlich mehr aufkommen kann. Materie ist daher in einem „höheren Sinne wirklich"[58] als die Formen: *sie* ist „Quelle der Aktualität" oder „der Formen",[59] ihr „Schoß (seno)",[60] selbst

„fruchtbar", mater, parens, genitrix.[61] Sie ist das eine bleibende Prinzip, welches die Formen nicht nur in sich aufnimmt, sondern sie durchaus aus sich selbst heraus produziert und sie wieder in sich zurückbezieht. Nicht die Materie als die „egestas" („Armut")[62] schlechthin tendiert auf Form hin oder ist ihr gegenüber offen, um „Etwas" zu werden, sondern Form intendiert Materie, um sich *im* Sein oder *als* solches zu festigen.[63] Dies ist ein der Materie *immanenter* Vorgang, da sie als produzierende alle Formen bereits in sich hat (extra quam nulla est forma);[64] eine schlechterdings form-lose Materie ist deshalb nicht denkbar,[65] sie ist vielmehr „formendes" „Machen-Können" und „Gemacht-werden-Können" zugleich im Sinne eines in sich einheitlichen Vollzuges.[66]

Zwar ist das Universum nicht einfach identisch mit der Materie; es „umfaßt" sie aber als ganze.[67] Auch erweist sich Materie — wie das Universum — nicht ohne jede Differenz zum Sein und Wirken des göttlichen Prinzips, sie ist aber im Sinne Brunos aufgrund ihrer Aktivität und Dynamik durchaus „etwas Göttliches" (divinum quoddam).[68] Besonders deutlich wird dieser Grundzug im dritten Dialog von ‚De la causa' an dem bemerkenswerten Umschlag des Gedankens, der von einer Explikation des Begriffs Universum und des „höchsten" Prinzips ausgeht. Dieses wird als „absolutes Vermögen" (potestà assoluta) in einem aktiven Sinne verstanden, deshalb auch als Sein schlechthin, welches von sich sagt „Ich bin der ich bin"; dies aber ist „absolute Wirklichkeit" (atto absolutissimo).[69] Die *Einheit* des Prinzips besteht nun gerade im Zusammenfall dieser beiden Aspekte: sein absolutes Vermögen *ist* seine absolute Wirklichkeit — ‚possest'. Diesem Gedanken folgt der für den Begriff von Materie entscheidende Satz: „Wenn es euch nun gefällt, dies Vermögen das Wesen der *Materie* zu nennen, welches die landläufigen Philosophen nicht durchdrungen haben, so könnt ihr der Materie, ohne der Gottheit etwas zu vergeben, eine höhere Bedeutung anweisen, als Plato in seiner Republik und als Timaeus."[70] Hieraus wird zumindest der Gedanke der Aktivität der Materie bekräftigt: ihre selbstursprüngliche Tätigkeit hat sich selbst zum Wirk-Bereich (Einheit von posse facere und posse fieri), in ihr oder außer ihr ist Form nicht isoliert antreffbar, beide sind vielmehr verschiedene Momente ein und desselben Seins. Dieses *eine* Sein ist Einheit von „Körperlichem" und „Geistigem".[71] Aber auch ihre Bestimmtheit vom göttlichen Prinzip her wird deutlich, nicht allerdings eine Identität mit ihm, wie sie etwa von David von Dinant behauptet wird.

Dasjenige Sein, welches aus dieser Einheit von geistiger und körperlicher Substanz neue oder andere Formen hervorgehen läßt, die ‚activa potentia' der Materie also, ist *Geist:* virtus mira quae praedita mente est.[72] Dieser Geist oder das in der Materie wirkende und formende Element ist in seinem Grundzug schwerlich von der Weltseele zu scheiden: er ist, wie die Weltseele, beschrieben als „lebendige Kunst" (ars vivens), die aus der ihr eigenen Materie das entfaltet, was sie unentfaltet enthält.[73] Dies ist ihre rationale oder intelligible Fruchtbarkeit. Von der Frage nach der Materie her gesehen erscheint also die Weltseele oder der ‚spiritus mundi' zugleich als das geistige und durch Geist produktive Element der Materie, ihr seiendes und wirkendes ‚centrum'.

Die Konzeption einer dynamisch-produzierenden Materie, deren Aktivität formender Geist ist und deren Sein daher göttliche Dignität zukommt, hat auch Konsequenzen für den Begriff von *Natur.* Diese kann weder als das Sein des Sinnenfälligen insgesamt oder als die Einheit aller Prozessualität, noch als das Repräsentationsfeld eines Geistes begriffen werden, dessen In-sich-Sein ihr von ihr klar unterscheidbares Urbild ist. Im Gefolge der brunianischen Bestimmung von Universum, Materie und Weltseele, kann Natur schwerlich als eigenständige Wesenheit vorgestellt werden, sie erscheint vielmehr nahezu als synonym mit den genannten. Die Ungenauigkeit dieser Aussage gründet in der Tatsache, daß durch die inhaltliche Transformation dieser Begriffe auch deren in den gegenseitigen Bezügen äußerst differenziertes Zusammenspiel gestört worden ist.

Ganz in der Tendenz einer Dynamisierung der Materie durch formenden Geist versteht Bruno Natur demnach als eine „Kraft in den Dingen" (virtus insita rebus), als ihren inneren Gestalter (fabrefactor);[74] oder: Materie als ‚ottima parente, genetrice e madre' *ist* der Substanz nach die ganze Natur (la natura tutta in sustanza).[75] Die Prädikation, Natur sei Vis, Actus, Ratio, Verbum, Vox, Ordo, Voluntas[76] verweist auf den Ursprung dieser Entäußerung, der sich *in* ihr oder *als* sie entfaltet und verwirklicht: Natur nämlich ist Instrument oder „Hand" Gottes.[77] Nicht nur auf Materie also trifft zu, daß sie „ein Göttliches" sei, sondern ebensosehr auf Natur: *divina* potestas, die die Materie selbst „antreibt" oder formend bewegt, eine *göttliche* Kraft, die sich in den Dingen schöpferisch und bestimmend zeigt, oder gar Gott selbst, dessen „Wort" die „Glieder" der Natur durchdringt: natura enim aut est Deus ipse, aut divina virtus in rebus ipsis manifestata. Dies kann zu Recht als ein sachlicher Vorgriff auf Spinozas Begriff einer natura naturans, die Gott *ist*, verstanden werden.[78] Wesentlich verschieden ist diese Konzeption von Natur jedoch etwa zu der Plotins, obgleich dieser, wie keiner vor ihm, Natur als denkende Aktivität begreift: Ihre πρᾶξις ist ihre θεωρία und umgekehrt.[79] Die betrachtende Erkenntnis der Natur ist unmittelbar produktiv dergestalt, daß sie die Welt — in anderer Weise freilich als sich selbst — zum Spiegel des Intelligiblen macht. Ihre theoretische Praxis bindet aber das Geschaffene immer wieder auf die Logoi, den Nus und damit in das grundlos gründende Eine selbst zurück — Bereiche, die sowohl der Natur als auch den Logoi trotz Immanenz ihrem Wesen nach transzendent sind.

4. Das Universum und das Eine

„Das Universum ist Eines, unendlich, unbewegt (unbeweglich)".[80] Diese und andere Prädikate des Universums: etwa unvergänglich zu sein, ohne Teile, d.h. unteilbar, oder in sich ununterschieden zu sein und alles Sein (tutto lo essere)[81] zu umfassen, erscheinen als reduzierbar auf ‚Eines' oder ‚In-sich-Einiges' und ‚Unendlich'. Das heißt nicht, daß die übrigen Prädikate überflüssige Tautologien wären; sie explizieren vielmehr die genannten Grund-Prädikate und zeigen dadurch die innere Differenzierung des Gedankens trotz ihres einen Konvergenzpunktes.

Den Modus der Einheit des Universums macht Bruno dadurch deutlich, daß er zwar Einzelnes und damit auch Verschieden-Seiendes im Universum annimmt, zugleich aber dessen mögliche, auf sich selbst bezogene Ausschließlichkeit aufhebt: im Universum besteht (auch) Gegensätzliches miteinander, Eines „stimmt" (concorde) oder „fällt" (coincidenz[i]a)[82] mit dem Anderen zusammen. Vom Aspekt des Universums her gesagt: es ist das Ganze oder Alles ohne Unterschied (indifferentemente),[83] d.h. es ist in Jedem der Grund, der in die Einheit des Ganzen führt. Dieses „ohne Unterschied" soll freilich nicht Chaos indizieren, sondern vielmehr das Ineinander-Gefügtsein des Einzelnen zu einer vollkommenen Einheit. „Alles ist zwar in Allem", jedoch nicht so, daß das Eigene jedes Seienden total aufgehoben wäre: „in Jeglichem (ist Jegliches) nicht gänzlich und auf jegliche Weise".[84] Dies ist immerhin der auf Differenz achtenden Aussage des Proklos über die Struktur des Nus analog, daß Alles (d.h. alles Intelligible) in ihm in Allem sei, jedoch auf je eigentümliche Weise.[85] Die umfassende Form des Coincidenz-Gedankens zeigt sich in der Charakterisierung des Universums als der bedingten, nicht absoluten Einheit von Möglichkeit (Vermögen, potenza) und Wirklichkeit: daß es alles das ist, was es sein kann.[86] Dies meint auch die Einheit allen Raumes und aller Zeit: *außerhalb* des Universums ist nichts von beiden. Es ist *ein* ewiges, als Ganzes verharrendes Sein, an dem das Einzelne, durch Zeit Bewegte und Vergängliche gleichsam als Akzidenz erscheint.[87] Die Einheit des Ganzen ist durch die Grundbewegung des Hervorgangs aus dem Einen (als Prinzip) und des Rückgangs in dieses als eine in sich lebendige, aktive Einheit konstituiert: Alles „läuft" in sie „zusammen" (concorre);[88] es ist — mit Schelling zu reden — eine universio. Die innere Struktur dieser Einheit ist durch die Metapher ‚scala naturae' und ‚catena aurea'[89] angezeigt, die einerseits für die verschiedenen, durch das jeweilige Maß an Einheit bestimmten Intensitätsgrade von Sein einstehen, andererseits für den ursächlichen Zusammenhang der einzelnen Bereiche und Geschehnisse.

In dem Begriff des Universums als einer vollkommenen Einheit in sich gefügter Gegensätze und der bedingten Einheit von Vermögen und Wirklichkeit werden Grundbegriffe des Cusanus wirksam: ‚coincidentia oppositorum' und ‚possest'. Beide versuchen ausschließlich das absolute Sein Gottes zu begreifen oder aenigmatisch auszugrenzen.[90] Wenn Gott als der Ineinsfall der Gegensätze, als die seiende Aufhebung der Gegensätze oder reine Einheit *ohne* Gegensätze und damit *über* ihnen ist, wenn er als die Einheit von Möglichkeit und Wirklichkeit *reine* Wirklichkeit (Können-Ist) ist, in der nichts mehr ausständig ist und alles durch creatio „einmal" Mögliche *seine*, des Gottes, Wirklichkeit ist, dann muß dieses so verstandene Sein Gottes in strenger Unterscheidung zum Sein des Universums oder der Welt begriffen werden. Obgleich im Universum jedes Seiende funktional von jedem anderen Seienden her zu sehen ist und gerade der gegenseitige Bezug (quodlibet in quolibet)[91] die relative Einheit des Ganzen ausmacht, ist es dennoch als Bereich des Endlichen und Begrenzten nicht coincidental, sondern durchaus komparativisch oder proportional zu charakterisieren. Im Gegensatz zum maximum und minimum und zu dessen Ineinsfall ist jedes Seiende ein excedens und excessum zugleich, jeweils größer oder kleiner als ein Anderes (was nicht nur eine Frage der Quantität, sondern primär der Seinsintensität ist); jedes Einzelne ist *nicht*, was es sein kann, d.h. es ist durch zeitliche und räumliche Variabilität — Endlichkeit überhaupt — bestimmt. Die zuvor angedeutete Differenz des göttlichen

Prinzips zum Bereich des Endlichen und Begrenzten (finitum) hin bedeutet freilich nicht den Ausschluß Gottes aus der Welt: sein In-Sein in der Welt durch creative Entäußerung ist gerade das *Wesen* jedes Einzel-Seienden. Die Welt ist seine Explikation. Das Modell complicatio — explicatio möchte das verursachende In-Sein und zugleich das Über-Sein des Gottes deutlich machen: Gott ist sowohl complicativ als auch explicativ Alles, jedoch in je verschiedener Weise. *In* ihm als dem Umfassenden ist alles „zu explizierende" Seiende (die Welt, das Universum) nur *er* selbst, *außer* ihm, d.h. als es selbst, ist das Seiende nur *durch* dessen Wirken; er ist also als *dessen* Grund *in* ihm und nicht als er selbst.

Brunos Beschreibung des Universums durch ‚coincidentia' und ‚possest' wirft die Frage nach dem Unterschied und der Gemeinsamkeit beider Konzeptionen auf, damit aber auch die Frage, ob und in welchem Maße Bruno die genuine Form von Metaphysik verändert oder fortbestimmt habe. Die cusanischen Gottes-Prädikate sind durch Brunos Denken nicht unvermittelt auf das Universum übertragen, so daß nun dieses all das wäre, was der Gott einst „war". Verdikt oder Hymnisierung eines brunianischen Pantheismus hätte dann sein uneingeschränktes Recht, wenn Bruno tatsächlich eine differenzlose Identität von Welt und Gott, Grund und Gegründetem intendierte. Freilich favorisieren manche Aussagen in ‚De la causa' und ‚De l'infinito' eine derartige Interpretation. Besonders die These scheint sie zu stützen, das Universum und die Welten oder die Welt im ganzen sei deshalb unendlich, weil eine unendliche Ursache (= der unendliche Gott) nur eine unendliche Wirkung setzen könne.[92] Wäre „unendlich" für Gott und Welt univok gebraucht, so müßte die Welt als eine Verdoppelung oder totale Selbstexplikation Gottes begriffen werden. Dem widersprechen allerdings Brunos Verständnis des Modells ‚complicatio — explicatio' in Bezug auf den Begriff des Unendlichen, sein Insistieren auf Gottes Transzendenz trotz Immanenz, und seine Charakterisierung des Universums als eines Bildes, Schattens oder Spiegels des Urbildes. Diese Aussagen können nicht zugunsten des geläufigen Pantheismus-Etiketts einfach — als bloße façons de parler — vernachlässigt werden.[93]

Bruno begreift das „eine höchste Wesen" (uno summo ente) als ein Unendliches in zweifacher Hinsicht: „Das eine höchste Wesen, in welchem Wirklichkeit und Vermögen ungeschieden (indifferente) sind, welches auf absolute Weise alles sein kann und alles das ist, was es sein kann, ist in einfaltender Weise (complicatamente) ein Eines, Unermeßliches, Unendliches, was alles Sein umfaßt; in entfalteter Weise (explicatamente) dagegen ist es in den sinnlich wahrnehmbaren Körpern und in der Trennung von Vermögen und Wirklichkeit, wie wir sie in ihnen wahrnehmen."[94] Der complicativen oder intensiven Unendlichkeit entspräche cusanisch die „negative" oder wahre Un-Endlichkeit Gottes (infinitas absoluta), der explicativen oder extensiven Unendlichkeit die „privative", nur von der wahren her denkbare „schlechte" Unendlichkeit der Welt (infinitas finita oder contracta). Diese von dem zitierten Satz her legitim erscheinende Parallelisierung mit Cusanus muß allerdings noch modifiziert werden: das Universum im Sinne Brunos ist nicht, wie es manche Aussagen suggerieren mögen, ein reines, in sich verstehbares Unendliches, sondern ein durchaus von Differenz bestimmtes. Das Universum ist ebensowenig reine oder absolute ‚coincidentia oppositorum' wie reines oder absolutes ‚possest': was im Prinzip reine Einheit ist (complicato, unito e uno indifferentemente), das ist im Universum Einheit *aus* und trotz der Vielfalt. Oder: Die Unendlichkeit Gottes ist das Unendliche als Umfassendes und Ganzes (complicatamente e totalmente), das Universum hingegen ist unendliches ‚Alles in Allem' auf die Weise der Entfaltung: explicatamente e non totalmente, eine gegenüber der absoluten analoge Totalität.[95] Freilich muß die Aussage, das Universum sei Einheit von Vermögen und Wirklichkeit und somit Alles, was es sein kann (als ‚continenza di tutta la materia') nicht einfach aufgehoben werden. Die Unterschiede, Modi, Eigentümlichkeiten und Individualitäten im Universum machen es aber zu einem „extensiven" ‚possest', zu einem zerdehnten Schatten der Einheit; dennoch ist es *grande* simulacro, *grande* imagine der „Hoheit des Urbildes" (altezza dell' archetipa).[96] Eine radikale Verweltlichung des Göttlichen und eine (nur dadurch bedingte) Vergöttlichung der Welt ist dies allerdings nicht; Bruno destruiert daher auch nicht den Gedanken der Transzendenz des Prinzips, obgleich Überlegungen zu Welt-Geist und Weltseele und deren Bezug zur Materie in diese Richtung zu weisen scheinen. In der „Summa terminorum metaphysicorum" begreift Bruno geradezu in klassisch metaphysischer Terminologie (vorwiegend neuplatonischer Prägung) Gott als den einfachsten Akt, der sich in die Zeit als eine Form der Differenz entäußert. Gott als das Eine ist inkommensurabel über jeglichem größten Genus oder Genus eines Größten „die Größe" selbst; die im Seienden wirksame Differenz von Sein und Wesen ist in ihm aufgehoben. Zwar wird Gott *in* Allem und Alles in Gott gedacht, jedoch nicht auf identische Weise. So ist die Differenz von Umfassen und Umfaßtem, Grund und Gegründetem bewahrt: Gott ist in Allem ‚immediate', d.h. durch sich selbst — dieser Satz ist nicht umkehrbar.[97] Nicht nur verbal entspricht dem die Differenz Gottes hervorhebenden Satze des Cusanus ‚Deo nihil est oppositum' der Brunos: Illi nihil est contrarium, sed omnia contraria illi sunt subiecta ex contrariis omnia facienti.[98] Auch der für Cusanus und die neuplatonische Tradition typische Gedanke: das Eine oder der Gott sei Alles (als Grund) und Nichts zugleich (weil in nichts Bestimmtem aufgehend und nur so an sich grundloser Grund von Allem), bleibt für Bruno zentral: est enim omnia in omnibus, quia dat esse omnibus: et est nullum omnium, quia est super omnia, singula et universa essentia et nobilitate et virtute praetergrediens.[99] Seiendes ist nur *durch* ihn und *in* ihm, weil er einzig — in einem metaphysischen Verständnis von Exodus 3,14 „Ego sum qui sum" — als das *Sein selbst* (esse ipsum, qui est oder quod est) zu begreifen ist.[100]

Die zumindest modifizierte Bewahrung des Gedankens der Transzendenz macht auch die Rede vom *schöpferischen Prinzip* noch sinnvoll, da sie die Differenz von Akt und Resultat impliziert. Das Schaffen des Prinzips ist selbst ein zeitloser Akt, der im und aus dem Augenblick der Ewigkeit (ab instanti aeternitatis)[101] unendliche Zeit-Folgen (vicissitudines) setzt, ein Nacheinander, welches in ihm selbst jedoch nicht als solches aufkommt, sondern erst „dann" als es selbst, d.h. als zeithaft und raumhaft Unendliches ist, wenn es von ihm hervorgebracht ist: haec a se ipso producens – immutabiliter facit mutabilia, aeterne temporalia.[102] Zwar drängt Brunos Schöpfungsbegriff die Konzeption einer ‚creatio ex nihilo' zurück, er hebt auch die Hypothese eines Welt-Endes auf, die ein Welt-Gericht mit sich bringen könnte.[103] Dies hat jedoch keine Einschränkung des Gestalt-konstituierenden, begrenzenden und bestimmenden Aktes durch creatio zur Konsequenz. Das göttliche Prinzip ist vielmehr gedacht als ‚fons idearum' und ‚mundus ideatus' in einer reflexiven Einheit zugleich[104], höchste Weise des Denkens, in dem der *Akt* des Denkens mit dem *Zu-Denkenden,* als dem „Begriff" des Universums identisch ist.[105] Dieser Gedanke erscheint im Blick auf Cusanus' Begriff des „absoluten Begriffs" (‚conceptus absolutus', der dem VERBUM als dem idealen ‚mundus per se subsistens' gleichkommt) von der Tradition neuplatonischen Denkens her verstehbar.[106] – Aus dieser, mit dem göttlichen Willensentwurf konformen *einen* Selbstreflexion gehen die vielen „Einheiten" hervor; sie haben diese aber zugleich zum Ziel ihrer rückkehrenden, die Einheit des Ganzen *aus* der Vielheit herstellenden Bewegung.[107] Das Gefälle eines derartigen Kreislaufes von ‚descensus' zu ‚ascensus' hält die Dialektik des transzendenten und zugleich immanenten Seins und Wirkens des göttlichen Prinzips bewußt.

Wenn dieses göttliche Prinzip analog zum neuplatonischen Begriff des Einen und des cusanischen Begriffs von Gott Alles *und* Nichts, „überall" *und* „nirgends" (als *es selbst*) zugleich ist, „Allem innerlich und dennoch nicht in es eingeschlossen, Allem äußerlich und dennoch nicht aus ihm ausgeschlossen"[108], wenn es ferner trotz allen Bezuges des Endlichen zum Unendlichen — wie für Cusanus — „zwischen dem Endlichen und dem Unendlichen (= Absoluten) keine *Proportionalität* (d.h. Vergleichbarkeit) gibt"[109], dann kann zurecht gefragt werden, worin denn der „Pantheismusverdacht" bei Bruno einen eindeutigen Anhalt haben könne. Es geht nicht um die Befreiung Brunos von einem solchen „Verdacht", sondern um die Klärung des Verhältnisses von In-Sein und Über-Sein des Prinzips oder des Bezugs Gottes zur Welt. Sicher ist nicht zu leugnen, daß Bruno durch den Gedanken der „Göttlichkeit" der Materie und des sie begeistenden Prinzips, der Weltseele, die Immanenz des göttlichen Wirkens im Universum konsequenzenreich intensiviert und daß er weiterhin durch die als *unendlich* postulierte Wirkung der unendlichen Ursache das qualitative Sein der Welt als solches steigert: die mögliche und tatsächliche Unähnlichkeit der Welt zu ihrem Prinzip ist insbesondere durch die Umwertung des Materie-Begriffs in größere Ähnlichkeit aufgehoben. Denkbare „Welt-Verachtung" weicht einem Enthusiasmus für sie. Dadurch ist die noch für Thomas oder Bonaventura maßgebende Auffassung überwunden, die Dinge seien „besser", d.h. auf eine bessere Weise des Seins im Denken Gottes als in ihnen selbst. Gott ist im Sinne Brunos demgegenüber nicht nur die ‚substantia universalis in essendo', durch die Alles *ist*, sondern erster Grund der Dinge dergestalt, daß diese von ihnen selbst her sich nicht innerlicher sein könnten, ihr innerer (göttlicher) Grund demnach nie als ein ihnen heteronomer erfahren werden müßte: intima (= deus als substantia universalis) omni enti magis quam sua forma et sua natura unicuique esse possit.[110] Durch die Immanenz Gottes in ihnen sind also die Dinge so *in sich* selbst, daß sie — hypothetisch — als sie selbst genommen nicht „*besser*" sein könnten. Das Göttliche ist das *ihnen* Eigene, ohne daß damit beide in eine diffuse Identität aufgingen. Das Sich-Entäußern Gottes in die zu ihm different unendliche Welt ist daher nicht ein Sich-Aufgeben *als Welt*; Schöpfung destruiert auch im Sinne Brunos nicht die Göttlichkeit Gottes, so daß er *als* Welt nur zum Andern seiner selbst würde. Gerade aufgrund von Brunos Heraushebung der Transzendenz Gottes steht die restriktive, einer geschichtsphilosophischen Konstruktion folgende Beschreibung der Schöpfung als eines Selbstentwerdens Gottes und eines damit zugleich sich vollziehenden Gottwerdens der Welt *gegen* das dialektische Verhältnis beider Bereiche. Im Vergleich mit der Klarheit der cusanischen Konzeption sind die Pole dieser Dialektik allerdings entschärft.

Wenn also im Denken Brunos die Transzendenz des göttlichen Prinzips durchaus in einem vom Begriff des Universums her modifizierten Sinne gewahrt bleibt — stat ergo[111] —, so ist dennoch durch die Intensivierung des Immanenzgedankens und die damit verbundene qualitative Steigerung des Seins der Welt ein Begriff von Welt anfänglich vorbereitet, der diese immer entschiedener *aus ihr selbst* zu verstehen und zu begründen sucht: das Denken findet einen der Welt selbst immanenten Begründungszusammenhang, der eines dialektischen Bezugs zu einem ihm auch oder primär transzendenten Sein nicht zu bedürfen scheint. Der Mensch als das Welt-begreifende Subjekt bezieht sich selbst in die Welt-immanente Begründungsbewegung ein. Dies aber ist die Voraussetzung für ein philosophisches Konzept, das weder im Rückgang in sich das ihm transzendente Sein als seinen eigenen Grund sucht (wie dies Bruno in den ‚Eroici furori' noch vehement getan hat), noch bei dem Versuch universalen Begreifens mit einer Reflexion auf ein in sich seiendes, absolutes Prinzip anfängt. Anfang ist sich das Subjekt selbst: autonome, apriorisch verfaßte Vernunft. Das Bei-sich-selbst-Anfangen transzendentaler Selbstreflexion führt zu einer dem Subjekte selbst immanenten — selbstursprünglichen — Selbstbegründung und bleibt auch bei dieser. Die Entdeckung der Transzendentalität des Subjektes (etwa bei Kant) bedarf keiner transzendenten Begründung; sie denkt vielmehr das ehemals transzendente göttliche Sein als postulative Projektion des Ichs, geleistet von einem Denken, welches so verfährt, *als ob* es dasjenige als Realität gäbe, was es zum „besseren Leben" in der Immanenz fordert und es als sein ihm eigenes Apriori erfährt.

Die erörterte Frage nach dem Bezug von göttlichem Prinzip und Universum geht sachlich von einem Begriff absoluter *Einheit* aus, die als absoluter Akt auf absolute Weise Alles ist (assolutamente tutto): das Alles in sich schliessende „höchste Gut", zugleich Gegenstand „höchster Glückseligkeit". Mit dem neuplatonischen und cusanischen Begriff des Einen hat Brunos Begriff von Einheit – trotz der Unterschiede, die aus der Identifikation des Einen mit dem Denken resultieren – den Charakter des letztlich Unbegreiflichen gemeinsam. Der Augenblick der Evidenz, aus den Stufen argumentativer Reflexion entsprungen, ist durch das Bewußtsein bestimmt, das Denken fasse nur Schatten, Rätsel (enigmi) und Ähnlichkeiten.[112] Metaphorisch gesagt: ‚Apollo' als die reine Einheit und Wahrheit wird nur in ‚Diana' zugänglich.[113]

Dieser conjecturale Vorbehalt, wie er gegenüber dem Absoluten besteht, betrifft allerdings nicht die Reflexion auf das *Universum*. Dieses ist für Bruno zumindest prinzipiell, d.h. in seiner Struktur begrifflich durchschaubar.

Die Frage nach dem Bezug des Einen zur Einheit des Universums soll nun noch einmal zu dem anfangs zitierten Satz zurückführen: „Das Universum ist Eines, unendlich, unbewegt" und die Implikationen der *Unendlichkeit* des Universums bedenken.[114] Diese Konzeption entspringt der These Brunos, daß das Eine göttliche Prinzip, welches die complicative oder wahre Unendlichkeit selbst ist, als Ursache des Universums oder der Welt nur eine unendliche Wirkung haben könne. Sie widerspricht dem aristotelischen und neuplatonischen Begriff des Verhältnisses von Ursache zu Wirkung ganz entschieden: die Ursache ist in diesem Gedankenkontext in der Regel „größer" oder „mehr" als ihre Wirkung.[115] Das Implikat vervielfältigt sich in geringer Seiendes, welches freilich nur durch die Partizipation an der Ursache überhaupt *ist*. Dieser von Bruno intendierte Widerspruch[116] richtet sich unter kosmologischem Aspekt gegen die von Aristoteles durchaus begründete *Endlichkeit* und Begrenztheit der Welt, in der und außerhalb derer es keine Leere geben kann; jeder Körper hat in ihr einen ihm zukommenden Ort, ein „leerer" Ort ist nicht begreifbar. Ebensowenig denkbar ist der Begriff eines *aktual* Unendlichen.[117] Dieser aber — eher postuliert denn begründet — bestimmt den kosmologischen Impetus Brunos gegen die bisher akzeptierten Grenzen der Welt: die „Mauern" der neun Sphaeren der endlichen Welt sollen aufgebrochen werden in einen unendlichen, die Grenzen der Sichtbarkeit aufhebenden Raum, in dem unzählige Welten „leben und weben", die zueinander in Verbindung stehen.[118] Sie bilden das sympathetische Kontinuum des Einen Ganzen, welches als das Eine Unendliche in unendlicher Zeit alles Bestimmte und Einzelne (Einzel-Welten) umfaßt. In der Konsequenz des Begriffes eines aktual Unendlichen liegt es, daß weder „Außen" oder „Umfang", noch *ein* Zentrum der Welt gedacht werden kann.[119] Die jeweiligen Welten haben *ihr* Zentrum, *jeder* Punkt kann als Mitte gelten: Centrum spacii immensi statuetur ubique.[120] Dadurch wird der Gedanke, das *eine* bislang angenommene Zentrum des Universums habe eine vor allem Anderen ausgezeichnete Seinsqualität, vollends in Beliebigkeit destruiert. Bruno zieht damit die geradezu rabiate Folgerung aus der kosmologisch und mathematisch begründeten Theorie des Kopernikus, daß die *Erde* nicht Zentrum des Universums sein könne.[121] Sie, „unsere Mutter", ist einer der Sterne geworden.[122] Vorbereitet war dieser Gedanke, freilich nicht als emphatische Depotenzierung der Erde verkündet, immerhin vor Kopernikus durch Cusanus: terra non est centrum mundi — sie ist eine stella nobilis —; *Deus* ist im konstitutiven Sinne centrum terrae et omnium sphaerarum atque omnium, quae in mundo sunt.[123] Der Satz aus dem pseudohermetischen „Buch der 24 Philosophen": ‚Deus est sphaera infinita, cuius centrum ubique, circumferentia nusquam', war ursprünglich *nur* als Aussage über die Unendlichkeit Gottes gedacht. Im Zuge der Depotenzierung der Erde als des Mittelpunktes der Welt und im Kontext des Begriffes einer unendlichen Welt kann er nun auch für das Sein von Welt gelten, als Index ihrer „extensiven" Unendlichkeit: „So können wir mit Sicherheit behaupten, daß das Universum ganz Zentrum oder das Zentrum des Universums überall ist, und daß der Umfang nicht in irgendeinem Teile, sofern derselbe vom Mittelpunkt verschieden ist, oder auch, daß er überall ist; aber ein Mittelpunkt als etwas von jenem Verschiedenes ist nicht vorhanden."[124] Analog zu ‚coincidentia oppositorum' und ‚possest' als Aussagen über die bedingte Unendlichkeit des Universums wird auch durch ‚sphaera infinita' die „Göttlichkeit", extensive Unendlichkeit und Einheit der Welt hervorgehoben, jedoch nicht unmittelbar auch Gottes absolute Identität mit ihr intendiert.

5. Wirkungsgeschichte

Giordano Bruno „stand nach seinem Tode lange in falschem Lichte, unvernommen und unbegriffen, bis Friedrich Heinrich *Jacobi* seine eigenen vielfachen Verdienste um Erweckung lebendigen, selbsttätigen philosophischen Geistes dadurch vermehrte, daß er zuerst den Geist dieses Mannes und seine Ansichten, welche fast nur noch als bloß literarische Merkwürdigkeiten betrachtet wurden, und aller Möglichkeit geistiger Entzündung sich entzogen hatten, der Dunkelheit entriß, und die Augen der Zeitgenossen auf Brunos Schriften hinlenkte".[125] 1789 veröffentlichte Jacobi als „Beilage" zur zweiten Auflage seiner Briefe über die Lehre des Spinoza Auszüge aus Brunos ‚De la causa' in paraphrasierender Übersetzung. Erklärter „Hauptzweck" dieser Auszüge war es, „durch die Zusammenstellung des

Bruno mit dem Spinoza, gleichsam die Summa der Philosophie des hen kai pan ... darzulegen. Schwerlich kann man einen reineren und schöneren Umriß des Pantheismus im weitesten Verstande geben, als ihn Bruno zog".[126] Die Auszüge ermöglichen einen authentischen Einblick in die zentralen Gedanken von Brunos Dialog. Das Pantheismus-Verdikt Jacobis gegenüber Spinoza sollte durch Brunos Philosophie noch intensiviert werden; damit wurde aber auch Bruno erneut des Atheismus angeklagt. Jacobis Intentionen wendeten sich jedoch gegen ihn selbst: *Schelling* nämlich stieß in diesem „geistreichen Auszug" auf ein Denken, das er als ein ihm kongeniales entdeckte. Mit einem Schlüssel-Satz Brunos identifiziert er sich als dem „Symbolum der wahren Philosophie": „Um in die tiefsten Geheimnisse der Natur einzudringen, muß man nicht müde werden, den entgegengesetzten und widerstreitendsten Enden der Dinge nachzuforschen; den Punkt der Vereinigung zu finden, ist nicht das Größte, sondern aus demselben auch sein Entgegengesetztes zu entwickeln, dieses ist das eigentliche und tiefste Geheimnis der Kunst."[127] Wenn Wirkungsgeschichte nicht nur Kenntnis oder eine (vielleicht von Epoché begleitete) Auslegung von Texten bedeutet, sondern eine das je eigene Denken fortbestimmende, produktive Aneignung, dann hat sie sich für Bruno in einem differenzierten Sinne eigentlich nur in Schellings Philosophie realisiert. Dessen auch in Dialogform verfaßte Schrift ‚Bruno oder über das göttliche und natürliche Prinzip der Dinge', 1802 publiziert, steht zu Brunos Denken keineswegs in einem nur äußerlichen Bezug. Sie entstammt jener Phase von Schellings Denken, in der für ihn die Ausarbeitung der Frage nach der Identität, der Einheit und damit dem Absoluten in besonderem Maße bedeutsam war.[128] Daher kann sie als die Transformation zentraler Brunoscher Gedanken und deren neuplatonischer Implikationen in den Horizont der „Identitätsphilosophie" verstanden werden. Die Frage der Schellingschen Identitätsphilosophie nach dem Einen oder der Einheit als der

Aufhebung der Gegensätze, nach der Identität von Möglichkeit und Wirklichkeit, von Sein und Denken geht auf die Explikation eines „höchsten Prinzips" zu, welches alle Gegensätze — „real" und „ideal" als die höchsten und alle anderen umfassenden — aufgehoben in sich hält. Es läßt sie aber auch in ihrer „Absonderung" von ihm sie selbst sein, zugleich jedoch fungiert es als das bewegende Element in der Rückführung der Gegensätze in ihre ursprüngliche Einheit. Es ist der Grund dafür, daß das Ganze des Seienden — das „Universum" — nicht als eine Ansammlung diffundierender oder sich in sich fixierender Gegensätzlichkeiten, sondern als ein *Organismus* zu begreifen ist, in dem das Einzelne durch die Seele des Universums, der Vermittlerin des Prinzips, zum Ganzen gefügt wird. Die ursprüngliche Einheit, in die die Gegensätze zusammengebunden sind, ist als ein *reflexiver* Akt gedacht; sie steht als das „Erste, was allem vorangeht"[129], nicht abstrakt gegen die Gegensätze, noch ist sie all diese Gegensätze einfach additiv zusammengenommen; sie vollzieht vielmehr *denkend* das gegenseitige Sich-Durchdringen der Gegensätze zu einer absoluten, reinen Einheit, die nicht „durch Differenz getrübt ist".[130] Analog zu Brunos Begriff einer coincidentalen Ur-Intelligenz, in der das Begreifen das Begriffene selbst ist, sind in dem von Schelling gedachten höchsten Prinzip die Eigentümlichkeiten der Gegensätze derart „aufgehoben", daß sie diese *Einheit selbst sind*: „lautere Identität"[131] oder absolute Affirmation von sich selbst. Als solche reflexive Affirmation bestimmt sich das Absolute oder Eine als den Ausschluß aller Endlichkeit. Brunianisch ist auch der Gedanke, Einsicht in dieses Absolute impliziere ebensosehr die Einsicht in den Sachverhalt, daß „Alles in Allem" sei, d.h. daß „auch in dem Einzelnen die Fülle des Ganzen niedergelegt ist."[132] — Allerdings bleibt Schelling trotz seiner Nähe zu Bruno in seiner Explikation der „Einheit der Gegensätze" eher der neuplatonischen oder cusanischen Ausformung dieses Gedankens verbunden, weil er ihn primär als Wesenszug des Absoluten denkt und weil das Unendliche oder Absolute als „Indifferenz" alles Gegensätzlichen sich selbst gegen die Welt bewahrt, selbst wenn es *nicht ohne die Welt* und diese nicht ohne das Absolut-Unendliche sein kann.

Goethes Verhältnis zu Bruno erscheint von seinen Äußerungen her ambivalenter als es von der Affinität des Gedankens her hätte sein müssen. Zunächst verteidigt er Bruno gegen P. *Bayles* Enzyklopädie-Artikel über Bruno; weder ‚impieté' noch ‚absurdité' kann er in den Texten Brunos finden, die Bayle zitiert. Sie bedürften allerdings einer tiefer dringenden philosophischen Interpretation; einen Gedanken als „dunkel" oder „gotteslästerlich" zu diffamieren, wie Bayle dies tut, ist allemal leichter als ihn zu „dechiffrieren".[133] — In einem Brief vom 1. Februar 1812 an J.F.H. Schlosser dankt Goethe für „Übersetzungen des Jordanus Brunus" und regt zugleich weitere an. „Dieser außerordentliche Mann ist mir niemals ganz fremd geworden." In seinem Brief vom 31.3.1812 an denselben Adressaten sieht er den besonderen Reiz Brunos darin, daß dessen Denken, wie das seine, nach „der unmittelbaren Bildung aus und an der Natur" strebt. Dennoch erscheint ihm diese Intention nicht allzu hilfreich, „da sie doch durch eine mystische Mathematik äußerst verfinstert ist".[134] Wenn auch nicht geklärt ist, ob die „Grundsätze des Jordanus Brunus aus ‚De immenso' ", die sich unter Goethes Papieren fanden,[135] mit jenem „Pröbchen" von Bruno-Übersetzungen identisch sind, von dem Goethe als seinem eigenen zu Schlosser spricht, und wenn auch das erwartungsvolle Vertrauen Goethes in diesen „wunderbaren Mann" sich nicht erfüllt haben mag, so kann dennoch eine sachlich-gedankliche Affinität beider nicht in Abrede gestellt werden. Dies wäre schon zu zeigen an dem frühen Fragment „Die Natur".[136] In ihm ist Natur verstanden als die „einzige Künstlerin", die „ewig neue Gestalten schafft"; in ihr ist ewiges *Leben, Werden* und *Bewegen,* dennoch hat sie den Charakter der Unwandelbarkeit. „Die Menschen sind alle in ihr und sie in allen" — Bruno: „das Universum ist in allen

Dingen, wir in ihm, es in uns"[137] — sie *ist* Alles, das Alles durchdringende, „sinnende" Prinzip, sie ist „ganz" und „immer dieselbe" — dies als eine *Einheit* von Gegensätzen oder von Einzelnem: „Sie hat alles isoliert, um alles zusammen zu ziehen." — Von Brunos Grundgedanke her, daß das göttliche Prinzip als Geist oder Weltseele das Universum innerlich bewege und in eine Einheit füge, kann neben anderen das (wohl 1812/13 entstandene) Gedicht aus der Gruppe „Gott, Gemüt und Welt" interpretiert werden:[138]

„Was wär' ein Gott, der nur von außen stieße,
Im Kreis das All am Finger laufen ließe!
Ihm ziemt's, die Welt im Innern zu bewegen,
Natur in Sich, Sich in Natur zu hegen,
So daß, was in Ihm lebt und webt und ist,
Nie Seine Kraft, nie Seinen Geist vermißt."

Freilich ist die Affinität Goethes zu Brunos Gedanken nicht eindimensional ableitbar; mitzubedenken sind vielmehr die neuplatonischen Implikationen in Goethes Natur-Begriff[139] und sein Bezug zu Schelling. Auch *dessen* ‚Bruno' kann als ein den angedeuteten Gedankenkomplex vermittelndes und differenzierendes Moment betrachtet werden: was Goethe hiervon verstand oder zu verstehen glaubte, traf mit seinen „innigsten Überzeugungen zusammen".[140]

Die Skizze wirkungsgeschichtlicher Aspekte Brunos sollte nicht ohne Hinweis auf *Hamann* bleiben. Dieser erhoffte sich durch eine genauere Kenntnis von Brunos ‚De la causa' einen kompetenten Aufschluß über das von ihm geliebte, nie vergessene aber auch nie „verstandene" principium coincidentiae oppositorum. Er hat sich auf der Suche nach dieser Schrift an Herder und an Jacobi gewandt, offensichtlich ohne das gewünschte Resultat.[141] Auch aus einem Brief seines letzten Lebensjahres an J.G. Steudel[142] geht nicht eindeutig hervor, ob der Aussage, er habe das principium coincidentiae extremorum oppositorum, „ohne Ruhm zu melden, dem philosophischen Märtyrer Jordano Bruno . . . gestohlen", ein intensiveres Studium des Bruno zugrunde liegt. Cusanus jedenfalls hat er nicht gekannt. Das gesuchte und in seinem Denken dennoch wirksame Prinzip schien ihm den Zusammenschluß oder die Vereinigung extremer, sich gegenseitig offensichtlich ausschließender Gedanken „zu Einem Mittel" zu leisten — Auflösung und Schlichtung der Widersprüche also, die in seinem Sinne durch eine universale Aufrechterhaltung des Satzes vom Widerspruch und des zureichenden Grundes verursacht werden. Es erklärt nicht, aber es entspricht dem aufzulösenden Widerspruch „am Schandpfahl des Kreuzes", es entspricht der Einheit des Geschehens, die durch die „Verklärung der Menschheit in der Gottheit und der Gottheit in der Menschheit" im Akt der Kondeszendenz Gottes gestiftet wird.[143] Das principium coincidentiae oppositorum, für Hamann „mehr wert als alle Kantsche Kritik",[144] ist daher das Prinzip der *wahren* Philosophie: die *Logik* einer Vermittlung des Widerspruchs oder des Paradoxon, ohne daß dieses hierdurch weniger erstaunlich würde. Den immerfort gesuchten Aufschluß über dieses so (d.h. primär theologisch) verstandene Prinzip hätte Hamann bei Bruno schwerlich gefunden. Seine Welt ist nicht, wie die Brunos, durch modifiziert geltende Prädikate des Absoluten bestimmt, sondern als wirkliche Endlichkeit, Beschränktheit und Dürftigkeit,[145] die die in sich paradoxe Selbstbeschränkung Gottes durch Inkarnation geradezu „fordert". Brunos Universum dagegen schließt aufgrund seines zeitlich und räumlich un-endlichen Seins Geschichtlichkeit im eigentlichen Sinne und damit auch eine Inkarnation des göttlichen Prinzips aus; ein Wesen, das im Grunde alles ist, was (es) sein kann, bedarf durch diese seine apriorische Vollkommenheit gar keiner „Erlösung" in einem seine Zukunft bestimmenden geschichtlichen Augenblick; das göttliche Prinzip muß sich nicht „herablassen" zu einem Menschen, der durchaus in der sympathetischen Einheit der Welt geborgen und in das Prinzip aufgehoben ist oder sich selbst immer wieder in es aufheben kann.

Wenn auch Henrich *Steffens* in seiner Rede zur Stiftungsfeier der Berliner Akademie „am Leibnitztage 1841"

„Über das Leben des Jordanus Brunus" dezidiert behauptet: „Auf Cartesius wie auf Leibnitz hat Bruno großen Einfluß ausgeübt. Die Monadologie des Letzteren ist in Bruno's Schriften: de monade — und de triplici, minimo etc. — zu erkennen", so daß Bruno „mehr als irgend ein Philosoph des 17. Jahrhunderts Leibnitzens Vorgänger genannt zu werden verdient",[146] so bleibt dennoch für eine nicht nur hypothetisch-vage, sondern begründend verfahrende wirkungsgeschichtliche Betrachtung ausschließlich der Idealismus zu diskutieren:[147] in ihm vollzieht sich die Rezeption und Transformation eines Gedankens, dessen Verstehen sowohl die innere Genesis als auch die Konsequenzen des je eigenen Denkens präziser und differenzierter sehen läßt. Dieser Gedanke ist, wie Schelling zeigte, der der Einheit.

Hegel hat ihm in seiner Analyse von Brunos Philosophie — immer wieder auf konstitutive neuplatonische Ansätze zurückverweisend — den anderen, hierzu komplementären gegenübergestellt: den Versuch Brunos, „das Universum in seiner Entwickelung, im [logischen] System seiner Bestimmungen aufzufassen und zu zeigen, wie das Äußerliche ein Zeichen ist von Ideen"[148] — deutlich zu machen also, daß der innerlich produzierende Gedanke (der „innere Künstler") sich mit seiner Erscheinung in eine wesenhafte Einheit verbindet.

Freiburg i. Br., im April 1977   Werner Beierwaltes

Anmerkungen

[1] Zur Biographie Brunos vgl. P. R. Blum, S. LIII. Die nach C stehenden Zahlen beziehen sich auf Seiten und Zeilen der vorliegenden Übersetzung. Für den italienischen Text verweise ich, wo es terminologisch aufschlußreich erscheint, auf die von G. Aquilecchia kommentierte Ausgabe: G.B., De la Causa, Principio et Uno, Torino 1973 (abgekürzt: Aq). Seite und Zeile dieser Ausgabe sind jeweils nach dem Strichpunkt einer Zitation aus C vermerkt.

[2] CC 29.

[3] Zum Denken Brunos als einem Aspekt einer „Epochenschwelle" vgl. H. Blumenberg, Die Legitimität der Neuzeit, Frankfurt 1966, 435ff und: Die Genesis der kopernikanischen Welt, Frankfurt 1975, 416ff. Blumenberg macht deutlich, daß der Kopernikanismus Brunos „nicht zur Substanz der gegen ihn erhobenen Anklagen gehörte".

[4] C 27,34f.; 65,16f: primo principio e prima causa.

[5] C 28,1; 65,23.

[6] Hierin treffen sich durchaus die aristotelische und neuplatonische Tradition. Aristoteles allerdings intendiert nicht so sehr den „Hervorgang" als vielmehr die „Garantie" des Seienden durch das Prinzip als den ontologischen Bezugspunkt ($\kappa\iota\nu\epsilon\tilde{\iota}\ \dot{\omega}\varsigma\ \dot{\epsilon}\rho\dot{\omega}\mu\epsilon\nu o\nu$ Met. 1072 b 3).

[7] Met. 1072 b 17ff. 1074 b 25ff.

[8] de principio (ed. Feigl-Vaupel-Wilpert, Padua 1960) c. 22f. 34 ff. 38.

[9] C 28,23ff. STM 17,2ff.

[10] C 67,3 Aq (Übersetzung S. 29,5f).

[11] C 67,1 Aq (Übersetzung S. 29,2).

[12] C 33,1ff.

[13] Met. 1013 a 17.

[14] Ebd. Z. 17—20.

[15] Ebd. 983 a 27f.

[16] Met. 983 a 29 ff. Met. 1013 a 24—1014 a 25. Phys. 194 b 16ff. Zu dieser Einteilung bei Bruno: C 31,28ff.

[17] Phys. 198 a 24f.

[18] C 29,14ff. 39,8ff. Zum Problem vgl. P. H. Michel, La cosmologie de Giordano Bruno, Paris 1962, 113ff.

[19] S 202f.

[20] C 29,5,14ff. 32,30. STM 103,19—21: intelligentia ... est divina quaedam vis, insita rebus omnibus cum actu cognitionis, qua omnia intelligunt, sentiunt et quomodocunque cognoscunt.

[21] LTS 60,15ff.: ... hic (primus motor) igitur est qui immobilis in se dat cuncta moveri (Reminiszenz an Boeth. Phil. Cons. III 9,3: stabilisque manens das cuncta moveri). A 160f.

[22] C 39,14; 79,7: la composizione, e consistenzia de le parti.

[23] C 34,20ff.; 73,8ff. 13. 25: bellezza. LTS 61,3ff. U 27 ordo-connexio-pulchritudo: universas facit conspirare partes (ordo).

[24] LTS 54,9f. 61,6. M 346: amor unus omnia omnibus concilians. S 195,3ff.

[25] LTS 56,22f: spiritus et anima mundi penetrat omnia et est in omnibus, ut nulli admisceatur, in nullius substantiam transeat. 57,15: indivisibilis, dennoch multiplicabilis (in Allem bleibt sie doch sie selbst). vis intima cuique: M 313.

[26] C 35,31ff. 44,24ff. 102,27ff. (Allgegenwart). 89,6 (Alles in Allem). S 196,15f.: ubique praesens; tota et in toto et in quacumque parte tota.

[27] 338, letzte Zeile u. 339: maxima et omnis vis posita in centro est rerum, est anima ipsaque centrum... centrum tota est essentia cycli.

[28] S 203,11.

[29] C 45,5. LTS 57,16. Plot. VI 4,12,1ff.

[30] C 30,14; 68,13: artefice interno. TMM 142,11f: spiritus architectus se infuso totum moderatur. LTS 49,15: artifex. Im (OL I 2) 312: natura als ars vivens. LTS 52,18: mundi faber: intrinsecus agens et fabrefaciens.

[31] LTS 61,13ff.

[32] natura als virtus insita rebus: Im 310. STM 101,6: natura ... divina virtus in rebus ipsis manifestata.

[33] C 31,10. „Seele als vermittelnde Mitte' ist ein neuplatonischer Grundgedanke; siehe hierzu W. Beierwaltes, Neuplatonisches Denken als Substanz der Renaissance, in: Studia Leibnitiana, Sonderheft 7, 1977.

[34] Zu Vergil Aeneis VI 724—27: C 29. 38. Plotin: C 33,20 (Enn. II 9,7,14. Vgl. den Terminus ἀψόφητι in III 7,12,3, der auch die Mühelosigkeit des Wirkens bedeutet; Bruno LTS 54,24: das Wirken des spiritus universorum geschieht „sine labore"). Zur „orphischen" und „hermetischen" Tradition vgl. D. P. Walker, Orpheus the Theologian and Renaissance Platonists, in: Journal of the War-

burg and Courtauld Institutes 16, 1953, 100—120. F. A. Yates, Giordano Bruno and the Hermetic Tradition, London 1964.

[35] Platons Timaios war Bruno bekannt, vgl. z. B. C 64,30 u. 73,10ff. Aq.

[36] 31 c 2.32 b 5ff.

[37] Ebd. 35 a 1ff.

[38] 92 c 7ff.

[39] Enn. IV 4,32,4ff. 13f: συμπαθὲς πᾶν τοῦτο τὸ ἕν. 33,6. IV 9,1,8: πανταχοῦ ταὐτόν. V 1,2,31: πᾶν ... διάστημα ἐψύχωται. IV 7,3,32ff. IV 4,32,14: πόρρω — ἐγγύς.

[40] IV 8,2,32. 8,14 (8,15f. von Bruno C 34,8 zitiert; er kannte Plotin durch die Ausgabe des Ficinus, Editio princeps 1492).

[41] III 9,3,5,f.

[42] Plat. Theol. III 2; vol. I 142 (Marcel). Die Sperrungen sollen auf die Bezüge zur Tradition und zu Bruno verweisen.

[43] Plat. Theol. IV 1; I 161.

[44] de amore III 3; 165 (Marcel). Sachlich relevant innerhalb dieses Kontextes ist die philosophische Fundierung des Gedichts „Quod mundus stabili fide" in Boethius' De Phil. Consol. II m. 8. Vgl. hierzu C. J. de Vogel, Amor quo coelum regitur, in: Vivarium 1, 1963, 2—34.

[45] de amore III 2; 162.

[46] I V 6; 177. VII 13; 257. VII 14; 259.

[47] z.B. C 29,31f.

[48] z.B. de amore III 2; 162 und (wie Bruno in C 30,3; 68,5 Aq: occhio del mondo) Plat. Theol. II 10; I 104 oculus infinitus. Vgl. auch Anm. 34.

[49] C 60,5ff.; 102,7. A 102. LTS 25,8: quasi pure logicum.

[50] W. Wieland, Die aristotelische Physik, Göttingen 1962, 211. Von aus strebt sie nicht zur Form, sie ist „inhaltsleer". Zum Gesamtkomplex dieser Frage siehe H. Happ, Hyle, Berlin 1971.

[51] Phys. 192 a 31f. Met. 1028 b 36ff. gen. et corr. 322 b 12ff.

[52] Met. 1032,13ff. 1042 a 33ff. 1069 b 2 ff.

[53] Negative Prädikate, die die „Nichtigkeit" der ersten Materie deutlich machen: „nicht wahrnehmbar" (gen. et corr. 332 a 35), „an sich nicht erkennbar" (Met. 1036 a 8f), „ohne Form" (de caelo 306 b 16ff), deshalb auch nicht „aussagbar" (Met. 1035 a 8), „ohne quantitative und qualitative Bestimmung", die auf ein „Seiendes" zuträfe: Met. 1029 a 20f, kein „Etwas" oder „Seiendes", deshalb kommt ihr die Bezeichnung οὐσία nur uneigentlich (als Noch-nicht) zu: Met. 1042 a 32— b 3. Phys. 192 a 2—6.

[54] C 88,21; 134,8. Der Terminus stammt aus Augustinus, vgl. Conf. XII, VIII 8: illud autem totum prope nihil erat, quoniam adhuc omnino informe erat; iam tamen erat quod formari poterat. XII, VI 6: informe prope nihil; nihil aliquid; est non est (von der Materie gesagt). Der aristotelische oder in der Stoa modifizierte Gedanke, die Materie sei expers omni qualitate (Aug. Contra ep. Fund. 29,32) bleibt für Philo, Origenes, Plotin (kein $\sigma\hat{\omega}\mu\alpha$ allerdings, im eigentlichen Sinne Nicht-Seiendes, weil weder Gestalt, Logos oder Grenze: III 6,7,9ff), Cicero und die aristotelisch-platonische Tradition des Mittelalters bestimmend.

[55] C 51,3ff. 61,17. 80,3. 95,16. V 696, 11ff. In „Aristoteles" als Ziel Brunoscher Polemik ist immer dessen scholastische Rezeption durch Thomas von Aquin z.B., Duns Scotus und den Occamismus mitzubedenken. Bruno war sich dieses geschichtlichen Syndroms durchaus bewußt.

[56] V 696,13: qui ausi sunt materiam etiam Deum appellare. C 61; 103,13. Zu David von Dinant und Avicebron vgl. die Anm. Blums zu S. 95,15.

[57] Als einen solchen bezeichne ich, daß Bruno die materia contracta (im Gegensatz zu einer materia prima et absoluta) a) als subiectum formarum substantialium (Grundlage für substantiales Werden) und b) als subiectum formarum accidentalium (Grundlage für akzidentelles Werden, Entwicklung des Akzidentellen) betrachtet: STM 21,7ff. Ähnlich LTS 25,13–15. 29,14ff. Im 312 (OL I 2): est q u o q u e materies, passiva potentia substans.

[58] C 92,30.

[59] C 93,30; 139,3: fonte de la attualità. 95,32; 141,12f: fonte de le forme.

[60] Schoß (seno, gremium), aus dem die Formen entspringen und in den sie wieder zurückgehen: C 60; 102,32ff. 87; 132,26. 88; 134,12 (pregnante). 93; 138,18. 95; 140,16.

[61] C 92,4f.; 137,18f.: ottima parente, genetrice e madre. 61,29; 103,21: progenitrice, Terminologisch vergleichbar ist auch Platon, Tim. 49 a 6: $\tau\iota\vartheta\dot{\eta}\nu\eta$ und 50 d 3: $\mu\dot{\eta}\tau\eta\rho$, der Sache nach jedoch nur rezeptiv ($\dot{\upsilon}\pi o\delta o\chi\dot{\eta}$). Plotin III 6,19,1ff.; 18: $\mu\dot{\eta}\tau\eta\rho$ zwar, jedoch: $o\dot{\upsilon}\delta\grave{\epsilon}\nu\ \gamma\grave{\alpha}\rho\ \alpha\ddot{\upsilon}\tau\eta\ \gamma\epsilon\nu\nu\ddot{\alpha}$. Bruno dagegen: zeugend, fruchtbar, gebärend: 60,40; 102,34. 103,21.

[62] Zur neuplatonischen Konzeption von Materie als egestas, inopia, paupertas ($\ddot{\epsilon}\nu\delta\epsilon\iota\alpha$, $\pi\epsilon\nu\iota\alpha$) gegenüber dem „Reichtum", der „Fülle", dem „reinen Sein" des Intelligiblen vgl. W. Theiler, Forschungen zum Neuplatonismus, Berlin 1966, 192.

[63] C 95,20ff. V 695,25—27: eiusmodi est materia per universum, extra quam nulla est forma, in cuius potentia, appetitu et dispositione omnes sunt formae.

[64] Vgl. Anm. 63.

[65] C 41,4f.

[66] V 696,2.

[67] C 68,4; 110,14: e continenza di tutta la materia.

[68] V 695,29. 696,13. C 61,16; 103,12: principio necessario eterno e divino. 92,4; 137,18: cosa divina.

[69] 70,17f.; 113,5: potestà assoluta; 16: atto absolutissimo als absolutissima potenza.

[70] C 71,13ff.; 114,7ff.

[71] C 72,25ff.; 115,16—18: sustanza spirituale e corporale: ... l'una e l'altra se riduca ad uno essere, et una radice.

[72] Im 312 (OL I 2).

[73] Ebd. LTS 49,14ff: spiritus vivificans als artifex, qui non circa materiam, sed intra omnem materiam et naturam operatur. 50,28: spiritus universalis seu anima mundi.

[74] Im 310. 312 (OL I 2).

[75] C 92,6; 137,18—20.

[76] Im 234 (OL I 1).

[77] manus cunctipotentis: STM 101.

[78] Im 193 (OL I 2). STM 101. Spaccio, dial. III (Dial. It. 776): natura est deus in rebus. — Zur Sache insgesamt vgl. H. Védrine, La conception de la nature chez Giordano Bruno, Paris 1967. Noch weiter reicht offenbar der „Vorgriff" auf Spinoza in Im 312 (OL I 2): Deum esse infinitum in infinito, ubique in omnibus, non supra, non extra, sed praesentissimum (zu dem Gedicht: „Ergo age, comprendas ubi sit Natura Deusque"). Diese Aussage steht allerdings den in Anm. 93ff zitierten Texten entgegen, die zudem wohl im selben Zeitraum (1591) entstanden sind. Verstehbar scheint mir diese Diskrepanz durch den Kontext, der ganz prononciert auf das der Natur und Materie immanente Wirken des Gottes gerichtet ist.

[79] Enn. III 8,6,10.

[80] C 97,1f.; 142,3.

[81] C 142,11 Aq.

[82] C 114,4. 114,27. 142,22. 155,26. 159,10 Aq. (Coincidenz als Index von Unendlichkeit). E 1130. I 523ff.

[83] C 143,10 Aq.

[84] C 101,2f.; 146,13ff. Formulierung und Gedanke „omnia in omnibus" entstammt Anaxagoras (vgl. die Anm. Aquilecchias zu

C 77, 5—7), bleibt aber nicht bei dessen Sinngebung, deutet auf die permanente Problematik Brunos: F.A. Yates, Giordano Bruno 248. Zu beachten ist wohl auch, daß darin die theologische Bedeutung von 1 Cor 15,28: „ut deus sit omnia in omnibus" in den kosmologischen Einheitsbegriff eingegangen ist.

[85] Procl. Elem. theol. 103; 92,13 (Dodds). Tim. I 423,13f. Plct. V 8,4,4—11.

[86] C 99,18ff. Bild-Sein als Bedingung: C 68,1ff. 72,5. Vgl. dazu unten S. XXVIII.

[87] C 103,30ff. A 96ff. Bruno beansprucht des öfteren Parmenides für seinen Einheitsgedanken, obgleich dieser mit Brunos Begriff des Unendlichen nicht kompatibel ist (über die „Grenze" des Seins: Fr B 8,42ff.).

[88] C 101,37; 147,12. concurrunt: Im 310 (OL I 1), U 22f. 45: cum vero refluunt uniuntur usque ad ipsam unitatem quae unitatum omnium fons est.

[89] Vgl. C 86,11ff.; 131,20ff. U 28.

[90] Siehe hierzu W. Beierwaltes, Identität und Differenz. Zum Prinzip cusanischen Denkens, Opladen 1977.

[91] De docta ignorantia II 5.

[92] Vgl. z.B. I 43ff.; 377f. Im 294 (OL I 2).

[93] Hegel hat gerade die Formulierung des Absolut-Seins („superessentiale") als Hinweis auf die Affinität zum neuplatonischen Denken verstanden („ὑπερουσία bei Proklus", Vorlesungen über die Geschichte der Philosophie, Jubiläumsausgabe XIX 238). Mißverständnisse Brunos in Richtung auf „totale Emanzipation aus der Metaphysik" sind auch gegenwärtig vielfach noch durch den Umstand verstehbar, daß die lateinischen Schriften nicht zureichend „Gegenstand eines ernsten Studiums" gewesen sind (so schon H. Steffens, Über das Leben des Jordanus Brunus [vgl. Anm. 146] 75).

[94] 105,9ff.; 150,23ff. I 381f. 388f. (infinità intensiva ed estensiva).

[95] I 381.

[96] C 67,36ff.; 110,9ff. 104,12; 149,27. Im 239f. (OL I 1): magnum simulacrum (dei immensi), vestigium. 241: speculum.

[97] STM 81,22—25: sed Deum intelligamus in omnibus et omnia in Deo non eodem modo; Deus in omnibus tanquam continens, in Deo tanquam contenta ab eo, sicque Deus in omnibus immediate, in Deo omnia non immediate. 83,5ff.: licet habeat differentiam ab omnibus, non tamen ita differt ab omnibus, sicut singula a singulis... creatum vero et creator differunt plus quam genere... 97,25f.

Daher ist auch die Participation des Einzelnen am göttlichen Prinzip durchaus d i f f e r e n t : STM 89,24ff. 90,21ff.

[98] STM 83,19f.

[99] Ebd. 86,13ff. 97,19: super omnem ordinem (= τάξις als „Stufe"), super omnem seriem, omnis seriei et ordinis auctor. TMM 146,13: et simul in cunctis totum manet et super ipsa. 7f: pariterque movetur / Et stat; nam simul it rediens, rediitque quiescens.

[100] STM 86,18—21.

[101] Ebd. 93,12 Vgl. Anm. 30 u. 114. Daß der creator-Begriff durchaus den der Differenz impliziert, macht z.B. E 1097 deutlich: das göttliche Prinzip teilt seine Seinsfülle „dem unendlichen Universum und den unzähligen Welten in ihm mit". 1125: Aus der göttlichen Monas, die „wahres Wesen alles Seins" ist, geht „die Natur, das Universum, die Welt" hervor: als Ähnlichkeit, Bild, Spiegel oder Schatten des „absoluten Lichtes".

[102] Ebd. 93,22 u. 19f.

[103] CC 155.

[104] S 164,27ff.

[105] C 108,29ff.; 154,9ff. STM 113,11ff. 116,24ff. 79,2f.: sibi soli notus.

[106] Cus. de principio 23. sap II 30,4f. (Baur). de possest 38,11; 40,14 (Steiger). de non aliud 20; 49,20f. (Wilpert).

[107] U 23f. 49. C 106,1ff. 108,33ff. (Herabsteigen und Emporsteigen; πρόοδος — ἐπιστροφή). TMM 187,21ff.

[108] TMM 147,5ff: (Deus) ubique et nusquam, infra omnia fundans, super omnia gubernans, intra omnia non inclusus, extra omnia non exclusus... in quo sunt omnia, et qui in nullo ... est ipse. Dieser nach ‚De la Causa' verfaßte Text, der das Verhältnis von Transzendenz und Immanenz präzisiert, war schon in der relativ umfangreichen Stellen-Sammlung Bruckers abgedruckt: Historia Critica Philosophiae, Leipzig 1744, tom IV 2,44, Text XXXI — gegen die platte Einebnung von Gott in Welt. STM 98,28ff. Zur Problemgeschichte dieser Dialektik: W. Beierwaltes, Platonismus und Idealismus, Frankfurt 1972, 62; dazu: Bonaventura, Itinerarium V 8. Für ein adäquates Verständnis von Brunos Denken kommt es darauf an, die paradoxe Ambivalenz in der Dialektik von Transzendenz und Immanenz, in der des öfteren eher immanentistischen Aussagen präzis-transzendente gegenüberstehen, als solche „bestehen" zu lassen. Eine Ausblendung der Transzendenz-Aussagen zugunsten einer Interpretation vollständiger Selbstaufgabe Gottes in die Welt oder eine lebensgeschichtliche (genetische) Erklärung oder eine

solche, die Zensurrücksichten ins Feld führt, um in dem „pantheistischen" Gedanken den „eigentlichen" Bruno zu propagieren, macht die Schwierigkeit der Sache zwar glatter — durch Reduktion —, aber keineswegs eher verstehbar. — Als Ausnahme gegenüber der skizierten Tendenz sei P.O. Kristeller genannt, der immerhin feststellt, „that his position was closer to Cusanus and to the dualistic passages in his dialogues than many interpreters have been willing to admit" (Eight Philosophers of the Italian Renaissance, California 1964, 135).

[109] STM 97,21: mitto quod inter finitum et infinitum nulla est proportio. Vgl. Cusanus de doct. ignor. I 3.

[110] STM 73,20f. Sicut enim natura est unicuique fundamentum entitatis, ita profundius naturae uniuscuiusque fundamentum est Deus (21—23).

[111] STM 93,22.

[112] E 1094; 1159 (vgl. 1 Cor 13,12 videmus nunc per speculum in aenigmate und negative Theologie). 1123: inaccessibile, incomprensibile. C 110,13; 145,14. STM 79,3: deus absconditus, dennoch teilt er sich mit.

[113] E 1099.

[114] A 68ff: infinitae causae infinitus effectus. Im 202ff. (OL I 1). CC 104 (weder die Sinnlichkeit, noch der Verstand kann eine Grenze ausmachen). E 1063.

[115] Vgl. hierzu A.C. Lloyd, The principle that the Cause is greater than its Effect, in: Phronesis 21, 1976, 146—156.

[116] z.B. Im 304,1ff. (OL I 1). CC 33ff.

[117] Vgl. Met. 1074 a 31—38. Phys. 202 b 30ff. de caelo 271 b 17ff. 276 a 18ff.

[118] CC 33. I 361f. 376f. 382. Im 274 (OL I 2). Lukrez ist neben Demokrit und Epikur sachliches und geistesgeschichtliches ‚Testimonium', z.B. I 531ff. Dagegen außer Aristoteles: Plat. Tim. 31 b 3: εἷς ὅδε μονογενὴς οὐρανός, gegen die Möglichkeit von zwei oder unendlich vielen Kosmoi.

[119] C 100,7; 145,9f. 100,39ff; 146,11f. I 406. 462f. 520.

[120] Im 218 (OL I 1).

[121] I 405f. 435.

[122] oratio valed., OL I 1,19: nec non abhorreamus hanc Tellurem matrem nostram unum ex astris nihilo multis circumstantibus indignius intelligere.

[123] de docta ignor. II 11 u. 12.

[124] C 100,5—11; 145,8—13.

[125] J.F.H. Schlosser, Versuche von Übersetzungen aus dem Werke des Giordano Bruno, in: Studien (hg. v. C. Daub und F. Creuzer) VI, Heidelberg 1811, 448.
[126] Jacobi, Werke IV (Leipzig 1819) 1,10.
[127] Schelling, Bruno, Werke I 4 (1859) 328 u. 332 (Anmerkung).
[128] Eingehender hierzu meine Abhandlung „Absolute Identität. Neuplatonische Implikationen in Schellings ‚Bruno' ", in: Phil. Jahrbuch 80, 1973, 242–266. Die Ausführungen über Transzendenz und Immanenz bei Bruno S. 256–258 habe ich hier S. XXVIff modifiziert. Allgemein zur Bruno-Rezeption im Deutschen Idealismus: J.-L. Vieillard-Baron in: Rev. de Mét. et de Morale 76, 1971, 406–423.
[129] Schelling, Bruno 235.
[130] Ebd. 236.
[131] 239. 323.
[132] 291. – In seiner ‚Biographia Literaria', London 1817, I 150, bezieht sich S. T. Coleridge in Schellings Nähe zu Bruno ein: „We (d.h. Schelling und er selbst) had both equal obligations to the polar logic and dynamic philosophy of Giordano Bruno."
[133] Ephemerides 1770, Weim. Ausg. I 37,82.
[134] W.A. IV 22, 258; 309. III 6,232 (Tagebuch): „Nachts Jordanus Brunus" (Karlsbad 1818).
[135] W. Saenger, Goethe und Giordano Bruno, Berlin 1930, 52–55. Es ist die innere Form von Goethes Denken, daß nichts zu erfassen ist ohne den Gegen-Satz, daß jeglicher „Wirkung eine Gegenwirkung erwidert", daß aber dennoch die Einheit in allem Gegensätzlichen zu suchen ist: G. Baumann, Goethe. Dauer im Wechsel, München 1977, macht gerade diesen Grundzug von unterschiedlichen Aspekten her evident.
[136] W.A. II 11,5–9. W. Saenger, a.a.O., 159ff. Zum neuplatonischen Aspekt: W. Beierwaltes, Platonismus und Idealismus 93ff.
[137] C 101,35f.; 147,11.
[138] W.A. I 3,73. Nicht minder gilt dies für die Gedichte „Weltseele"; „Eins und Alles"; „Vermächtnis"; und das Epigramm „Ewig wird er euch sein der Eine, der sich in Viele / Theilt, und Einer jedoch, ewig der Einzige bleibt..." (W.A. I 3,77f. 81–83. I 1,342).
[139] Vgl. Anm. 136.
[140] Brief an Schiller vom 16.3.1802, W.A. IV 16,55.
[141] an Herder 29. April 1781; an Jacobi 16. Jan. 1785 (Briefwechsel hg. v. A. Henkel Bd. IV [Frankfurt 1959] 287; V [1965] 327). Verweis auf Bruno im Zusammenhang der Coincidenz in: Neue Apologie des Buchstaben h, Werke (hg. v. J. Nadler) III 107.

Jacobi interpretiert das principium coincidentiae an der Person Hamanns selbst lebensgeschichtlich und psychologisch (Brief an J.G. Jacobi vom 5.9.1787, Werke III [1816] 503f).

[142] v. 4. Mai 1788 (hg. v. F. Roth, Leipzig 1825, VII 414).

[143] Zweifel und Einfälle über eine vermischte Nachricht in der allgemeinen deutschen Bibliothek, Werke III 192.

[144] Brief an Herder vom 18. Nov. 1782, IV (Henkel) 462.

[145] K. Gründer, Figur und Geschichte, Freiburg 1958, 87.

[146] Nachgelassene Schriften, mit einem Vorwort von Schelling, Berlin 1846, 75f.

[147] Kongenial hat Moriz Carriere das Denken Brunos aus dem Geiste des Idealismus dargestellt in: Die philosophische Weltanschauung der Reformationszeit, Stuttgart 1847, 365—494.

Daß Bruno anläßlich der Enthüllung eines Denkmals auf dem Campo de' Fiori in Rom am 9. Juni 1889 zum Gegenstand politisch-weltanschaulichen Streites zwischen Liberalen und Katholiken wurde und daß er bisweilen für die Stärkung des italienischen Nationalbewußtseins „gebraucht" wurde (vgl. z.B. den Brief des Herausgebers der OL, F. Fiorentino, an F. de Sanctis in OL I 1,IXff aus dem Jahr 1879), wie Dürer etwa oder Meister Eckhart in Deutschland, dies betrifft nicht unmittelbar philosophisches Interesse, sondern eher die Ideologiekritik. Bezieht sich diese auf „Philosophisches", so hat sie wohl immer schon den beschädigten Gedanken vor sich. — Eine Darstellung der Interpretationsgeschichte im Sinne eines Forschungsberichts zu Bruno liegt außerhalb der Absicht dieser wirkungsgeschichtlichen Hinweise.

[148] XIX (Jubiläumsausgabe) 244.

EDITORISCHER BERICHT

Das vorliegende Werk, seit 1872 Bestandteil der „Philosophischen Bibliothek", erschien 1902 leicht überarbeitet in dritter, 1923 unverändert in vierter Auflage. Seit langem war es vergriffen.

Die Qualität der Übersetzung von Adolf Lasson ermöglichte einen unveränderten Nachdruck des Textes, dem zusätzlich in den Kolumnentiteln die Seitenzählung der Ausgabe von 1584 beigegeben wurde, so daß die Übersetzung parallell zu den Dialoghi italiani und der kritischen Ausgabe 1973 (die diese gleichfalls anführen) verwendet werden kann.

Erstmalig beigegeben wurde der Ausgabe eine Übersetzung von Brunos Einleitungsschreiben. Eine dadurch eigentlich notwendig gewordene Neupaginierung des viel zitierten ursprünglichen Textes konnte vermieden werden. Das Einleitungsschreiben erhielt, zusammen mit den Gedichten (früher S. XXI–XXIV), eine eigene arabische Paginierung mit Sternchen. Dem Gesamttext wurde eine Zeilenzählung beigegeben. Kustoden (¤) weisen auf die neu gefaßten Anmerkungen hin. Die im Einleitungsschreiben vorgenommene numerische Aufgliederung der einzelnen Dialoge wurde dort und im Text selbst erstmals durch eckige Klammern [ ] gekennzeichnet, so daß die betreffende Stelle leicht auffindbar ist.

Die neue fünfte Auflage erhielt ferner noch eine biographische Übersicht, eine Auswahlbibliographie sowie Register, während Werner Beierwaltes anstelle der alten Lassonschen eine neue Einleitung beisteuerte.

Für die Kommentierung und für die Übersetzung des Einleitungsschreibens wurden die in der Bibliographie aufgeführten Ausgaben zu Rate gezogen, jedoch wurden alle Belege, sofern nicht ausdrücklich Quellen angegeben sind, von mir verifiziert und ausgewählt.

Ziel der Anmerkungen soll sein, möglichst keine Interpretation festzulegen, sondern vielmehr Materialien dafür bereitzustellen. Dazu gehört es, auf Parallelen innerhalb des Textes sowie in den übrigen Werken Brunos hinzuweisen, abgesehen von Quellennachweisen. Somit sollen die Verweise auf Brunos Schriften keinen philologischen Selbstzweck erfüllen, sondern das Spektrum seines Philosophierens eröffnen.

München, im April 1977   Paul Richard Blum

LEBENSDATEN GIORDANO BRUNOS

1548	ca. Januar/Februar; geboren in Nola, östlich von Neapel; Taufname Filippo; der Vater Giovanni Bruno in Militärdiensten, die Mutter Fraulisa Savolino.
1562	Beginn des Studiums der „littere de umanità, logica e dialettica" am Studio (freie Universität) Neapel. Erstes Bekanntwerden mit dem Averroismus und mit Methodenproblemen (Mnemotechnik).
1565	15. Juni, Eintritt in den Dominikanerorden, San Domenico Maggiore, Neapel. Nimmt den Vornamen Giordano an.
1566/1567	Äußerungen gegen den Marienkult und die Ablehnung von Heiligenbildern führen zu einem ersten, kurzen Konflikt mit dem Orden.
1568/1569	evtl. kurzer Aufenthalt in Rom auf Einladung Papst Pius' V., die Gedächtniskunst zu unterrichten, dem B. die früheste Schrift L'arca di Noè (1570? — verloren), moralischen oder/und mnemotechnischen Inhaltes, widmete.
1572	Priesterweihe in Campagna bei Salerno. Beginn des Theologiestudiums in San Domenico Maggiore, Neapel.
1575	Studienabschluß mit einer Verteidigung der Summa contra gentiles des Thomas von Aquin und der Sentenzen des Petrus Lombardus.
1576	ca. Februar: Häresieverdacht in Fragen der Inkarnation und des Arianismus und wegen der Lektüre von Scholien des Erasmus von Rotterdam zu Werken von Hieronymus und Joh. Chrysostomus. Flucht nach Rom. Austritt aus der Kirche, Flucht nach Genua und Noli/Ligurien, wo er Privatvorlesungen über die Kugel (wohl geometrisch, kosmologisch und metaphysisch) hält.
1577	Noli, Savona, Turin, Venedig (Publikation einer

	Schrift De' segni de' tempi — verloren), Padua, Brescia, Bergamo; ständig in Kontakt mit Dominikanern.
1578	Mailand, Chambéry/Savoyen; Genf.
1579	Genf: Arbeit in einer Druckerei; Übertritt zum Calvinismus; Immatrikulation an der Universität. Der Druck einer (verlorenen) philosophischen Streitschrift und religiöse Diskrepanzen führen zur Bedrohung mit Exkommunikation und zur Weiterreise nach Lyon (September/Oktober) und Toulouse. Kontakte zu Katholiken; private Vorlesungen über die Kugel; Promotion zum magister artium und Wahl zum Professor für Philosophie; Vorlesungen u.a. über Aristoteles, De anima.
1581	Das Aufflammen der Hugenottenkriege veranlaßt B. zur Weiterfahrt nach Paris. Privatvorlesungen über die „Attribute Gottes" erregen die Aufmerksamkeit König Heinrichs III., der sich von B. darlegen läßt, daß sein berühmtes Gedächtnis nicht auf Magie, sondern auf Wissenschaft (Mnemotechnik/ars lulliana) beruht.
1582	De umbris idearum mit Ars memoriae; Cantus Circaeus; De compendiosa architectura, & complemento artis Lullij (Werke zur Grundlegung und Technik der Gedächtniskunst); Candelaio (Kommödie).
1583	April: Ankunft in London mit Empfehlung des Königs an den französischen Botschafter Michel de Castelnau. Juni: Vorträge in Oxford über die Unsterblichkeit der Seele, die Kugel u.a. Der Versuch, damit einen Lehrauftrag an der Universität zu erhalten, mißlingt. Rückkehr zu Castelnau nach London. Freundschaft mit Intellektuellen im Umkreis des Hofes. Veröffentlichung von Recens et completa ars reminiscendi, Explicatio triginta sigillorum und Sigillus sigillorum.
1584	La cena de le Ceneri, italienische Dialoge über philosophische Konsequenzen des kopernikanischen Weltbildes, mit antihumanistischer Polemik. De la causa, principio et Uno. De l'infinito, universo et Mondi, ital. Dialoge gegen die aristotelischen Beweise für die Endlichkeit der Welt. Spaccio de la

Lebensdaten Giordano Brunos LV

1585	bestia trionfante, ital. Dialoge zur Moralphilosophie. Cabala del cavallo pegaseo Con l'aggiunta dell'Asino Cillenico, Satire gegen die Wissenschaften. De gl'heroici furori, ital. Dialoge zur Erkenntnistheorie in Form von Kommentaren zu Gedichten B.s und Luigi Tansillos. Rückkehr nach Paris zusammen mit Castelnau. Kontakte mit Katholiken.
1586	Dialogi duo de Fabricii Mordentis Salernitani prope divina adinventione ad perfectam cosmimetriae praxim; Idiota triumphans seu de Mordentio inter geometras deo; De somnij interpretatione seu Geometrica silva; polemische Schriften zur Geometrie. Figuratio Aristotelici Physici auditus, Kompendium der Physik des Aristoteles nach den Regeln der Mnemotechnik; Centum et viginti articuli de natura et mundo adversus peripateticos, eine Sammlung von Thesen gegen die arist. Naturphilosophie, deren öffentliche Verteidigung im Collège de Cambrai gegen die Autoritäten der Sorbonne zum Skandal führt. Da B. zugleich in politische Auseinandersetzungen zwischen Katholiken, Gemäßigten und Protestanten verwickelt wird, flieht er nach Deutschland. Mainz, Wiesbaden, Marburg, wo er sich vergeblich um einen Lehrauftrag bemüht. August: Immatrikulation in Wittenberg, Vorlesungen u. a. zur Logik des Aristoteles.
1587	De lampade combinatoria lulliana. De progressu et lampade venatoria logicorum, Artificium perorandi (veröff. 1612), Kompendien zur Topik bzw. sog. Rhetorik an Alexander des Aristoteles. Animadversiones circa Lampadem lullianam; Lampas triginta statuarum; Libri physicorum Aristotelis explanati (veröff. 1890/91).
1588	Camoeracensis Acrotismus, Neudruck der 1586 am Collège de Cambrai, Paris, vertretenen Thesen. Aufgrund verstärkten Einflusses von Calvinisten verläßt B. Wittenberg (Oratio valedictoria) und geht nach Prag, der Residenz Kaiser Rudolfs II. De specierum scrutinio et lampade combinatoria. Articuli

adversus huius tempestatis Mathematicos atque Philosophos, Thesen zur Überwindung der Euklidischen Geometrie, gewidmet dem Kaiser.
Herbst: Helmstedt.

1589 Oratio consolatoria zum Tode Herzog Julius' von Braunschweig. De magia mit Theses de magia, De magia mathematica, De rerum principiis et elementis et causis, Medicina lulliana, De vinculis in genere, Schriften und Exzerpte, z.T. mit diesen hinzugefügten Titeln publiziert 1891.

Exkommunikation, verursacht durch privaten Streit, wegen des Verdachts auf Calvinismus von Seiten der Lutheraner.

1590 Von Helmstedt nach Frankfurt am Main.

1591 Läßt bei Johann Wechel die Trilogie De triplici minimo et mensura, De monade numero et figura und De innumerabilibus, immenso et infigurabili drucken, gewidmet Heinrich Julius von Braunschweig, in der die Summe der Brunoschen Philosophie auf wechselnden Ebenen in Form von Hexametern mit Prosakommentaren dargestellt ist.
Februar: B. hat keine Aufenthaltserlaubnis in Frankfurt und wird ausgewiesen.
In Zürich Privatvorlesungen mit dem Titel Lampas de Entis descensu, die 1595 und, erweitert, 1609 in Auszügen als Handbuch mit dem Titel Summa terminorum metaphysicorum publiziert wurden.
Wieder in Frankfurt: De imaginum, signorum & Idearum compositione.
August: Ankunft in Venedig auf Einladung von Giovanni Mocenigo.
September: Bewerbung um den vakanten Lehrstuhl für Mathematik an der Universität Padua (den im Sept. 1592 Galilei übernahm): Praelectiones geometricae und Ars deformationum, Bearbeitungen von Teilen aus De minimo (veröff. 1964). Rückkehr zu Mocenigo nach Venedig, den er in der Gedächtniskunst unterrichten soll.

1592 21. Mai: B. will nach Frankfurt, um weitere Bücher zu publizieren. 22. Mai: Mocenigo sperrt B. ein. Am 23. denunziert er B. bei der Inquisition. Den 25.

Lebensdaten Giordano Brunos LVII

	wird B. ins Gefängnis gebracht. Anklagepunkte: Sektierertum, Zweifel an der Trinität und der Inkarnation u.a.
1593	Nach anfänglich günstigem Verlauf des Prozesses, wird B. im Februar in das Gefängnis des Heiligen Offiziums nach Rom gebracht.
1600	8. Februar: B. wird als Häretiker verurteilt; am 17. Februar auf dem Campo de' Fiori auf dem Scheiterhaufen verbrannt.

(Für Einzelheiten sei auf die in der Bibliographie verzeichneten Arbeiten, besonders die von Spampanato und Aquilecchia, verwiesen, auf die sich auch diese Zusammenstellung in der Hauptsache stützt.)

AUSWAHLBIBLIOGRAPHIE

1. Werkausgaben

Jordani Bruni Nolani Opera latine conscripta. Hrsg. von F(rancesco) Fiorentino, F(elice) Tocco u.a. Neapel (Morano) und Florenz (Le Monnier) 1879–1891. 3 Bde. in 8 Teilen. (Reprint: Stuttgart-Bad Cannstatt, Frommann/Holzboog, 1961–1962.)

Giordano Bruno: Dialoghi italiani. Hrsg. von Giovanni Gentile, 3. Aufl. bearb. von Giovanni Aquilecchia. Firenze (Sansoni) o. J. (1958) (= Classici della Filosofia 8). (De la causa, principio e uno S. 173–342.)

– : Gesammelte Werke. Hrsg. von Ludwig Kuhlenbeck. Leipzig/Jena (Diederichs) 1904–1909. (Bd. IV: Von der Ursache, dem Anfangsgrund und dem Einen. – Sehr unzuverlässig!)

– : Heroische Leidenschaften und individuelles Leben. Auswahl und Interpretationen. Hrsg. von Ernesto Grassi. Hamburg 1957 (= Rowohlts Klassiker 16).

2. Einzelausgaben

Giordano Bruno: De la causa, principio et uno. Hrsg. u. eingel. von Giovanni Aquilecchia. Torino (Einaudi) 1973 (= Nuova raccolta di classici italiani annotati 8). (Krit. Ausg.)

Ludovico Limentani: Saggio di un commento letterale ad alcune pagine di G. Bruno. In: Ricordi e studi in memoria di Francesco Flamini, Napoli/Citta di Castello (Perella) 1931, S. 55–80 (S. 57–80: Proemiale epistola und Gedichte aus De la Causa . . .).

Friedrich Heinrich Jacobi: Über die Lehre des Spinoza, in Briefen an den Herrn Moses Mendelssohn. Neue vermehrte Ausgabe. Breslau (Löwe) 1789. Auszug aus Jordan Bruno von Nola, Von der Ursache, dem Princip und dem Einen: S. 261–306. Nachdruck in: F. H. J.: Werke. Hrsg. von Friedrich Roth u. Friedrich Köppen. Bd. IV, Leipzig (Fleischer) 1819, Zweite Abtheilung S. 5–46

(Reprint: Darmstadt, Wiss. Buchges., 1976). (Auszüge, z.T. paraphrasierend.)

Giordano Bruno: Von der Ursache, dem Prinzip und dem Einen. Übers. u. eingel. von Paul Seliger. Leipzig o. J. (1909) (= Reclams UB 5113–5114).

— : Cause, Principe et Unité. Übers. u. eingel. von Émile Namer. Paris (Alcan) 1930.

— : La cena de le ceneri. Hrsg. u. eingel. von Giovanni Aquilecchia. Torino (Einaudi) 1955 (= Nuova raccolta di classici italiani annotati 4). (Krit. Ausg., Nachdr. in: Dial. it.)

— : Das Aschermittwochsmahl. Übers. von Ferdinand Fellmann, Einl. von Hans Blumenberg. Frankfurt a. M. 1969 (= sammlung insel 43).

— : Die Vertreibung der triumphierenden Bestie. Übers. u. eingel. von Paul Seliger, Berlin/Leipzig (Magazin-Verl., Jaques Hegner) o. J. (1904) (= Kulturhistorische Liebhaberbibliothek 16).

— : De l'infinito ... englisch, s. Singer 1950.

— : Des Fureurs Héroiques (De gl' Heroici Furori). Hrsg. u. übers. von Paul-Henri Michel. Paris (Les Belles Lettres) 1954.

— : Candelaio. Commedia. 2. verb. Aufl. hrsg. u. eingel. von Vincenzo Spampanato. Bari (Laterza) 1923. (Krit. Ausg.)

— : Due dialoghi sconosciuti e due dialoghi noti: Idiota trimphans — De somnii interpretatione — Mordentius — De Mordentii circino. Hrsg. u. eingel. von Giovanni Aquilecchia. Roma 1957 (= Storia e Letteratura 63).

— : Praelectiones geometricae e Ars deformationum. Hrsg. von Giovanni Aquilecchia. Roma 1964 (= Storia e Letteratura 98).

3. Bibliographien

Virgilio Salvestrini: Bibliografia di Giordano Bruno (1582–1950). 2. Aufl. hrsg. von Luigi Firpo. Firenze (Sansoni) 1958 (= Biblioteca Bibliografica Italica 12). (Einmalige Aufl. in 666 Expl. — vgl. Apoc. 13,18.)

Andrzej Nowicki: Intorno alla presenza di Giordano Bruno nella cultura del cinquecento e seicento. Aggiunte alla bibliografia di Salvestrini. In: Atti dell'Accademia di Scienze Morali e politiche della Società Nazionale di Scienze, Lettere ed Arti in Napoli 79 (1968) S. 505–526.

— : Bruno nel settecento. Ibid. 80 (1969) S. 199–230.

— : La presenza di G. Bruno nel cinque, sei e settecento (aggiunte ulteriori alla Bibliografia Bruniana del Salvestrini). Ibid. 81 (1970) S. 326—344.

— : Giordano Bruno nella cultura contemporanea (In appendice la continuazione della Bibliografia di Salvestrini). Ibid. 83 (1972) S. 391—450.

4. Biographien und historische Untersuchungen

Giovanni Aquilecchia: L'adozione del volgare nei dialoghi londinesi di Giordano Bruno. In: Cultura neolatina 13 (1953) S. 165—189.

— : Ancora su Giordano Bruno a Oxford. In: Studi secenteschi 4 (1963) S. 3—13.

— : Giordano Bruno. Roma (Enciclopedia Italiana) 1971 (= Biblioteca Biographica 1).

Christian Bartholomèss: Jordano Bruno. Paris (Ladrange) 1846—1847. (Bd. I: Vie, Bd. II: Travaux.)

Luigi Firpo: Il processo di Giordano Bruno. In: Rivista storica italiana 60 (1948) S. 542—597 u. 61 (1949) S. 5—59.

Ludovico Limentani: Giordano Bruno a Oxford. In: Civiltà moderna 9 (1937) S. 254—280.

Angelo Mercati: Il sommario del processo di Giordano Bruno. Città del Vaticano (Bibl. Apostolica) 1942 (= Studi e testi 101). (Reprint: Graz, Akad. Druck- u. Verlagsanstalt, 1961.) (Veröffentlichung von Prozeßakten.)

Dorothea Waley Singer: Giordano Bruno, His Life and Thought, With Annotated Translation of His Work ‚On the Infinite Universe and Worlds'. New York (Schuman) 1950.

V(incenzo) Spampanato: Vita di Giordano Bruno con documenti editi e inediti. Messina (Principato) 1921 (= Studi filosofici 10). Nachdruck des Dokumentenanhangs: V. S.: Documenti della vita di Giordano Bruno. Firenze (Olschki) 1933 (= Opuscoli filosofici 4).

Frances A(melia) Yates: John Florio. The Life of an Italian in Shakespeare's England. Cambridge (UP) 1934. (Kap. V: Florio and Bruno.)

— : Giordano Bruno and the Hermetic Tradition. London/Chicago (Paul) 1964.

— : The Art of Memory. London (Paul) 1966.

5. Sonstige Untersuchungen

Nicola Badaloni: La filosofia di Giordano Bruno. Firenze (Parenti) 1955 (= Saggi di cultura moderna 12).

Hermann Brunnhofer: G. Bruno's Weltanschauung und Verhängniss. Aus den Quellen dargestellt. Leipzig (Fues) 1882.

— : G. Bruno's Lehre vom Kleinsten als die Quelle der prästabilierten Harmonie von Leibniz. Leipzig (Rauert u. Rocco) 1890.

F(ranz) J(akob) Clemens: Giordano Bruno und Nicolaus von Cusa. Eine philosophische Abhandlung. Bonn (Wittmann) 1847.

A(ntonio) Corsano: Il pensiero di Giordano Bruno nel suo svolgimento storico. Firenze (Sansoni) 1940 (= Biblioteca storica del Rinascimento N.S. 1).

Ferdinand Fellmann: Mythos und Moral bei Giordano Bruno. In: Terror und Spiel. Probleme der Mythenrezeption. München (Fink) 1971 (= Poetik und Hermeneutik 4) S. 241–256. (Zum Spaccio.)

Eugen Fink: Die Exposition des Weltproblems bei Giordano Bruno. In: Der Idealismus und seine Gegenwart. Fs. f. Werner Marx zum 65. Geburtstag. Hamburg (Meiner) 1976 S. 127–132. (Zur Causa.)

Giovanni Gentile: Giordano Bruno. In: G. G.: Il pensiero italiano del Rinascimento. Firenze (Sansoni) ^{4}1968 (= G. G.: Opere 14) S. 259–310.

— : Le fasi della filosofia bruniana. Ibid. S. 311–330.

— : ‚Veritas filia temporis'. Ibid. S. 331–355.

Augusto Guzzo: Giordano Bruno. Torino (Ed. „Filosofia") 1960. Teilw. bereits erschienen als: A. G.: I dialoghi del Bruno. Torino (Ed. L'Erma) 1932.

Heinz Heimsoeth: Giordano Bruno und die deutsche Philosophie. In: Blätter für die deutsche Philosophie 15 (1942) S. 394–443.

Karl Huber: Einheit und Vielheit in Denken und Sprache Giordano Brunos. Winterthur (Schellenberg) 1965 (Diss. Zürich).

Lawrence S. Lerner u. Edward A. Gosselin: Was Giordano Bruno a Scientist? A Scientist's View. In: American Journal of Physics, vol. 41 No. 1 (Jan. 1973) S. 24–38.

Paul-Henri Michel: La cosmologie de Giordano Bruno. Paris (Hermann) 1962 (= Histoire de la pensée 9).

Émile Namer: Les Aspectes de Dieu dans la philosophie de Giordano Bruno. Paris (Alcan) 1926.

— : Il problema della materia in Giordano Bruno e l'interpretazione di Felice Tocco. In: Bilychnis vol. 30, anno 15 (1927) S. 326–

335 (mit Antwort von Erminio Troilo S. 335—338).

Andrzej Nowicki: Centralne kategorie filozofii Giordana Bruna. Warszawa (PWN) 1962.

— : Il pluralismo metodologico e i modelli lulliani di Giordano Bruno. Wroclaw etc. 1965 (= Accademia Polacca di Scienze e Lettere, Biblioteca di Roma, Conferenze Fasc. 27).

Walter Pagel: Giordano Bruno: the Philosophy of Circles and the Circular Movement of the Blood. In: Journal of the History of Medicine and Allied Sciences 6 (1951) S. 116—124.

Fulvio Papi: Antropologia e civiltà nel pensiero di Giordano Bruno. Firenze (La Nuova Italia) 1968. (= Pubblicazioni d. Fac. di Lett. e Filosofia, Univ. di Milano 46/12).

Maria Saracista: La filosofia di Giordano Bruno nei suoi motivi plotiniani. Firenze (Vallecchi) 1935.

Julie Sarauw: Der Einfluß Plotins auf Giordano Brunos Degli Eroici Furori (Ein Beitrag zur Philosophie der Renaissance). Phil. Diss. Jena 1916.

Heinz-Ulrich Schmidt: Zum Problem des Heros bei Giordano Bruno. Bonn (Bouvier) 1968 (= Abhandlungen zur Philosophie, Psychologie und Pädagogik 51).

Felice Tocco: Le opere latine di Giordano Bruno esposte e confrontate con le italiane. Firenze (Le Monnier) 1889.

— : Le opere inedite di Giordano Bruno. Memoria letta all' Accademia di Scienze Morali e Politiche della Società Reale di Napoli. Napoli 1891.

— : Le fonti più recenti della filosofia del Bruno. In: Rendiconti della R. Accademia dei Lincei, Classe di scienze morali, storiche e filologiche. Serie V, vol. I (1892) S. 503—538 u. 585—622.

Cesare Vasoli: Immagini e simboli nei primi scritti lulliani e mnemotecnici del Bruno. In: C. V.: Studi sulla cultura del Rinascimento. Manduria (Lacaita) 1968, S. 345—426. Zuvor in: Archivio di Filosofia 1958, n. 2—3: Umanesimo e Simbolismo, S. 251—304.

Hélène Védrine: La conception de la nature chez Giordano Bruno. Paris (Vrin) 1967 (= De Pétrarque a Descartes 14).

Jean-Louis Vieillard-Baron: De la connaissance de Giordano Bruno à l'époque de l',,idéalisme allemand". In: Revue de Métaphysique et de Morale 76 (1971) S. 406—423.

Hugo Wernekke: Giordano Bruno's Polemik gegen die Aristotelische Kosmologie. Phil. Diss. Leipzig 1871.

Georg Wilde: Giordano Bruno's Philosophie in den Hauptbegriffen Materie und Form dargestellt. Breslau (Marcus) 1901.

6. Umgreifendere Studien mit wichtigen Beiträgen zu Bruno

Hans Blumenberg: Aspekte der Epochenschwelle: Cusaner und Nolaner. Erweiterte und überarbeitete Neuausgabe von „Die Legitimität der Neuzeit", vierter Teil [Frankfurt, Suhrkamp, 1966]. Frankfurt 1976 (= suhrkamp taschenbuch wissenschaft 174).
— : Die Genesis der kopernikanischen Welt. Frankfurt (Suhrkamp) 1975. (Bes. S. 416—452.)
Moriz Carriere: Die philosophische Weltanschauung der Reformationszeit in ihren Beziehungen zur Gegenwart. 2. vermehrte Auflage Leipzig (Brockhaus) 1887, 2. Theil S. 46—189 (1. Aufl. Stuttgart/Tübingen, Cotta, 1847, S. 365—494).
Ernst Cassirer: Das Erkenntnisproblem in der Philosophie und Wissenschaft der neueren Zeit I, 3. Aufl. 1922: Reprint: Darmstadt (Wiss. Buchges.) 1974, S. 277—313.
— : Individuum und Kosmos in der Philosophie der Renaissance. Leipzig/Berlin 1927 (= Studien der Bibliothek Warburg 10). (Reprint: Darmstadt, Wiss. Buchges., 1963.)
Angelo Crescini: Le origini del metodo analitico. Il Cinquecento. Udine (Del Bianco) 1965 (= Università Trieste, Istituto di Filosofia 1). (S. 260 ff.)
— : Il problema metodologico alle origini della scienza moderna. Roma (Ateneo) 1972 (= Università Trieste, Istituto di Filosofia 3). (S. 53—59, 78—86.)
Gio(vanni) Sante Felici: Le dottrine filosofico-religiose di Tommaso Campanella con particolare riguardo alla filosofia della Rinascenza italiana. Lanciano (Carabba) 1895. (S. 69—99.)
Ferdinand Fellmann: Scholastik und kosmologische Reform. Münster 1971 (= Beiträge z. Gesch. d. Philosophie u. Theologie des Mittelalters, Texte u. Untersuchungen, N. F. 6).
Eugenio Garin: Storia della filosofia italiana II. Torino 1966 (= Piccola Biblioteca Einaudi 80). (S. 670—711 u. 714.)
— : Rinascimento e rivoluzione scientifica. In: E. G.: Rinascite e rivoluzioni. Movimenti culturali dal XIV al XVIII secolo. Bari (Laterza) 1975 (= Biblioteca di cultura moderna 782), S. 297—326.
Alexandre Koyré: Von der geschlossenen Welt zum unendlichen Universum. Frankfurt (Suhrkamp) 1969. (Kap. II.)
Fritz Krafft: Renaissance der Naturwissenschaften — Naturwissenschaften der Renaissance. Ein Überblick über die Nachkriegsliteratur. In: Humanismusforschung seit 1945: ein Bericht aus

interdisziplinärer Sicht. Bonn/Boppard 1975 (= DFG, Kommission für Humanismusforschung, Mitteilung 2) S. 111–183.

Kurd Lasswitz: Geschichte der Atomistik vom Mittelalter bis Newton I. Hamburg/Leipzig (Voss) 1890. (S. 359–401.)

Dietrich Mahnke: Unendliche Sphäre und Allmittelpunkt. Halle 1937 (= Deutsche Vierteljahrsschrift für Literaturwiss. u. Geistesgeschichte, Buchreihe Bd. 23). (Reprint: Stuttgart-Bad Cannstatt, Frommann/Holzboog, 1966.) (S. 48–59.)

Émile Namer: G. B. Vico et Giordano Bruno. In: Archives de Philosophie 40 (1977) S. 107–114.

Paolo Rossi: Clavis universalis. Arti Mnemoniche e logica combinatoria da Lullo a Leibniz. Milano/Napoli (Ricciardi) 1960. (Kap. IV.)

G. Santinello: „Materia prima" e Lefevre d'Etaples. In: Giornale di Metafisica 24 (1969) S. 409–432. (S. 426–430.)

D(aniel) P(ickering) Walker: Orpheus the Theologian and Renaissance Platonists. In: Journal of the Warburg and Courtauld Institutes 16 (1953) S. 100–120.

— : Spiritual and Demonic Magic from Ficino to Campanella. London 1958 (= Studies of the Warburg Institute 22). (Reprint: Nendeln, Kraus, 1976.)

**GIORDANO BRUNO
NOLANO.**

VON DER URSACHE, DEM PRINZIP UND DEM EINEN.

Dem Hocherlauchten Seigneur de Mauvissière.

Gedruckt zu Venedig.

Anno MDLXXXIV.

EINLEITUNGSSCHREIBEN,

gerichtet an den Hocherlauchten
Seigneur Michel de Castelnau,
Seigneur de Mauvissière, Concressault
und Joinville:
Ritter des Ordens des Allerchristlichsten Königs,
Mitglied seines Geheimen Rates,
Hauptmann über fünfzig Bewaffnete
und Botschafter bei der Allerdurchlauchtigsten
Königin von England.

Hocherlauchter und einziger Ritter! Wenn ich meine Augen von der philosophischen Betrachtung abwende und Eure Langmut, Geduld und Eifer betrachte, wie Ihr Amt zu Amt und Wohltat zu Wohltat gefügt habt, um mich zu halten, zu verpflichten und zu binden; wie Ihr immer jede Schwierigkeit überwindet, jedweder Gefahr entkommt und alle Eure ehrenvollen Vorhaben zu Ende bringt; dann wird mir bewußt, wie angemessen doch jene großartige Devise Euch zusteht, mit der Ihr Euren furchterregenden Helm schmückt: Dieses Wasser, das ganz sanft schlägt, indem es stetig und immer wieder tropft, und das dank seiner Ausdauer einen festen, schweren, rauhen, harten und kantigen Stein aufweicht, aushöhlt, glättet, zerbricht und ebnet.

Wenn ich mir andererseits vorstelle, wie Ihr (abgesehen von Euren sonstigen ruhmwürdigen Taten) auf göttliches Geheiß und höhere Vorsehung und Bestimmung mir ein helfender und wirksamer Beschützer vor den ungerechten Angriffen waret, denen ich ausgesetzt war (wobei es eines wirklich heroischen Geistes bedurfte, nicht die Arme sinken zu lassen, zu verzweifeln und

sich vor einer so reißenden Flut verbrecherischer Verleumdungen geschlagen zu geben, mit denen mich alle nach Kräften überschüttet haben: der Neid der Ignoranten, die Anmaßung der Sophisten, die Diffamierung der Böswilligen, das Geraune der Diener, das Geflüster der Lohnarbeiter, die Widerworte der Domestiken, die Verdächtigungen der Toren, die Befürchtungen der Zuträger, der Eifer der Heuchler, der Haß der Barbaren, die Wut der Plebs, die Raserei des Pöbels, das Jammern der
10 Zurückgestoßenen und das Schreien der Bestraften; wo nur noch ein unhöfischer, verrückter, boshafter, ehrloser und weibischer Mensch fehlte, dessen falsche Tränen wirksamer sind als irgendwelche hohen Wellen oder rauher Sturm von Vorurteilen, Neid, Mißgunst, Nachrede, Betrug, Zorn, Ehrlosigkeit, Haß und Leidenschaft) dann sehe ich Euch, einen starken, festen und standhaften Felsen, der aus dem aufgewühlten Meer sein Haupt erhoben hält und sich weder vom Zürnen des Himmels, noch vom Schrecken des Winters, noch von den gewal-
20 tigen Stößen der Brandung, noch von dem pfeifenden Stürmen der Lüfte, noch vom mächtigen Wehen der Nordwinde irgendwie brechen, bewegen oder erschüttern läßt, sondern sich um so mehr verjüngt und an der gleichen Substanz zunimmt und wächst. So seid Ihr mit doppelter Kraft begabt, durch die die weichen, sanften Tropfen ihre große Wirkung bekommen, und die rauhen, stürmischen Wogen ganz erfolglos bleiben, durch die der umstürmte Felsen gegen die Fluten stark bleibt. Ihr erweist Euch zugleich als ein sicherer ruhiger Hafen
30 der wahren Musen und als tödliche Klippe, an der alle tückischen Waffen und listigen Angriffe der feindlichen Schiffe zunichte werden müssen.

Ich also, den man noch nie des Undanks bezichtigen konnte oder wegen Unhöflichkeit getadelt hat, und über den sich noch niemand rechtens hat beklagen können: Ich, gehaßt von Toren, verachtet von Nichtsnutzigen, verspottet von Ehrlosen, gescholten von Gaunern und verfolgt von Bestien; Ich, geliebt von Weisen, bewundert von Gelehrten, gepriesen von Großen, geachtet von Mächtigen, begünstigt von den Göttern; Ich, der ich bereits von Euch mit solch großer Huld aufgenommen, beherbergt, verteidigt, befreit, in Sicherheit gebracht und im Hafen geborgen wurde, gleichsam dank Eurer Hilfe einem gefährlichen, wilden Sturm entkommen: Euch weihe ich diesen Anker, dies Tauwerk, diese zerfetzten Segel und diese mir teuersten und der Welt künftig wertvollsten Waren, auf daß sie durch Eure Gunst nicht im launischen, stürmischen und mir feindlichen Ozean untergehen. Wenn diese dann im heiligen Tempel des Ruhmes aufgehängt sind, werden sie der Anmaßung der Ignoranz und der Gefräßigkeit der Zeit widerstehen können und werden gleichermaßen ein ewiges Zeugnis Eurer unbesiegten Huld geben, auf daß die Welt erfährt, daß dieses hehre und göttliche Geschöpf, eingegeben von einer hohen Vernunft, empfangen von einem verständigen Sinn und von der Muse Nolas geboren, dank Eurer Hilfe nicht in den Windeln gestorben ist, sondern weiterzuleben verspricht, während diese Erde sich mit ihrer lebendigen Oberfläche weiterhin unter dem ewigen Anblick der anderen, leuchtenden Sterne dreht.

Hier also nehmt diese Art Philosophie, in der man gewiß und wahrlich das findet, was man in den entgegengesetzten und von ihr verschiedenen vergeblich sucht. Und als erstes biete ich Euch mit äußerster Knappheit in fünf Dialogen alles, was zur realen Betrachtung der Ursache, des Prinzips und des Einen gehört.

Inhalt des ersten Dialoges

Im ersten Dialog findet Ihr eine Apologie oder sonst ein ich-weiß-nicht-was wegen der fünf Dialoge über das Aschermittwochsmahl usw.

Inhalt des zweiten Dialoges

[1] Im zweiten Dialog findet Ihr erstens den Grund für die Schwierigkeit solcher Erkenntnis, damit Ihr wißt, wie weit das erkennbare Objekt vom erkennenden Vermögen entfernt ist.

[2] Zweitens, auf welche Weise und inwiefern das Prinzip und die Ursache vom Verursachten und dem vom Prinzip Abhängigen aus geklärt wird.

[3] Drittens, wieviel die Kenntnis der Substanz des Universums zur Kenntnis dessen beiträgt, von dem es abhängt.

[4] Viertens, durch welche Mittel und auf welchem Wege wir im einzelnen versuchen, das erste Prinzip zu erkennen.

[5] Fünftens, Unterschied und Übereinstimmung, Identität und Verschiedenheit zwischen dem, was der Begriff ‚Ursache‘ und dem, was der Begriff ‚Prinzip‘ bedeutet.

[6] Sechstens, welches die Ursache ist, die sich in wirkende, formale und finale aufteilt; und auf wieviele Weisen sie gedacht wird. Inwiefern diese Wirkursache gewissermaßen zuinnerst in den Naturdingen ist, nämlich als die Natur selbst, und inwiefern sie gewissermaßen außerhalb dieser Dinge ist. — Wie die Formursache mit der wirkenden verbunden ist, und sie es ist, durch die die Wirkursache tätig ist; und wie eben die Formursache von der Wirkenden aus dem Schoß der Materie hervorgetrieben wird. — Wie Bewirkendes und Form in einem Substrat als Prinzip zusammenfallen, und inwiefern sich die eine Ursache von der anderen unterscheidet.

[7] Siebtens, der Unterschied zwischen der universalen Formursache [einerseits], die eine Seele ist, durch die das unendliche Universum (als unendliches) ein Lebewesen ist, und zwar als Einheit nicht im positiven, sondern im negativen Sinne; und der partikularen, der Vervielfältigung fähigen Formursache [andererseits],

die ins Unendliche vervielfältigt ist, und die umso vollkommener ist, je allgemeiner und höher das Substrat ist, in dem sie sich befindet, wonach die großen Lebewesen, welche die Sterne sind, für unvergleichlich göttlicher, d.h. untrüglicher erkennend und mängelloser handelnd, angesehen werden müssen [als gewöhnliche Lebewesen].

[8] Achtens, daß die erste und hauptsächliche Naturform, das Formprinzip und die wirkende Natur, die Seele des Universums ist. Diese ist das Prinzip des Lebens, der Vegetation und des Sinnes in allen Dingen, die leben, vegetieren und wahrnehmen. Und es ist durch logische Folgerung klar, daß es eines denkenden Subjekts unwürdig ist, glauben zu können, das Universum und auch die erstrangigen seiner Körper seien unbeseelt, da doch von deren Teilen und Ausscheidungen die Lebewesen abstammen, die wir die vollkommensten nennen.

[9] Neuntens, daß es kein Ding gibt, das so mangelhaft, gebrechlich, minderwertig und unvollkommen ist, daß es – insofern es ein Formprinzip hat – nicht auch in demselben Maße eine Seele besitzt, wiewohl es nicht das Verhalten eines Subjekts zeigt, das wir als Lebewesen bezeichnen. Und mit Pythagoras und anderen, die nicht umsonst ihre Augen offenhalten, ist zu folgern, daß ein unermeßlicher Geist das All in einem jeweils anderen Sinn und Rang erfüllt und in sich faßt.

[10] Zehntens wird verständlich, daß – wenn dieser Geist zusammen mit der Materie, die die Babylonier und Perser Schatten nannten, fortbesteht, und wenn beide unauflöslich sind – es unmöglich ist, daß irgendein Ding in irgendeinem Punkt der Vernichtung anheimfällt oder der Substanz nach zu Tode kommt, obwohl jedes Ding in gewissen Akzidenzien sein Aussehen wechselt und sich entsprechend der einen oder anderen Zusammensetzung oder durch die eine oder andere Anord-

nung ändert, oder dieses oder jenes Sein aufgibt oder annimmt.

[11] Elftens, daß die Aristoteliker, die Platoniker und andere Sophisten die Substanz der Dinge nicht erkannt haben, und es wird klar dargelegt, daß alles, was sie an den Naturdingen Substanz nennen, außer der Materie, reinstes Akzidens ist. Ferner, daß sich aus der Erkenntnis der wahren Form die wahre Kenntnis davon ableiten läßt, was das Leben und was der Tod ist, und wenn die unsinnige und kindische Angst davor vergangen ist, wird ein Teil des Glücks erkennbar, das unsere Betrachtung auf der Grundlage unserer Philosophie mit sich bringt, indem sie den trüben Schleier der törichten Empfindung gegenüber dem Orkus und dem gierigen Charon wegnimmt, die uns um das Angenehmste in unserem Leben bringt und es vergiftet.

[12] Zwölftens wird die Form unterschieden – nicht entsprechend dem Substanzbegriff, wonach sie eine ist, sondern gemäß den Tätigkeiten und der Ausübung der jeweiligen Potenzen und den spezifischen Abstufungen des Seins, die sie nach und nach erzeugt.

[13] Dreizehntens wird der wahre, endgültige Begriff des Formprinzips festgestellt, daß die Form die vollkommene Art ist, die sich in der Materie den akzidentellen Eigenschaften entsprechend bestimmt, die von der materiellen Form abhängen, nämlich von der, die in verschiedenen Graden und Anordnungen der aktiven und passiven Qualitäten besteht. Man sieht, wie die Form variabel, wie sie invariabel ist, wie sie die Materie bestimmt und begrenzt und wie sie selbst von ihr bestimmt und begrenzt wird.

[14] Zuletzt wird in einem, dem gesunden Menschenverstand angemessenen Gleichnis gezeigt, auf welche Weise diese Form, diese Seele ganz in allem und in jedem beliebigen Teil des Ganzen sein kann.

Inhalt des dritten Dialoges

[1] Im dritten Dialog gehen wir (nachdem im zweiten von der Form die Rede war, die eher als Ursache denn als Prinzip zu verstehen ist) zur Untersuchung der Materie über, die eher im Sinne von Prinzip und Element als von Ursache verstanden wird. Wenn wir das Vorspiel zu Beginn des Dialoges beiseite lassen, so wird dort als erstes dargelegt, daß David von Dinant auf seine Art nicht töricht war, die Materie als etwas Vorzügliches und Göttliches aufzufassen.

[2] Zweitens, daß man mit verschiedenen philosophischen Methoden zu verschiedenen Begriffen von Materie kommt, wiewohl es in Wahrheit eine erste und absolute gibt; denn sie verifiziert sich in verschiedenen Graden und ist unter verschiedenen Arten verborgen, so daß verschiedene Denker sie verschieden auffassen können – je nach dem Verständnis, das ihnen selbst angemessen ist; nicht anders als die Zahl, die vom Arithmetiker im reinen und einfachen Sinne aufgefaßt wird, vom Musiker im harmonischen, im symbolischen vom Kabbalisten, von anderen Narren und anderen Weisen anders zugrundegelegt wird.

[3] Drittens wird geklärt, was der Name „Materie" aufgrund des Unterschiedes und der Ähnlichkeit zwischen natürlichem und künstlichem Gegenstand bedeutet.

[4] Viertens wird vorgeschlagen, wie man hartnäckige Zweifler abzufertigen hat, und wie weit man verpflichtet ist, zu antworten und mit ihnen zu diskutieren.

[5] Fünftens ergibt sich aus dem wahren Begriff der Materie, daß keine substantielle Form ihr Sein verliert, und es wird unwiderleglich bewiesen, daß die Peripatetiker und andere gewöhnliche Philosophen keine andere Substanz als die Materie kennen, wenn sie auch von der substantiellen Form reden.

[6] Sechstens wird gefolgert, daß es ein konstantes formales Prinzip gibt, ebenso wie ein konstantes materia-

les Prinzip anerkannt wird, und daß das Formprinzip sich mit der Verschiedenheit der Anordnung in der Materie auf die vielförmige Gestaltung der verschiedenen Arten und Individuen überträgt. Ferner wird dargelegt, wie es kommt, daß einige Zöglinge der peripatetischen Schule nichts anderes als die Materie als Substanz anerkennen wollten.

[7] Siebtens, daß es notwendig ist, daß der Verstand Materie und Form, Potenz und Akt unterscheiden muß. Und es wird die Antwort wiederholt, die schon oben im zweiten Abschnitt gegeben wurde, daß das Substrat und Prinzip der Naturdinge auf verschiedene Weisen zu philosophieren, ohne Tadel hervorzurufen, verschieden aufgefaßt werden kann, am sinnvollsten aber nach natürlichen und magischen Methoden und auf die unvernünftigste Weise nach mathematischen und rationalen Methoden, besonders wenn diese sich derart an das Reglement und die Übung des Verstandes halten, daß sich für sie am Ende nichts von Wert ergibt und man nichts für die Praxis fruchtbares hervorbringt, ohne das jede Betrachtung für sinnlos gelten sollte.

[8] Achtens werden zwei Weisen vorgeschlagen, nach denen die Materie betrachtet zu werden pflegt, nämlich insofern sie Potenz und insofern sie Substrat ist. Um mit der ersten zu beginnen, so unterscheidet man eine aktive und eine passive Potenz und faßt sie auf gewisse Weise in eins zusammen.

[9] Neuntens folgt aus dem achten Satz, daß das Höchste und Göttliche alles ist, was es sein kann, und daß das Universum alles ist, was es sein kann, während die anderen Dinge nicht alles sind, was sie sein können.

[10] Zehntens wird in Konsequenz dessen, was im neunten Satz gesagt ist, auf erhabene, kurze und offenbare Weise gezeigt, woher in der Natur die Mängel, die Mißgeburten, Untergang und Tod kommen.

[11] Elftens, inwiefern das Universum in keinem und in allen seiner Teile ist, ferner ist Gelegenheit zu einer

vortrefflichen Betrachtung über die Gottheit.

[12] Zwölftens, woher es kommt, daß der Intellekt diesen absolutesten Akt und diese absoluteste Potenz nicht begreifen kann.

[13] Dreizehntens wird auf die Vortrefflichkeit der Materie geschlossen, die so mit der Form in eins fällt, wie die Potenz mit dem Akt.

[14] Schließlich, sowohl daraus, daß Potenz und Akt koinzidieren und daß das Universum alles das ist, was es sein kann, als auch aus anderen Gründen wird gefolgert, daß das Ganze eines ist.

Inhalt des vierten Dialoges

[1] Nachdem die Materie im dritten Dialog als Potenz betrachtet wurde, wird sie im vierten Dialog untersucht, insofern sie ein Substrat ist. Zunächst wird mit den Albernheiten Poliinnios vorgeführt, wie man sie sich nach den gewöhnlichen Voraussetzungen einiger Platoniker sowie aller Peripatetiker vorzustellen hat.

[2] Zweitens wird, aufgrund der Forschungsmethode gemäß den eigentümlichen Prinzipien, bewiesen, daß die Materie der körperlichen wie der unkörperlichen Dinge eine einzige ist, und zwar mit mehreren Gründen: Deren erster ergibt sich aus dem Vermögen derselben Gattung; der zweite aus einer gewissen proportionalen Analogie des Körperlichen zum Unkörperlichen, des Absoluten zum Eingeschränkten; der dritte aus der Ordnung und Stufenleiter der Natur, die bis zu einem ersten Erfüllenden oder Umfassenden aufsteigt; der vierte daraus, daß es ein erstes Ununterschiedenes geben muß, bevor die Materie in körperlich und unkörperlich unterschieden werden kann, und dieses Ununterschiedene wird durch die oberste Kategorie bezeichnet; der fünfte daraus, daß es einen gemeinsamen Begriff des Wahrnehmbaren und des Erkennbaren gibt und es ebenso einen

gemeinsamen Begriff des Substrats der Wahrnehmbarkeit [und des Substrats der Erkennbarkeit] geben muß; der sechste daraus, daß das Sein der Materie vom Körpersein absolut ist, weshalb es mit nicht geringerer Berechtigung zu unkörperlichen wie zu körperlichen Dingen gehört; der siebte nach der Ordnung des Höheren und Niederen, die sich in den Substanzen findet, denn wo es diese gibt, da wird eine gewisse Gemeinschaft vorausgesetzt und angenommen, die auf der Materie beruht, die immer mit der Gattung bezeichnet wird, wie die Form mit der spezifischen Differenz; der achte aus einem äußerlichen Prinzip, das aber von vielen anerkannt wird; der neunte aus der Vielheit der Arten, die es in der intelligiblen Welt gibt; der zehnte aus der Ähnlichkeit und Nachahmung der drei Welten: der metaphysischen, physischen und logischen; der elfte daraus, daß jede Zahl, Verschiedenheit, Ordnung, Schönheit und Zierde sich auf die Materie bezieht.

[3] An dritter Stelle werden in aller Kürze vier Genargumente vorgeführt und beantwortet.

[4] Viertens wird gezeigt, wie sich diese von jener, nämlich die eine Materie von der anderen, unterscheidet und daß sie in den unkörperlichen Dingen mit dem Akt zusammenfällt, und daß alle Arten der Ausdehnung in der Materie und alle Qualitäten in der Form enthalten sind.

[5] Fünftens, daß kein Weiser jemals gesagt hat, die Materie nähme die Formen gleichsam von außen auf, statt sie gleichsam aus ihrem Schoß hervorzubringen und von innen auszusenden. Deshalb ist sie kein ‚prope nihil‘, kein ‚fast nichts‘, kein nacktes, reines Vermögen, insofern alle Formen gleichsam in ihr enthalten sind und durch die Kraft der wirkenden Ursache (die dem Sein nach auch von ihr ununterschieden sein kann) hervorgebracht und geboren werden und die nur der akzidentellen Subsistenz nach einen geringeren Grad von Wirklichkeit im sinnlichen und entfalteten Sein haben; denn

alles, was sichtbar ist und sich durch die auf der Ausdehnung gegründeten Akzidenzien offenbart, ist reines Akzidens, während die unteilbare Substanz stets bleibt und mit der unteilbaren Materie koinzidiert. Daraus ist klar zu ersehen, daß wir der Entfaltung nichts anderes entnehmen können als die Akzidenzien, so daß Aristoteles, von der Wahrheit gezwungen, sagte, die substantiellen Unterschiede seien verborgen. Daraus können wir, wenn wir es genau überlegen wollen, ableiten, daß die vielgestaltige Substanz eine ist, eins das Wahre und Seiende, das in unzähligen Zusammenhängen und Individuen erscheint, indem es sich in so vielen und so verschiedenen Substanzen zeigt.

[6] Sechstens, wie unangebracht es ist, wenn Aristoteles und andere ähnliche Philosophen meinen, die Materie sei der Möglichkeit nach, was gewiß nichts ist; denn ihrer eigenen Lehre zufolge ist sie dergestalt beharrlich, daß sie selbst ihr Sein nie ändert oder variiert, sondern aller Wechsel und alle Veränderung nur an ihr ist; und das was ist, nachdem es sein konnte, ist — wiederum nach deren Meinung — immer das Zusammengesetzte.

[7] Siebtens wird von dem Begehren der Materie gesprochen und gezeigt, wie unzureichend sie dadurch definiert wird, da man sich hier nicht von den Begründungen löst, die aus Prinzipien und Annahmen eben der Philosophen abgeleitet sind, die sie zu einer Tochter der Privation und dem unersättlichen Heißhunger einer liebestollen Frau ähnlich erklären.

Inhalt des fünften Dialoges

[1] Im fünften Dialog, der speziell das Eine behandelt, wird das Fundament des Gebäudes der ganzen natürlichen und göttlichen Erkenntnis vollendet. Hier wird zuerst der Satz von der Koinzidenz von Materie und Form, Potenz und Akt bereitgestellt. Demnach ist das

Seiende, das logisch in das, was es ist, und das, was es
sein kann, zu trennen ist, physisch ungeteilt, ununterschieden, eines, und es ist unmittelbar zugleich unendlich, unbeweglich, unteilbar, ohne Unterschied zwischen Ganzem und Teil, Prinzip und Prinzipiatum.

[2] Zweitens, daß in ihm das Jahrhundert nicht vom
Jahr, das Jahr nicht vom Augenblick unterschieden ist,
die Spanne nicht vom Stadium, das Stadium nicht von
der Parasange; und in seinem Wesen sind dieses und jenes
besondere Sein nicht verschiedenerlei; und deshalb gibt
es im Universum die Zahl nicht, und deshalb ist das
Universum eines.

[3] Drittens, daß im Unendlichen der Punkt nicht
vom Körper unterschieden ist, und deshalb sind Potenz
und Akt nichts verschiedenes. Und wenn sich dort der
Punkt in die Länge, die Linie in die Breite, die Fläche in
die Tiefe bewegen kann, dann ist das eine lang, das andere breit, das dritte tief, und jedes Ding ist lang, breit
und tief und folglich dasselbe und eins. Und das Universum ist ganz Zentrum und ganz Peripherie.

[4] Viertens, inwiefern daraus, daß Zeus (wie man
ihn nennt) innerlicher im Ganzen ist, als man sich die
Form des Ganzen vorstellen kann (denn er ist das Wesen, durch das alles, was ist, das Sein hat; und weil er
in allem ist, hat jedes Ding das Ganze innerlicher als die
eigene Form), abgeleitet wird, daß alle Dinge in jedem
Ding sind und folglich alles eins ist.

[5] Fünftens wird auf die zweifelnde Frage geantwortet, warum sich alle Einzeldinge ändern und warum
die Einzelmaterien, um ein anderes und wieder anderes
Sein zu erhalten, sich zu anderen und wieder anderen
Formen zwingen. Und es wird gezeigt, wie in der Vielheit die Einheit ist und in der Einheit die Vielheit, und
wie das Seiende ein vielartiges und ein vieleiniges und
am Ende in Substanz und Wahrheit eines ist.

[6] Sechstens wird überlegt, wo der Unterschied und
die Zahl herkommen, und daß diese nicht Seiendes sind,

sondern von Seiendem und in Bezug auf Seiendes.

[7] Siebtens wird darauf hingewiesen, daß derjenige, der dieses Eine, nämlich den Grund dieser Einheit, gefunden hat, den Schlüssel, ohne den man unmöglich Zutritt zur wahren Naturbetrachtung erlangen kann, gefunden hat.

[8] Achtens, in einer neuen Betrachtung wird wiederholt, daß das Eine, das Unendliche, das Seiende und das, was im Ganzen ist, überall ist, ja das Ubique selbst ist; und daß somit die unendliche Ausdehnung, um nicht Größe zu sein, mit dem Individuum koinzidiert, so wie unendliche Vielheit, um nicht Zahl zu sein, mit der Einheit koinzidiert.

[9] Neuntens, daß es im Unendlichen keine Teile gibt, wenn man dies auch im Universum in entfalteter Weise annehmen will, wo aber alles, was wir an Verschiedenheit und Unterschieden sehen, nichts anderes ist als das verschiedene und unterschiedliche Aussehen derselben Substanz.

[10] Zehntens, daß in den zwei Extremen, die man an den Endpunkten der Stufenleiter der Natur annimmt, nicht mehr zwei Seinsprinzipien, sondern eines, nicht zwei Entgegengesetzte und Verschiedene, sondern ein Übereinstimmendes und Selbiges zu betrachten ist. Die Höhe ist hier Tiefe, der Abgrund ist unzugängliches Licht, die Finsternis ist Helligkeit, das Große ist klein, das Verworrene ist gesondert, der Streit ist Freundschaft, das Teilbare ist unteilbar, das Atom ist unermeßlich, und umgekehrt.

[11] Elftens, inwiefern gewisse geometrische Bezeichnungen wie Punkt und Eins genommen werden, um die Betrachtung des Seienden und Einen zu fördern, und nicht an sich schon ausreichen, dieses zu kennzeichnen. Deshalb dürfen Pythagoras, Parmenides und Platon nicht so dumm interpretiert werden wie in der pedantischen Kritik des Aristoteles.

[12] Zwölftens, daraus daß die Substanz und das

Sein von der Quantität, dem Maß und der Zahl unterschieden ist, wird gefolgert, daß die Substanz eine und unteilbar ist in allem und in jedem beliebigen Ding.

[13] Dreizehntens werden die Anzeichen und Bestätigungen vorgelegt, nach denen die Gegensätze in Wahrheit ineinander übergehen, aus einem Prinzip stammen und in Wahrheit und Substanz eines sind: dies wird, nachdem es mathematisch eingesehen ist, physikalisch erschlossen.

Hiervon, erlauchtester Herr, muß man ausgehen, bevor man in die speziellere und adäquatere Kenntnis der Dinge eindringen will. Hierin ist wie in einem Samen die Vielfalt der Folgerungen der Naturwissenschaft enthalten. Hieraus leitet sich das Gewebe, die Disposition und Ordnung der spekulativen Wissenschaften ab. Ohne diese Hinführung ist jeder Versuch, jedes Eintreten, jeder Beginn vergeblich. Nehmt also gnädigen Sinnes dieses Prinzip, dieses Eine, diese Quelle, dieses Haupt, auf daß seine Nachkommen und Kinder ermutigt werden hervorzutreten und voranzuschreiten, daß ihre Bäche und größeren Ströme sich ausbreiten, daß ihre Zahl sich nach und nach vervielfältigt und seine Glieder sich weiter ausstrecken, bis daß die Nacht mit ihrem Schleier des Schlafes und dem Mantel der Finsternis weicht und der strahlende Titan, der Vater der göttlichen Musen, umgeben von den Seinen, umringt von seinem ewigen Hofstaat, die nächtlichen Fackeln verbannt und die Welt mit einem neuen Tag schmückt und den Triumphwagen herausführt aus dem rosigen Schoße der holden Aurora.

Vale.

Gedichte.

Giordano von Nola an die Prinzipien des Universums.*)

Der du im flutenden Meer noch weilst an der Grenze des
                                                      Orcus,
  Titan, steige empor, fleh' ich, zum Sternengefild!
Wandelnde Sterne, o seht den Kreislauf mich auch betreten,
  Jenem gesellt, wenn ihr frei nur eröffnet die Bahn.
Gönne mir euere Huld, dass des Schlafes doppelte Pforte 5
  Weit aufstehe, wenn ich eile durchs Leere empor.
Was missgünstig die Zeit in dichten Schleier verhüllet,
  Dürft' ich's aus dunkler Nacht ziehen ans freudige Licht!
Zauderst du, schwaches Gemüt, dein hehres Werk zu vollenden,
  Weil unwürdig die Zeit, der du die Gabe verleihst? 10
Wie auch der Schatten Schwall die Länder decke, du hebe,
  Unser Olymp, das Haupt frei zu dem Aether empor!

---

  *) 1. *Lethaea*. — 10. *partum*, wie in der Ausgabe von 1584 steht; **Wagner** (Opp. di Giordano Bruno, Vol. I. Lips. 1830. p. 213) liest *portum*.

An den eignen Geist.*)

Wurzelnd ruhet der Berg, tief mit der Erde verwachsen,
 Aber sein Scheitel ragt zu den Gestirnen empor.
Du bist beiden verwandt, mein Geist, dem Zeus wie dem
   Hades,
 Und doch von beiden getrennt. Mahnend ertönt dir
   der Ruf:
Wahre dein Recht auf des Weltalls Höhn! Nicht haftend
   am Niedern 5
10 Sinke vom Staube beschwert dumpf in des Acheron Flut!
Nein, vielmehr zum Himmel empor! Dort suche die
   Heimat!
Denn wenn ein Gott dich berührt, wirst du zu flammender
   Glut.

---

*) 3) 1. *cognata.* — 4. *Jovi.* — 6. Die Ausgabe von 1584 hat *impetitus*, Wagner *impeditus*. Vielleicht *implicitus*. — *aquas: At mage.* So die Ausg. v. 1584. Wagner liest: *aquas, Eja age.*

An die Zeit.*)

Greis, der langsam und schnell zugleich, der verschliesset
   und aufthut,
 Nennt man richtiger gut, nennt man dich böse vielmehr?
Reichlich giebst du und bist doch geizig; was du gespendet,
20 Raubst du; was du gezeugt, selber vernichtest du's auch.
Alles entspringt aus dir, dann schlingst du alles hinunter; 5
 Was du am Busen gehegt, pflücket dein gieriger Schlund.
Wenn du alles erzeugst und alles zerstörest im Wechsel,
 Dürft' ich dich dann nicht gut nennen und böse zugleich?

Doch wo umsonst in Wut du dich hebst zu grausigem
  Streiche,
Strecke nicht sichelbewehrt dorthin die drohende Hand! 10
Wo von des Chaos Nacht die letzten Spuren verschwunden,
Nimmer zeige dich gut, nimmer dich böse, o Greis!

---

*) 4. Der ganze Vers: *Quique parens aderas, ipse peremptor ades* fehlt aus Versehen bei Wagner. — 5. *condis Tu.* — 6. *licet. Omnia* — 10. *manus. Nulla* — 11. *vestigia parent*, wie die Ausgabe von 1584 hat.

Von der Liebe.*)

Gott Amor thut mir auf die Demantpforten
Und lehrt die hehre Wahrheit mich verstehen.
Das Aug' ist meines Gottes Thor; im Sehen
Entspringt, lebt, wächst er, ewig herrscht er dorten. 10

Er offenbart die Wesen aller Orten;
In treuem Bild darf ich das Ferne spähen.
Mit Jugendkraft zielt er: nun ist's geschehen.
Er trifft ins Herz und sprenget alle Pforten.

O thöricht Volk, von Sinnen stumpf und öde,
Hör' auf mein Wort! denn es ist recht und tüchtig.
Kannst du's, thu' ab vom Aug' die dunkle Binde!

Ihn schiltst du blind, weil deine Augen blöde;
Weil wankelmütig du, nennst ihn du flüchtig;
Weil du unmündig, machst du ihn zum Kinde. 20

---

*) Das Sonett kehrt wieder in den *Eroici furori* (*Opp. ital.* II, p. 321). Abweichungen daselbst: Zeile 2. *diamante nere.* — 4. *nutre, e ha* — 5. *quanto ha 'l ciel* — 7. *e col trar* — 9. *Adunque*. [Lagarde p. 632, 1. *O'dumque.*]

Ursach' und Grund und Eins von Ewigkeiten,
Daraus Bewegung, Leben, Sein entspringen,
Was immer Himmel, Erd' und Höll' an Dingen
Umfasst in allen Längen, Tiefen, Breiten:

Mit Sinn, Verstand, Vernunft schau' ich die Weiten,
Die keine That, nicht Maass noch Rechnung zwingen;
Die Masse, Kraft und Zahl kann ich durchdringen,
Die Untres, Obres wie die Mitte leiten.

Nicht blinder Wahn, der Zeit, des Schicksals Tücke,
10 Nicht offne Wut, noch Hasses gift'ges Flüstern,
Nicht Bosheit, roher Sinn und freches Trachten

Vermögen je, den Tag mir zu verdüstern,
Mir zu verschleiern meine hellen Blicke,
Noch meiner Sonne Glanz mir zu umnachten.

---

6. *comprende, Quel* —

Erster Dialog.

Personen:

Elitropio, Filoteo, Armesso.

Elitr.*) Gefangenen gleich, die an Dunkelheit gewöhnt aus finsterm Burgverliess an das Licht heraustreten, werden viele Anhänger der landläufigen Philosophie und manche andere dazu scheu werden, stutzen und weil sie unfähig sind, die neue Sonne deiner hellen Gedanken zu ertragen, böse werden.

Fil. Nun, dann liegt die Schuld nicht am Licht, sondern an ihren Augen. Je schöner und herrlicher die Sonne an sich selber ist, — den Augen der Nachteulen wird sie dadurch nur um so verhasster und widerwärtiger.

Elitr. Ein schweres, seltenes und ungewöhnliches Ding unternimmst du, Filoteo, indem du jene Leute aus ihrem lichtlosen Abgrund hervorlockst und zu dem offenen, ruhigen und heiteren Anblick der Gestirne führen willst, die wir in so schöner Mannigfaltigkeit über den blauen Himmelsmantel ausgestreut sehen. Gewiss will dein frommer Eifer nichts als den Menschen sich hilfreich erweisen; gleichwohl werden die Angriffe der Undankbaren auf dich ebenso mannigfach sein, wie die Thiere es sind, welche die gütige Erde in ihrem mütterlich umfassenden Schoosse erzeugt und nährt: falls es nämlich wahr ist, dass die menschliche Gattung in ihren Individuen, in jedem besonders, die Verschiedenheiten aller

---

*) Die folgende Stelle findet sich in lateinischem Gewande metrisch wieder: *De immenso* I. c. 2. p. 153.

anderen Gattungen nachbildet, um in jedem Individuum
ausdrücklicher das Ganze zu sein, als es in andern
Gattungen der Fall ist. Daher werden die Einen blinden
Maulwürfen gleich in demselben Moment, wo sie die freie
Luft spüren, sich möglichst schnell wieder in die Erde
vergraben und in die dunkeln Höhlen zurückkehren, für
die sie die Natur bestimmt hat. Die andern werden wie
Nachtvögel nicht sobald im leuchtenden Osten die röthliche Botin der Sonne erblicken, als sie sich wegen der
10 Schwäche ihrer Augen auch schon zur Rückkehr in ihre
finstern Löcher angetrieben finden werden. Die Wesen
alle, welche vom Anblick der himmlischen Lichter ausgeschlossen und für die ewigen Gefängnisse, Grüfte und
Höhlen Pluto's bestimmt sind, werden, von dem schaurigen
Chor der Alecto zurückgefordert, den schnellen Flug zu
ihren Wohnungen zurück nehmen. Die Wesen dagegen,
die für den Anblick der Sonne geboren sind, werden,
wenn das Ende der verhassten Nacht gekommen ist,
dem Himmel für seine Güte dankbar und freudig die
20 heiss ersehnten und erhofften Strahlen mit ihren Blicken
einsaugen und mit Herz, Stimme und Hand jubelnd den
Aufgang anbeten. Wenn Titan vom goldnen Osten die
feurigen Rosse angetrieben und das träumerische Schweigen
der feuchten Nacht unterbrochen hat, dann werden die
Menschen sinnig sprechen, die unschuldigen, wolletragenden Heerden blöken; die gehörnten Rinder unter
der Obhut des rauhen Landmanns werden brüllen; die
Esel des Silenus, weil sie von neuem den bestürzten
Göttern hilfreich den dummen Giganten Schrecken einjagen können , werden ihr Geschrei erheben. In
schmutzigem Lager sich wälzend mit ungestümem Grunzen
werden die hauerbewehrten Eber ihren betäubenden Lärm
machen, Tiger, Bären, Löwen, Wölfe nebst den listigen
Füchsen das Haupt aus ihren Höhlen hervorstecken,
von ihren einsamen Höhen das ebene Jagdgefilde betrachten und aus thierischer Brust ihr Grunzen, Brummen,
Heulen, Brüllen, Winseln ertönen lassen. In der Luft
und auf den Zweigen weitverästeter Bäume werden die
Hähne, Adler, Pfauen, Kraniche, Tauben, Schnepfen,
40 Nachtigallen, Krähen, Elstern, Raben, der Kukuk und die
Cicade nicht säumen, ihr lärmendes Gezwitscher zu wiederholen und zu verdoppeln. Und selbst aus dem unbe-

ständigen Gefilde der Fluth werden die weissen Schwäne, die bunten Enten, die geschäftigen Taucher, die Sumpfvögel und die heiseren Gänse nebst den melancholisch quakenden Fröschen die Ohren mit ihrem Geräusche erfüllen. Und so wird das warme Sonnenlicht, indem es die Luft dieser glücklicheren Hemisphäre durchstrahlt, sich begleitet, begrüsst und vielleicht belästigt finden von einer Fülle der Laute, ebenso mannigfaltig, wie es die Geister sind nach Grösse und Beschaffenheit, welche jene Laute aus der Tiefe der Brust hervorbringen.

Fil. Das ist doch nicht bloss etwas gewöhnliches, sondern auch ganz natürlich und nothwendig, dass jedes lebende Wesen seinen Laut von sich giebt. Unvernünftige Thiere können unmöglich articulirte Töne bilden wie die Menschen, da ihre Körperbeschaffenheit entgegengesetzt, ihr Geschmack verschieden, ihre Nahrung eine andere ist.

Arm. Ich bitte um die Erlaubniss, auch mitreden zu dürfen, nicht über das Licht, sondern über andere Dinge, die dazu gehören und den Sinn nicht sowohl zu erfreuen, als vielmehr das Gefühl des Zuschauers oder Betrachters zu verletzen pflegen. Denn gerade, weil ich euren Frieden und eure Ruhe in brüderlicher Zuneigung wünsche, möchte ich nicht, dass aus diesen euren Reden wieder solche Komödien, Tragödien, Klagelieder, Dialoge oder was immer sonst entständen wie jene, die vor kurzem, als ihr sie in's Freie hinausliesst, euch zwangen, wohl eingeschlossen und zurückgezogen zu Hause zu bleiben.

Fil. Redet nur ganz frei heraus!

Arm. Ich will keinesweges reden wie ein heiliger Prophet, ein verzückter Seher, ein verhimmelter Apokalyptiker oder der verengelte Esel des Bileam; auch nicht räsonniren als wär' ich vom Bacchus inspirirt, von dem Hauche der liederlichen Musen vom Parnass aufgeblasen, oder wie eine vom Phöbus geschwängerte Sibylle oder eine schicksalskundige Cassandra, nicht als wäre ich von der Sohle zum Scheitel von apollinischem Enthusiasmus vollgepfropft, wie ein erleuchteter Seher im Orakel oder auf dem delphischen Dreifuss, wie ein den Problemen der Sphinx gewachsener Oedipus oder ein Salomo den Räthseln der Königin von Saba gegenüber; nicht wie Calchas, der Dolmetscher des olympischen Senates, oder ein geist-

erfüllter Merlin, oder als käme ich aus der Höhle des
Trophonius: sondern ich will in ganz hausbackener und
nüchterner Prosa reden, wie ein Mensch, der ganz andere
Absichten hat, als sich den Saft des kleinen und grossen
Gehirns so lange herauszudestilliren, bis die *dura* und *pia
mater* zuletzt als trocknes Residuum übrig bleibt; wie ein
Mensch, der nun einmal kein anderes Hirn hat als sein
eigenes, dem auch die Götter vom letzten Schube, die bloss
zur Marschalltafel im himmlischen Hofhalte gehören, ver-
sagen; ich meine die Götter, die nicht Ambrosia essen
noch Nektar trinken, sondern sich den Durst mit dem
Bodensatz im Fass und mit ausgelaufenem Wein stillen,
wenn sie gegen das Wasser und seine Nymphen besondere
Abneigung hegen. Selbst diese, die sich uns doch sonst
heimischer, zutraulicher und umgänglicher zu bezeigen
pflegen, wie z. B. Bacchus oder jener betrunkene Ritter
vom Esel [Silen], wie Pan, Vertumnus, Faunus oder
Priapus, auch sie geruhen mich nicht um eines Stroh-
hälmchens Breite tiefer einzuweihen, während sie doch
von ihren Thaten selbst ihren Pferden Mittheilung zu
machen pflegen.

Elit. Die Vorrede ist etwas lang geraten!

Arm. Nur Geduld! Der Schluss wird dafür desto
kürzer sein. Ich will in aller Kürze sagen, dass ich euch
will Worte hören lassen, die man nicht erst zu entziffern
braucht, indem man sie erst gleichsam der Destillation
unterwirft oder sie durch die Retorte gehen lässt, im
Marienbade digerirt und nach dem Recept der Quintessenz
sublimirt, sondern Worte, wie sie mir meine Amme in
den Kopf gepfropft hat, welche beinahe so fett, hoch-
busig, dickbäuchig, starklendig und vollsteissig war, wie
es jene Londonerin nur sein kann, die ich in Westminster
gesehen habe und die von wegen der Erwärmung des
Bauches ein paar Zitzen hat, die wie die Stulpstiefeln des
Riesen Sanct Sparagorio aussehen und aus denen sich,
würden sie zu Leder verarbeitet, sicherlich zwei ferrare-
sische Dudelsäcke würden machen lassen.

Elit. Das könnte nun wohl für eine Einleitung ausreichen.

Arm. Wohlan denn, um zu Ende zu kommen, ich
möchte von euch hören, — die Stimmen und Laute bei
Gelegenheit des von eurer Philosophie ausstrahlenden Lichtes
und Glanzes einmal ganz bei Seite gelassen — mit welchen

Lauten ihr wollt, dass wir insbesondere jenes Phänomen von Gelehrsamkeit begrüssen sollen, welches das Buch vom Aschermittwochsgastmahl ausmacht? Was für Thiere sind es, die es vorgetragen haben? Wasser-, Luft-, Land- oder Mondthiere? Und von den Aeusserungen des Smith, Prudenzio und Frulla abgesehen, — ich möchte gern wissen, ob die sich irren, welche behaupten, dass du eine Stimme annimmst wie ein toller und rasender Hund, dass du ferner zuweilen den Affen, zuweilen den Wolf, die Elster, den Papagei, bald das eine Thier, bald ein anderes nachahmst und bedeutende und ernste Sätze, moralische und physicalische, gemeine und würdige, philosophische und komische blind durch einander würfelst.

Fil. Wundert euch nicht, Bruder! War es doch nichts als eine Gasterei, wo die Gehirne durch Affecte regiert werden, wie sie durch die Einwirkung der Geschmäcke und Düfte von Getränken und Speisen entstehen. Wie ein Gastmahl materieller und körperlicher Art, ganz analog ist auch das Gastmahl in Wort und Geist. So hat denn auch dieses Gastmahl in Gesprächsform seine mannigfachen und verschiedenen Theile, wie ein Gastmahl sie zu haben pflegt: es hat seine eigenthümlichen Verhältnisse, Umstände und Mittel, wie sie in seiner Weise auch jenes haben könnte.

Arm. Seid so gut und macht, dass ich euch verstehen kann!

Fil. Dort pflegt sich der Gewohnheit und Gebühr nach Salat, Speise, Obst und Hausmannskost aus der Küche und aus der Apotheke zu finden, für Gesunde und für Kranke; Kaltes, Warmes, Rohes und Gekochtes; aus dem Wasser, vom Lande, aus dem Hause und aus der Wildnis; Geröstetes, Gesottenes, Reifes, Herbes; Dinge die zur Ernährung allein, und solche, die dem Gaumen dienen; Substantielles und Leichtes, Salziges und Fades, Rohes und Eingemachtes, Bitteres und Süsses. Und so haben sich auch hier in bestimmter Reihenfolge die Gegensätze und Verschiedenheiten eingefunden, den Verschiedenheiten des Magens und des Geschmackes bei denen entsprechend, denen es gefallen möchte, an unserem symbolischen Gastmahl teilzunehmen, damit niemand sich beklage, er sei umsonst gekommen, und damit wem das Eine nicht gefällt vom Anderen nehme.

Arm. Schon gut; aber was sagt ihr dazu, wenn überdies in eurem Gastmahl Dinge vorkommen, die weder als Salat noch als Speise, weder als Dessert noch als Hausmannskost taugen, weder kalt noch warm, weder roh noch gekocht, die weder für den Appetit noch für den Hunger, weder für Gesunde noch für Kranke gut sind und demgemäss weder aus den Händen des Kochs noch des Apothekers hervorgehen?

Fil. Du wirst gleich sehen, dass auch darin unser Gastmahl jedem beliebigen anderen nicht unähnlich ist. Wie du dort mitten im besten Essen dich entweder an einem allzuheissen Bissen verbrennst, so dass du ihn entweder ausspeien oder unter Aechzen und Thränen dem Gaumen liebäugelnd so lange anvertrauen musst, bis du ihn hinunterwürgen kannst; oder es wird dir ein Zahn stumpf, oder die Zunge kommt dir in den Weg, dass du mit dem Brode auf sie beisst; oder ein Steinchen wird zwischen den Zähnen zertrümmert, dass du den ganzen Bissen ausspeien musst; oder ein Härchen· aus dem Barte oder vom Kopfe des Kochs schleicht sich durch bis zu deinem Gaumen, um dich zum Brechen zu reizen; oder eine Gräte bleibt dir im Halse stecken, um dich sänftiglich husten zu machen; oder ein Knöchlein legt sich dir quer vor den Schlund und bringt dich in Gefahr zu ersticken: gerade so haben sich in unserem Gastmahl zu unserem und aller Missvergnügen entsprechende und ähnliche Dinge eingefunden. Und ach, der Grund von dem allen ist die Sünde unseres alten Urvaters Adam. Seitdem ist die verderbte menschliche Natur dazu verdammt, dass sich ihr zu jedem Genuss der Verdruss gesellt.

Arm. Wie andächtig und erbaulich das klingt! Nun, was antwortet ihr denen, welche sagen, dass ihr ein wütender Cyniker seid?

Fil. Ich werde es freudig zugestehen, wenn nicht unbedingt, so doch teilweise.

Arm. Aber wisst · ihr auch, dass der Vorwurf, Beschimpfungen hinzunehmen, nicht so schwer ist wie der, sie auszuteilen.

Fil. Mir genügt's, dass die meinigen als Wiedervergeltung, diejenigen anderer als Angriffe gemeint sind.·

Arm. Auch Götter kommen in die Lage, Beleidigungen hinzunehmen, Beschimpfungen zu dulden und Tadel zu erleiden; aber selber tadeln, beschimpfen und beleidigen ist die Art gemeiner, unedler, unwürdiger und schlechtgesinnter Menschen.

Fil. Wohl wahr; aber wir beleidigen ja auch nicht; wir geben nur die Beleidigungen zurück, die nicht sowohl uns, als der verachteten Philosophie angethan werden, und wir thun es, damit nicht zu den schon erlittenen Kränkungen neue hinzukommen.

Arm. Ihr wollt also einem bissigen Hunde gleichen, damit jedermann sich hüte, euch lästig zu fallen?

Fil. So ist's. Ich wünsche Ruhe zu haben, und der Verdruss verdriesst mich.

Arm. Schön; aber man meint, ihr verfahrt zu streng.

Fil. Damit sie nicht wieder kommen, und damit andere lernen, nicht mit mir und mit anderen anzubinden; sie sollen vielmehr aus ähnlichen Mittelbegriffen die gleichen Schlüsse ziehen.

Arm. Die Beleidigung war eine private, die Rache aber ist öffentlich.

Fil. Ist sie deshalb ungerecht? Viele Vergehen, die im verborgenen begangen sind, werden doch mit Fug und Recht öffentlich gestraft.

Arm. Aber damit verderbt ihr euren Ruf und macht euch tadelnswerther als jene; denn man wird öffentlich sagen, dass ihr ungeduldig, launenhaft, eigensinnig, unbesonnen seid.

Fil. Das soll mich wenig kümmern, wenn nur sie und andere mir nicht weiter lästig fallen. Dazu zeige ich den Prügel des Cynikers, dass sie mich mit meiner Handlungsweise in Ruhe lassen, und wenn sie von mir keine Liebkosungen wollen, nicht an mir ihre Unhöflichkeit auslassen.

Arm. Scheint es euch denn einem Philosophen zu geziemen, dass er auf Rache sinne?

Fil. Glichen die, die mich ärgern, der Xanthippe, so würde ich Sokrates gleichen.

Arm. Weisst du nicht, dass Langmuth und Geduld allen gut steht? dass wir durch sie den Heroen und Göttern ähnlich werden, welche nach einigen sich spät rächen, nach anderen sich überhaupt nicht rächen noch erzürnen?

Fil. Du irrst, wenn du glaubst, ich hätte es auf Rache abgesehen.

Arm. Auf was denn?

Fil. Auf Besserung, und auch dadurch werden wir den Göttern ähnlich. Du weisst, dass der arme Vulcan von Jupiter Dispens hat, auch an Festtagen zu arbeiten, und so wird der verwünschte Ambos nimmer dessen ledig, die Streiche der gewaltigen Hämmer zu erdulden. So wie der eine erhoben ist, fällt der andere nieder, damit nur die gerechten Blitze zur Züchtigung der Verbrecher und Frevler niemals ausgehen.

Arm. Aber es ist immer noch ein Unterschied zwichen euch und dem Schmied des Jupiter, dem Gemahl der Cypria.

Fil. Genug, dass ich ihnen an Geduld und Langmuth vielleicht nicht so unähnlich bin. Auch in dieser Sache habe ich sie geübt; denn ich habe meinem Unwillen keineswegs durchaus den Zügel schiessen lassen und habe meinem Zorn nicht die schärfsten Sporen gegeben.

Arm. Nicht jedermann soll sich damit zu schaffen machen, ein Verbesserer zu sein, besonders der Menge.

Fil. Sagt doch auch, besonders dann, wenn diese sich mit ihm nichts zu schaffen macht.

Arm. Man sagt, dass man sich nicht bekümmern soll um ein fremdes Land.

Fil. Und ich sage zweierlei: erstens dass man einen ausländischen Arzt nicht tödten soll, weil er die Curen vorzunehmen versucht, die die heimischen nicht machen; zweitens, dass für den wahren Philosophen jedes Land sein Vaterland ist.

Arm. Wenn sie dich nun aber nicht haben wollen, weder als Philosophen, noch als Arzt, noch als Landsmann?

Fil. Deshalb werde ich nicht aufhören es zu sein.

Arm. Wer bürgt euch dafür?

Fil. Die Götter, welche mich hierher geschickt haben; ich, der ich mich hier befinde; und die, welche Augen haben, mich hier zu sehen.

Arm. Da hast du sehr wenige und wenig anerkannte Zeugen.

Fil. Auch die rechten Aerzte sind sehr wenig zahlreich und wenig anerkannt; fast alle dagegen sind rechte Kranke. Ich wiederhole, dass es ihnen nicht gestattet ist, den einen es zu bewirken, den andern es zu erlauben, dass solche Behandlung denen zu Theil werde, die lobenswerthe Dienste leisten, ob sie nun Ausländer seien oder nicht.

Arm. Wenige erkennen diese Dienste an.

Fil. Deshalb sind die Perlen nicht weniger kostbar, und wir müssen sie mit aller unserer Kraft vertheidigen, und mit der äussersten Anstrengung dahin wirken, dass sie davor geschützt, gesichert und bewahrt bleiben, von den Säuen mit den Füssen zertreten zu werden. So wahr mir die hohen Götter helfen mögen, mein Armesso, ich habe niemals aus schmutziger Eigenliebe oder aus gemeiner Sorge für ein privates Interesse solche Rache geübt, sondern aus Liebe zu meiner vielgeliebten Mutter, der Philosophie, und aus Eifer um ihre verletzte Majestät. — Jetzt möchte sich jeder nichtsnutzige Pedant, jeder lumpige Wortheld, jeder dumme Faun, jeder unwissende Esel, indem er sich mit einer Last von Büchern zeigt, sich den Bart lang wachsen lässt und allerlei andere Manieren annimmt, dafür ausgeben, als ob er zur Familie gehörte. Durch solche falschen Freunde und Söhne ist die Philosophie so weit heruntergebracht worden, dass bei der Menge ein Philosoph so viel heisst als ein unnützer Mensch, ein Pedant, ein Gaukler, ein Marktschreier, ein Charlatan, gut genug, um als Zeitvertreib im Hause und als Vogelscheuche auf dem Felde zu dienen.

Elit. Die Wahrheit zu sagen, wird die Sippe der Philosophen von dem grössten Theil der Menschen noch niedriger geachtet, als die der Geistlichen, weil diese, aus jeder Art von Gesindel entnommen, das priesterliche Amt immer noch weniger in Verruf gebracht haben, als jene, die, nach Bestien aller Art benannt, der Philosophie ¤ Verachtung zugezogen haben.

Fil. Loben wir also in seiner Art das Alterthum, wo die Philosophen zu Gesetzgebern, Räthen und Königen emporsteigen, Räthe und Könige aber zu Priestern erhoben werden durften. In unsern Tagen ist die Mehrzahl der Priester so beschaffen, dass sie und um ihretwillen die göttlichen Gebote verachtet sind; fast alle aber, welche wir als Philosophen betrachten, sind von der Art, dass sie selbst und um ihretwillen die Wissenschaften in Geringschätzung sinken. Ueberdies pflegt unter ihnen die Menge von Schurken, wie Nesseln die Saat, mit ihren entgegengesetzten Phantastereien die Tugend und Wahrheit zu überwuchern, welche selten und nur seltenen Menschen erkennbar ist.

Arm. Ich kenne keinen Philosophen, Elitropio, der sich so für die verachtete Philosophie ereiferte, keinen, der für seine Wissenschaft so eingenommen wäre, wie dieser Teofilo. Was würde geschehen, wenn alle andern Philosophen von derselben Beschaffenheit, ich meine, ebenso leidenschaftlich wären!

Elit. Diese andern Philosophen haben nicht so viel erfunden, haben auch nicht so viel zu behüten, nicht so viel zu vertheidigen. Sie freilich können immerhin eine Philosophie gering schätzen, die nichts taugt, oder eine andere, die wenig taugt, oder eine solche, die sie nicht kennen; aber dieser, der die Wahrheit, den verborgenen Schatz, gefunden hat, ist von der Schönheit dieses göttlichen Antlitzes entflammt und nicht weniger eifersüchtig darauf, dass sie nicht verfälscht, vernachlässigt oder entweiht werde, als ein anderer in schmutziger Begierde vom Golde, vom Karfunkel oder Diamanten oder von einem schönen Weibsbild eingenommen sein mag.

Arm. Aber besinnen wir uns und kommen zurück zur Sache! Man sagt von euch, Teofilo, ihr hättet in jenem eurem Aschermittwochsgespräch eine ganze Stadt, eine ganze Provinz, ein ganzes Reich geschmäht und beleidigt.

Fil. Das habe ich nie gedacht, nie beabsichtigt, nie gethan, und wenn ich es gedacht, beabsichtigt oder gethan hätte, so würde ich mich selber am strengsten verdammen und zu tausend Widerrufen, Abbitten und Palinodien bereit sein. Und das nicht allein, wenn ich ein altes edles Reich wie dieses beleidigt hätte, sondern auch jegliches andere sonst, für so barbarisch es auch gelten möge; und ich meine nicht nur, jede Stadt, für wie ungebildet sie berufen sei, sondern auch jegliches Geschlecht, als wie roh es auch bekannt sei, sondern auch jede Familie, wie ungastlich sie auch heisse. Denn es kann kein Reich, keine Stadt, kein Geschlecht, kein ganzes Haus geben, wo alle gleiches Sinnes wären oder wo man sich darauf einrichten dürfte, keines, wo sich nicht so entgegengesetzte und widersprechende Charaktere fänden, dass was dem einen Freude macht, dem andern missfallen muss.

Arm. Gewiss, was mich anbetrifft, der ich das Ganze

gelesen und wiedergelesen und wohl erwogen habe, ich finde euch wohl im einzelnen vielleicht etwas gar zu frei herausgehend; im allgemeinen finde ich euer Verfahren anständig, vernünftig und rücksichtsvoll. Aber das Gerücht geht so wie ich sage.

El it. Dies und andere Gerüchte sind durch die Gemeinheit einiger von denen ausgestreut worden, die sich getroffen fühlen. Rachsüchtig und an eignem Verstand, Gelehrsamkeit, Geist und Kraft sich zu schwach fühlend, erdichten sie alle möglichen Unwahrheiten, denen nur ihresgleichen Glauben schenken können, und werben Genossen, indem sie es zu erreichen suchen, dass der Tadel gegen einzelne für eine Beleidigung gegen die Gesamtheit angesehen werde.

Arm. Ich glaube vielmehr, dass es Personen giebt, nicht ohne Urtheil und Verstand, welche die Beleidigung auf die Gesamtheit beziehen, weil ihr solche Sitten Personen von solcher Abkunft beilegt.

Fil. Nun, was für Sitten sind denn das, dass ähnliche, schlimmere und viel fremdartigere in Geschlecht, Art und Zahl sich nicht in den vorzüglichsten Ländern und Gegenden der Welt fänden? Oder werdet ihr es vielleicht beleidigend finden, und zwar beleidigend und undankbar gegen mein Vaterland, wenn ich sage, dass ähnliche und noch verwerflichere Sitten in Italien, in Neapel, in Nola vorkommen? Würdige ich vielleicht dadurch dieses vom Himmel begnadigte Land herab, welches so oft zugleich zum Haupt und zur rechten Hand dieser Erde gesetzt war, zum Erzieher und Bezwinger der andern Geschlechter, dies Land, das von uns und andern immer als Lehrerin, Säugamme und Mutter aller Tugenden, Wissenschaften, aller Bildung, alles guten Anstandes und aller höflichen Sitte geschätzt worden ist, wenn das gar noch überboten wird, was von ihm grade auch unsere Poëten gesungen haben, welche es doch ebensosehr als Lehrerin aller Laster, alles Betruges, aller Habsucht und Grausamkeit darstellen?

Elit. Das stimmt ganz zu den Grundsätzen eurer Philosophie; meint ihr doch, dass die Gegensätze in den Principien und in den nächsten Objecten zusammenfallen. Denn eben dieselben Geister, welche für hohe, tugendhafte und edelmüthige Handlungen die geeignetsten sind, sinken am tiefsten, wenn sie auf Abwege gerathen. Die selteneren und auserleseneren Geister finden sich da, wo im allgemeinen die unwissenderen und ungeschickteren sind, und wo meistentheils weniger gebildete und höfliche Leute sind, findet man in einzelnen Fällen Extreme von Bildung und Feinheit. Daher scheint den verschiedenen Geschlechtern das gleiche Maass von Vollkommenheiten und Unvollkommenheiten gegeben zu sein, nur in verschiedener Vertheilung.

Fil. Ganz recht.

Arm. Bei alledem bedauere ich wie viele andere mit mir, o Teofilo, dass ihr in unserm lieben Vaterlande gerade auf solche Subjecte gestossen seid, die euch zu einer solchen Aschermittwochslamentation Anlass gegeben haben, und nicht auf so viele andere, die euch gezeigt hätten, wie sehr dies unser Land, mag es auch immer von den Eurigen „gänzlich vom Erdenrunde entlegen"*) genannt werden, allen Studien edler Wissenschaften, der Waffen, der Ritterlichkeit, Bildung und höflicher Sitten ergeben sei. Soweit unsere Kraft reicht, suchen wir darin nicht hinter unsern Ahnen zurückzubleiben oder von anderen Völkern übertroffen zu werden, besonders von denen, welche sich einbilden, die edle Anlage, Wissenschaften, Waffen und Bildung wie von Natur zu haben.

Fil. Bei meiner Treue, Armesso, dem was ihr darlegt, darf ich nicht, könnte ich auch nicht widersprechen, weder mit Worten noch mit Gründen oder auch nur innerlich; führt ihr doch eure Sache mit aller Geschicklichkeit, bescheiden und gründlich. Deshalb empfinde ich Reue um euretwillen und um dessen willen, dass ihr mir nicht mit barbarischem Stolze gegenübergetreten seid, und ich bedaure, dass ich von den oben erwähnten Subjecten Anlass genommen habe, euch und andere Leute von ehrenwerthester und humanster Gesinnung zu betrüben. Ich möchte deshalb, jene Dialoge wären nicht veröffentlicht, und wenn es euch recht ist, so werde ich mich darum bemühen, dass sie fernerhin nicht an's Licht gelangen.

Arm. Meine Betrübnis so wie die anderer vortrefflicher Leute stammt so wenig aus der Veröffentlichung jener Dialoge, dass ich eher dafür sorgen möchte, dass

---

*) *Vergil.* Eclog. I, 67.

sie in unsere Landessprache übersetzt würden, damit sie
den wenig oder übel gesitteten unter uns zur Lectüre
dienen könnten. Vielleicht wenn sie sehen, mit welchem
Abscheu ihre unhöflichen Manieren aufgenommen, in
welchen Zügen sie geschildert worden und wie widerlich
dieselben sind, wandeln sie sich, wenn sie sich durch
gute Lehre und gutes Vorbild, das sie an den Besseren
und Höheren sehen, von ihrem Wege nicht abbringen
lassen, wenigstens um und bilden sich nach jenen um aus
Scham, unter jenes Gesindel gezählt zu werden, indem
sie lernen, dass persönliche Ehre und Tüchtig-
keit nicht in dem Können und Wissen davon besteht,
auf welche Art man andere ärgert, sondern in dem geraden
Gegentheil.

Elit. Ihr zeigt euch sehr verständig und gewandt,
wo es die Sache eures Vaterlandes gilt, und seid im Unterschied von vielen, die gleich arm sind an Geist und Werth, nicht
undankbar und unerkenntlich für die guten Dienste anderer.
Aber Filoteo scheint mir nicht vorsichtig genug, um seinen
Ruf zu wahren und seine Person zu verteidigen. Denn
so verschieden adliges Wesen und bäurisches Wesen ist,
so entgegengesetzt sind die Wirkungen, die man von beiden
hoffen oder fürchten muss. Stelle dir vor, irgend ein
Bauernknecht aus Scythien, der ein Gelehrter geworden,
Erfolg gehabt und Ruhm erlangt hätte, verliesse die Ufer
der Donau und tastete mit kühnem Tadel und gerechter
Anklage das Ansehen und die Majestät des römischen
Senats an. Dieser würde aus jenes Mannes Tadel und
Beleidigung Anlass nehmen zu einem Acte äusserster
Klugheit und Grossmuth und den strengen Tadler mit
einer Colossalstatue beehren. Denke dagegen, ein römischer
Edelmann und Senator habe Unglück gehabt und wäre
unweise genug, die lieblichen Gestade seines Tiber zu ver-
lassen und gleichfalls mit gerechter Anklage und dem
vernünftigsten Tadel die scythischen Bauern anzugreifen.
Sicher würden diese daraus Anlass nehmen, die Beweise
ihrer Unbildung, Niedrigkeit und Roheit zu babylonischer
Thurmhöhe aufzuhäufen; sie würden ihn steinigen, der
Volkswuth die Zügel schiessen lassen, um den andern Geschlechtern zu zeigen, welch ein Unterschied es sei, mit
Menschen zu verkehren, oder mit solchen, welche nur
nach dem Bild und Gleichniss von Menschen gemacht sind.

Arm. Ich, o Teofilo, bin nicht der Mann, es für gebührend zu halten, dass ich oder ein anderer, der mehr Witz hätte als ich, die Sache und den Schutz derjenigen, die deine Satire trifft, als von Landsleuten übernehme, zu deren Vertheidigung uns das Naturgesetz selber treibe. Denn niemals werde ich zugestehen und niemals aufhören den zu bestreiten, welcher behauptet, dass jene Leute Theile und Glieder unseres Vaterlandes seien. Dieses besteht aus ebenso edlen, gebildeten, sittlichen, wohlerzogenen, zartfühlenden, humanen, verständigen Leuten wie irgend ein anderes. Wenn Leute jenes Schlages darin vorkommen, so doch sicher nur als Schmutz, Hefen, Mist und Moder; in keinem andern Sinne könnten sie Theile eines Reiches oder einer Stadt heissen, als wie auch die Jauche ein Theil des Schiffes ist. Weit entfernt daher, dass wir um solcher Leute willen empfindlich sein müssten, würden wir uns durch solche Empfindlichkeit vielmehr tadelnswerth machen. Aus der Zahl jener schliesse ich einen grossen Theil der Gelehrten und Geistlichen nicht aus. Wenn auch einige von ihnen vermöge ihrer Doctoren-Würde grosse Herren werden, so kehren sie den bäurischen Stolz, den sie zuerst nicht zu zeigen wagten, nachher mit der Zuversichtlichkeit und dem Hochmuth, der sich ihnen in Folge des Rufes als Gelehrte oder Priester anhängt, nur um so dreister und prahlerischer heraus. Kein Wunder daher, wenn ihr viele und aber viele seht, die in jener Doctorenund Priesterwürde mehr nach dem Rindvieh, der Heerde und dem Stall riechen, als wirkliche Pferdeknechte, Hirten und Ackersleute. Deshalb wünschte ich, ihr hättet nicht so heftig gegen unsere Universität geeifert, indem ihr gewissermaassen dem Ganzen keine Nachsicht gewährtet und nicht bedachtet, was sie bisher gewesen ist, in Zukunft sein wird oder sein kann und zum Theil doch auch schon jetzt ist.

Fil. Nehmt es doch nicht so tragisch! Denn ist auch die Schilderung, die sie bei dieser Gelegenheit erfahren hat, ganz getreu, so ist doch jedenfalls die Verkehrtheit nicht grösser bei ihr als bei allen anderen, die höher zu stehen glauben, und die unter dem höchst albernen Titel von Doctoren Pferde mit Doctorringen und Esel mit Doctorhüten creieren. Gleichwohl verkenne ich nicht, wie sehr sie von Anfang an wohl eingerichtet gewesen ist, die schönen Studienordnungen, die Würde des Ceremoniells, die Vertheilung der Uebungen, die Schönheit der Trachten und vieles andere, was zum Bedürfniss und Schmuck einer Academie beiträgt. Jedermann muss sie daher ohne Zweifel als die erste in ganz Europa und mithin in der ganzen Welt anerkennen, und ich leugne nicht, dass sie an Gewandtheit und Feinheit der Geister, wie beide Theile Britanniens sie von Natur erzeugen, allen denen, die anerkannt die vortrefflichsten sind, ähnlich ist und wohl gleichkommen mag. Nichts desto weniger hat sich das Andenken daran verloren, dass die speculativen Studien, ehe sie noch in den anderen Theilen Europas wiedererwachten, an diesem Orte geblüht haben, und dass durch diese ihre Meister in der Metaphysik, wie barbarisch auch immer von Sprache und mönchisch von Profession sie waren, der Glanz eines herrlichen und hervorragenden Zweiges der Philosophie, welcher in unseren Zeiten beinahe erloschen ist, über alle andern Academien der Länder, die nicht von Barbaren bewohnt sind, sich verbreitet hat. Aber was mich angewidert hat und mir zugleich Ekel und Lachen erregt, ist das, dass während ich nirgends Leute finde, die von Sprache mehr Römer, mehr Athener wären, als an diesem Ort, sie sich in allem übrigen — ich spreche von der grossen Masse — rühmen, ihren Vorgängern durchaus unähnlich und entgegengesetzt zu sein. Letztere waren freilich wenig besorgt um Beredsamkeit und grammatische Strenge und ganz auf die Speculation gerichtet, welche von jenen Sophisterei genannt wird; aber ihre Metaphysik, in der sie ihren Meister Aristoteles übertroffen haben, wenn auch immerhin getrübt und verunreinigt durch manche werthlose Schlüsse und Lehrsätze, die nicht philosophisch noch theologisch sind, sondern von einem müssigen und seine Kraft übel verwendenden Geiste zeugen, — ihre Metaphysik steht mir doch immer noch unendlich höher, als alles was diese Männer der Gegenwart mit aller ihrer ciceronianischen Beredsamkeit und declamatorischen Kunst vorbringen können.

Arm. Das sind doch aber auch keine verächtlichen Sachen.

Fil. Gewiss nicht. Aber wenn man zwischen beiden wählen muss, so schätze ich die Ausbildung des Geistes, wie sehr sie auch sonst getrübt sein mag, höher als diejenige noch so beredter Worte und Redeweisen.

Elit. Das erinnert mich an jenen Bruder Ventura, der bei der Besprechung der Stelle der Heiligen Schrift: „Gebt dem Kaiser was des Kaisers ist!"*) bei Gelegenheit alle Namen von Münzen, die es zu den Zeiten der Römer gab und die er ich weiss nicht aus welchem alten Tröster oder welcher Scharteke aufgelesen hatte, — es waren mehr als hundert und zwanzig, — nach Gepräge und Gewicht anbrachte, um zu zeigen, wie fleissig und wie gelehrt er sei. Als nun am Schluss der Predigt ein Biedermann zu ihm trat und bat: „Ehrwürdiger Pater, seid so gut und leiht mir einen Carlin!" so antwortete er, er gehöre zum Bettelorden.

Arm. Zu welchem Zwecke erwähnt ihr das?

Elit. Ich will damit sagen, dass die, welche in Redensarten und Namen sehr bewandert sind und sich nicht um die Sachen kümmern, dasselbe Gaul wie jener ehrwürdige Vater der Gäule reiten.

Arm. Ich glaube doch, dass sie ausser dem Studium der Beredsamseit, in welcher sie alle ihre Vorgänger übertreffen und den andern Modernen nicht nachstehen, auch in der Philosophie und auf andern Gebieten der Speculation nicht so bettelarm sind; können sie doch ohne deren gründliche Kenntniss zu keinem Grade promovirt werden. Denn die Statuten der Universität, auf welche sie eidlich verpflichtet sind, bestimmen, dass niemand zur Magister- oder Doctorwürde in der Philosophie und Theologie promovirt werden soll, wenn er nicht aus dem Brunnen des Aristoteles gründlich geschöpft habe.

Elit. O, ich will euch sagen, wie sie's gemacht haben, um nicht meineidig zu werden. Von drei Brunnen, die sich bei der Universität befinden, haben sie dem einen den Namen Brunnen des Aristoteles gegeben; den andern nennen sie Brunnen des Pythagoras, den dritten Brunnen des Plato. Da sie nun aus jenen drei Brunnen ihr Wasser entnehmen, um Bier und dergleichen zu machen, — mit demselben Wasser werden freilich auch die Ochsen und Pferde getränkt, — so giebt es natürlich keinen Menschen, der nicht, auch wenn er sich kaum drei oder vier Tage in jenen Studien- und Collegienhäusern aufgehalten hat, mit dem Brunnen nicht nur des Aristoteles.

---

*) Matth. 22, 21.

sondern auch ausserdem mit dem des Pythagoras und Plato reichlich durchtränkt worden wäre.

Arm. Leider, dass ihr nur allzuwahr redet! Daher kommt es, Teofilo, dass die Doctoren zu so billigen Preisen fortgehen wie die Sardellen. Wie man sie mit wenig Mühe creiert, findet, fischt, so kauft man sie auch für ein Geringes. Da nun bei uns die Masse der Doctoren in dieser Zeit so beschaffen ist, — den Ruhm einiger durch Redegabe, Gelehrsamkeit, weltmännische Bildung ausgezeichneter Männer, wie ein Tobias Matthew, Culpeper und andere, die ich nicht zu nennen weiss, immer ausgenommen, — so fehlt viel daran, dass einer weil er sich Doctor nennt dafür gelte einen neuen Adelsrang zu haben; vielmehr ist er gerade der entgegengesetzten Natur und Beschaffenheit so lange verdächtig, als man nicht etwas von ihm besonders weiss. So kommt es, dass diejenigen, die von Geburt oder sonst adlig sind, auch wenn sie damit das schönste Theil des Adels, die gelehrte Bildung, verbinden, sich schämen, sich promoviren und zu Doctoren ernennen zu lassen, indem es ihnen genügt, dass sie Gelehrte sind. Und von solchen findet man eine grössere Zahl an den Höfen, als man Pedanten an der Universität findet.

Fil. Grämt'euch nicht zu sehr darüber, Armesso! Denn überall, wo es Doctoren und Priester giebt, giebt es auch beide Arten von ihnen. Diejenigen, die wahrhafte Gelehrte und wahrhafte Priester sind, mögen sie auch aus niederem Stande emporgekommen sein, können nicht anders als gebildet und geadelt sein; denn die Wissenschaft ist der auserlesene Weg, um den menschlichen Geist zu erhabenem Streben zu entzünden. Jene andern aber erscheinen uns um so roher, je mehr sie, mit dem Divûm pater oder mit dem Giganten Salmoneus „hochdonnernd", gleich einem Satyr oder Faun im Purpurgewande mit schreckeneinflössendem und gebieterischem Pompe einherschreiten, nachdem sie auf dem Katheder des Schulobersten ausgemacht haben, — nach welcher Declination *hic et haec et hoc nihil* geht.

Arm. Wir wollen den Gegenstand fallen lassen. Was ist das für ein Buch, das ihr in der Hand habt

Fil. Es sind Dialoge.

Arm. Das Gastmahl?

Fil. Nein.

Arm. Was denn?

Fil. Andere, in denen nach unserer Methode von der Ursache, dem Princip und dem Einen gehandelt wird.

Arm. Und die Personen? Haben wir vielleicht wieder so einen verteufelten Frulla oder Prudenzio, die uns von neuem in schlimme Gesellschaft bringen?

Fil. Fürchtet nichts! Einen ausgenommen, sind es lauter ruhige und höchst anständige Leute.

Arm. So bliebe also doch wieder euren Worten nach etwas auch in diesen Dialogen auszumerzen?

Fil. Fürchtet nichts! Ihr werdet euch eher gekitzelt fühlen, wo es euch juckt, als gereizt, wo es euch weh thut.

Arm. Wo es juckt?

Fil. Ihr werdet hier erstens dem ehrenwerthen Gelehrten, dem liebenswürdigen, wohlgebildeten Mann und treuen Freunde Alexander Dicson begegnen, den der Nolaner liebt wie seinen Augapfel und der zu der Verhandlung über den Gegenstand den Anlass gegeben hat. Er wird als derjenige eingeführt, der dem Teofilo den Stoff zu seinen Darlegungen bietet. Zweitens habt ihr da den Teofilo, nämlich mich, der je nach gegebenem Anlass den vorliegenden Gegenstand durch Distinctionen, Definitionen und Demonstrationen erläutert. Drittens ist da Gervasio, ein Mann, der nicht zur Zunft gehört, aber zum Zeitvertreib bei unsern Unterredungen zugegen sein will, eine Person, die nicht wohl noch übel riecht, sich über die Manieren des Poliinnio köstlich amüsiert und ihm dann und wann Spielraum schafft, um seine Thorheit auszulassen. Diesen gotteslästerlichen Pedanten habt ihr da zum vierten, einen jener gestrengen Tadler der Philosophie, der sich deshalb wie ein Momus vorkommt; äusserst eingenommen von seinem Schwarm von Scholastikern, weshalb er sich in sokratischer Liebe einen geschworenen Feind des weiblichen Geschlechtes nennt, und weil er kein Physiker ist, sich für Orpheus, Musäus, Tityrus und Amphion hält. Du kennst die Art. Wenn sie dir eine schöne Periode gemacht, ein elegantes Brieflein aufgesetzt, eine zierliche Phrase aus der ciceronianischen Garküche geschmarotzert haben: — da ist Demosthenes wiedererstanden, da blüht Tullius, da lebt Sallust; da ist ein Argus, der jeden Buchstaben, jede Silbe, jede Redensart erspäht; da Rhadamanthus „*umbras vocat ille silentum*"; da Minos, König von Creta, „*urnam movet*". Sie seigen die Sprüchlein und discutiren über Phrasen: diese schmeckt nach dem Dichter, jene nach dem Komiker, die nach dem Redner; das ist würdevoll, das niedrig, das erhaben; jenes gehört dem *humile dicendi genus* an; diese Wendung ist rauh; sie würde zart sein, wenn sie so gestaltet wäre; das ist ein Anfänger, der sich wenig um das Alterthum kümmert, *non redolet Arpinatem, desipit Latium;* dieses Wort ist nicht toscanisch, wird nicht von Boccaccio, Petrarca und anderen gebraucht. Man schreibt nicht *homo,* sondern *omo,* nicht *honore,* sondern *onore,* nicht Polihimnio, sondern Poliinnio. Darüber triumphirt er, ist er mit sich zufrieden; nichts gefällt ihm so wie seine eigenen Thaten. Er ist ein Jupiter, der von der hohen Warte „*alta specula*" das so vielen unnöthigen Irrthümern, Unfällen, Nöthen und Mühen ausgesetzte Leben der anderen Menschen beschaut und betrachtet. Nur er ist glücklich, er allein lebt ein himmlisches Leben, wenn er seine Göttlichkeit im Spiegel einer Blumenlese, eines Wörterbuchs, eines Calepino, eines Glossars, einer Cornucopia, eines Nizolius betrachtet. Mit solcher Ueberlegenheit ausgestattet ist er allein alles in allem, während sonst jeder nur eines ist. Lacht er, so nennt er sich Demokrit, weint er, Heraklit; disputirt er, so heisst er Chrysipp; forscht er, Aristoteles; tummelt er sich in Hirngespinsten, Plato; brüllt er ein paar Sätze her, so ist sein Name Demosthenes; wenn er den Vergilium analysiret, so ist er Maro. Nun hofmeistert er Achill, belobt Aeneas, tadelt Hector, declamirt gegen Pyrrhus, trauert über Priamus, verklagt Turnus, entschuldigt Dido, preist Achates, und endlich, indem er *verbum verbo reddit* und wilde Synonymien aufthürmt, *nihil divinum a se alienum putat,* ist er so aufgeblasen, wenn er vom Katheder heruntersteigt, als hätte er Himmelreiche geordnet, Senate geregelt, Heere gebändigt, Welten reformirt; ist er sicher, dass wenn nicht die Ungerechtigkeit der Zeit wäre, er in Wirklichkeit das thun würde, was er in seiner Meinung thut. *O tempora, o mores!* Wie selten sind diejenigen, welche die Natur der Participia, der Adverbia, der Conjunctiones verstehen! Wie viel Zeit hat es gekostet, bis die Art und der wahre Grund gefunden wurde, wie das

Adjectivum mit dem Substantivum übereinstimmen, das Relativum sich nach dem richten muss, worauf es sich bezieht, und nach welcher Regel es jetzt vorn, jetzt hinter dem Satze steht, nach welchen Maassen, welchen Ordnungen die Interjectiones eingestreut werden, die, welche Trauer, die, welche Freude ausdrücken: heu, oh, ah, ach, hem, ohe, hui und andere Würzen, ohne welche alle menschliche Rede höchst fade sein würde.

Elit. Sagt was ihr wollt, denkt wie es euch beliebt! Ich sage, dass es für das Glück des Lebens besser ist, sich Crösus zu dünken und arm zu sein, als sich arm zu dünken und Crösus zu sein. Ist es nicht zuträglicher für das Wohlbefinden, eine Vettel zu haben, die dir schön scheint und dich befriedigt, als eine Leda, eine Helena, die dich langweilt und dir zum Ekel wird? Was verschlägt es also jenen, dass sie geistlos und mit Werthlosem beschäftigt sind, wenn sie um so glücklicher sind, je mehr sie sich ganz allein gefallen? So gut thut frisches Gras dem Esel, Gerste dem Pferd, wie mit Dreck beschmiertes Brot dem Rebhuhn. So wohl ist der Sau bei Eicheln und Trank, wie einem Zeus bei Ambrosia und Nektar. Wollt ihr jene vielleicht aus ihrem süssen Wahne reissen, dass sie euch nachher für eure Bemühung den Hals brechen müssten? Ueberdies — wer weiss, ob dies oder jenes Narrheit ist? Ein Pyrrhonianer würde sagen: Wer weiss, ob unser Zustand der Tod und der Zustand derer die wir abgeschieden nennen, das Leben ist? So auch — wer weiss, ob nicht alles Glück und alle Seligkeit in der richtigen Verbindung und Aufeinanderfolge der Satzglieder besteht?

Arm. So ist die Welt! Wir machen den Demokrit über die Pedanten und Sprachkünstler; die vielgeschäftigen Männer der Praxis machen den Demokrit über uns; die Mönche und Priester, die sich wenig mit Gedanken plagen, demokritisiren über alle. Und umgekehrt machen die Pedanten sich über uns, wir uns über die Männer von Welt, alle sich über die Mönche lustig, und schliesslich, indem immer der eine der Narr des andern ist, möchte es sich zeigen, dass wir alle verschieden sind *in specie,* aber gleichartig *in genere, numero et casu.*

Fil. Verschieden sind deshalb die Gattungen und Arten der Bannstrahlen, mannigfaltig ihre Grade; aber die schärfsten, strengsten, schrecklichsten und entsetzlichsten werden von unseren Erzschulmeistern geschleudert. Darum lasst uns vor ihnen die Knie beugen, das Haupt neigen, die Augen verdrehen und die Hände emporheben, seufzen, weinen, schreien und um Gnade flehen. So wende ich mich denn an euch, die ihr den Heroldstab des Mercurs in Händen tragt, um die Controversen zu entscheiden, die Probleme zu determiniren, die unter Sterblichen und Göttern auftauchen. Euch empfehlen wir unsere Prosa, eurem Urtheil unterwerfen wir unsere Musen, unsere Prämissen, Subsumptionen, Digressionen, Parenthesen, Applicationen, Clauseln, Perioden, Constructionen, Attribute und Epitheta. O ihr lieblichsten Wassermänner, die ihr mit euren zierlichen Floskeln uns den Geist entrückt, das Herz fesselt, den Sinn bezaubert, haltet unseren Barbarismen die gute Absicht zugute, renkt unsere Sprachfehler wieder ein, beschneidet unsere Makrologien, flickt unsere Ellipsen aus, zäumt unsere Tautologien, mässigt unsere Akribologien, verzeiht unsere Aeschrologien, entschuldigt unsere Pleonasmen, vergebt unsern Kakophaten! Ich beschwöre euch alle insgemein und dich insbesondere, du strenger, mürrischer und zornigster Magister Poliinnio, von der wilden Wuth und dem frevlerischen Hass gegen das edle weibliche Geschlecht zu lassen und uns nicht das Schönste zu verscheuchen, was die Welt umfasst und der Himmel mit seinen tausend Augen erblickt! Kehrt um, kehrt um zu uns, besinnt euch, damit ihr seht, dass jener euer Groll nichts ist als ausgesprochener Wahnsinn und fanatische Raserei. Wer ist unsinniger und stumpfsinniger, als der, der das Licht selber nicht sieht? Welche Thorheit kann verächtlicher sein, als um des Geschlechtes willen der Feind der Natur selber sein, gleich jenem barbarischen König von Sarza [Rodomonte], der weil er's von euch gelernt sagt:*)

Natur kann nichts vollkommenes gestalten,
Weil die Natur wird für ein Weib gehalten.

Betrachtet einmal die Wahrheit, erhebt das Auge zum Baume der Erkenntnis des Guten und Bösen; seht den Widerspruch und den Gegensatz zwischen beiden und

---

*) Wir haben hier den rhetorischen Ueberschwall etwas gekürzt. — Die Verse bei Ariost, *Orl. fur.* Ges. 27 Str. 120.

schaut, was Mann, was Weib ist. Hier der Körper, euer Freund, ein Mann; dort die Seele, eure Feindin, ein Weib! Hier der Wirrwarr männlich, dort die Ordnung weiblich; hier der Schlaf, dort die Wachsamkeit; hier der Stumpfsinn, dort die Erinnerung; hier der Hass, dort die Liebe; hier der Irrthum, dort die Wahrheit; hier der Mangel, dort die Fülle; hier der Orcus, dort die Seligkeit; hier der Pedant Poliinnio, dort die Muse Polyhymnia: kurz, alle Laster, Fehler und Verbrechen sind männlich, alle Tugenden, Vorzüge, Verdienste weiblich. Daher werden Klugheit, Gerechtigkeit, Tapferkeit, Mässigkeit, Schönheit, Erhabenheit, Würde, Gottheit, weiblich benannt, so vorgestellt, so geschildert, so gemalt, und so sind sie auch. Und um diese theoretischen, begrifflichen und grammatikalischen Gründe, wie sie eurer Manier entsprechen, zu lassen, und zu den der Natur, der Wirklichkeit und Praxis entnommenen zu gelangen, muss nicht, um dir den Mund zu stopfen, dieses eine Beispiel genügen, welches dich mit deinen sämtlichen Genossen widerlegt? So finde doch einen Mann, der tüchtiger wäre als die göttliche Elisabeth, die in England regiert! So reich ist sie begabt, so hoch erhaben, so vom Himmel begünstigt, vertheidigt und beschützt, dass alle Worte und Gewalten vergebens sich bemühen, sie zu schädigen. Im ganzen Königreich ist niemand würdiger, niemand heldenmüthiger unter den Edlen, niemand gelehrter unter den Würdenträgern, niemand weiser unter den Staatsmännern. Was sind im Vergleich mit ihr in Rücksicht auf Schönheit, auf Kenntnis der Volks- wie der gelehrten Sprachen, auf Vertrautheit mit Wissenschaften und Künsten, auf Klugheit im Regiment, auf das Glück eines hohen und weit geltenden Ansehens, auf alle anderen Tugenden der Gesittung und Natur die Sophonisben, Faustinen, Semiramis, Dido, Cleopatra und alle anderen, deren sich Italien, Griechenland, Aegypten und andere Länder Europas und Asiens aus vergangenen Zeiten rühmen können! Beweise liefert mir was sie ausgerichtet hat, die glänzenden Erfolge, die das gegenwärtige Jahrhundert nicht ohne edles Staunen anschaut. Ueber Europas Fluren hin fluthet der Tiber zürnend, der Po drohend, der Rhone gewaltthätig, die Seine blutig, die Garonne stürmisch; der Ebro rast, der Tajo wüthet; die Maas strömt ermattet, die Donau unruhig. Sie aber hat durch den Glanz ihrer Augen fünf und mehr Lustren hindurch den grossen Ocean zur Ruhe gebracht, der in beständiger Ebbe und Fluth fröhlich und still in seinen weiten Schoos seine geliebte Themse aufnimmt, die furchtlos und friedlich, sicher und fröhlich ihres Weges zieht und sich durch die wiesenreichen Gestade schlängelt! Um also noch einmal von vorn anzufangen, wie . . .

Arm. Schweig, schweig, Filoteo! Bemühe dich nicht, Wasser in unsern Ocean und Licht in unsere Sonne zu tragen! Lass ab, verzückt, um nichts schlimmeres zu sagen, zu erscheinen, indem du mit den Poliinnios disputirst, die gar nicht da sind. Theile uns lieber ein wenig mit von den Gesprächen, die du da bei dir hast, damit wir diesen Tag und diese Stunde nicht müssig verbringen!

Fil. Nehmet hin und leset!

Zweiter Dialog.

Personen:

Dicson. Gervasio. Teofilo. Poliinnio.

Dicson. Um Vergebung, Magister Poliinnio, und du, Gervasio, unterbrecht nicht ferner unsere Gespräche!

Pol. Fiat; so geschehe es.

Ger. Wenn der Herr Magister spricht, so kann ich doch sicher nicht schweigen.

[1] Dic. Ihr behauptet also, Teofilo, jegliches, was nicht selbst oberstes Princip und oberste Ursache ist, das habe ein Princip und eine Ursache?

Teof. Ohne allen Zweifel und alle Widerrede.

Dic. Meint ihr also, derjenige, welcher die von der Ursache und dem Princip gesetzten Dinge kennt, kenne auch die Ursache und das Princip selber?

Teo. Nicht leicht die nächste Ursache und das nächste Princip, aber äusserst schwer auch nur eine Spur von der obersten Ursache und dem obersten Princip.

[2] Dic. Wie denkt ihr euch denn, dass die Dinge, welche eine oberste und eine nächste Ursache, ein oberstes und ein nächstes Princip haben, wahrhaft erkannt werden, wenn sie doch der bewirkenden Ursache nach also einer der Ursachen nach, die zur wirklichen Erkenntnis der Dinge gehören, verborgen sind?

Teo. Es mag leicht sein, über den Beweisgang in der Wissenschaft Theorien aufzustellen; aber das Beweisen selbst ist schwer. Sehr bequem ist es, über die Ursachen, die näheren Umstände und Methoden der Wissenschaften Vorschriften zu geben; aber nachher bringen unsere Methodiker und Analytiker ihre Organons, ihre methodischen Principien und ihre „Kunst der Künste" höchst ungeschickt zur Anwendung.

Ger. Etwa wie Leute, welche wohl verstehen schöne Schwerter zu verfertigen, aber nicht sie zu handhaben?

Pol. Ferme!

Ger. Verm — aledeit seist du selber mit deinem Mundwerk, dass du es nie wieder öffnen könntest!

Teo. Ich meine deshalb, es ist von dem Naturphilosophen [3] nicht zu verlangen, dass er alle Ursachen und Principien aufzeige, sondern nur die physischen, und von diesen auch nur die hauptsächlichen und jedesmal eigenthümlichen. Freilich sagt man, weil sie von der obersten Ursache und dem obersten Princip abhängen, dies sei ihre Ursache und ihr Princip; indessen die Beziehung zwischen ihnen ist doch keine so enge, dass aus der Erkenntnis des einen auch die Erkenntnis des andern folgte: und deshalb ist auch nicht zu fordern, dass sie in einer und derselben Wissenschaft untergebracht werden.

Dic. Inwiefern das?

Teo. Bedeutet doch die höchste Erkenntnis des obersten Princips und der obersten Ursache, welche wir aus der Erkenntnis aller abhängigen Dinge ableiten können, gegen jenes gehalten, immer noch weniger als eine blosse Spur. Denn das All entspringt aus dem Willen oder der Güte desselben; diese ist das Princip seines Wirkens, und aus ihm geht die Gesamtheit aller Wirkungen hervor. Das Gleiche lässt sich bei Kunstwerken beobachten. Wer die Statue sieht, sieht nicht den Bildhauer, wer das Bild der Helena sieht, nicht den Apelles, sondern nur das Product seiner Thätigkeit. Diese entspringt zwar aus der Grösse seines Genies; dennoch ist dies alles nur eine Wirkung der Accidentien und Beschaffenheiten an der Substanz jenes Mannes, der, was sein Wesen an sich anbetrifft, durchaus unerkannt bleibt.

Dic. Das Universum erkennen hiesse demnach so viel, als von dem Wesen und der Substanz der obersten Ursache gar nichts erkennen; es hiesse vielmehr nur: die Accidentien der Accidentien erkennen.

Teo. Ganz recht; aber ich möchte nicht, dass ihr euch einbildetet, ich meinte, in Gott gäbe es Accidentien, oder er könne durch das, was gleichsam Accidenz an ihm ist, erkannt werden.

Dic. Dazu traue ich euch doch zu viel Verstand zu und weiss wohl, dass es ganz etwas andres ist, sagen, dass jedes Ding, welches aussergöttlicher Natur ist, Accidenz sei, etwas anderes, es sei Accidenz an ihm, etwas anderes, es sei **gleichsam** seine Accidenz. Mit diesem letzten Ausdruck, glaube ich, meint ihr, dass es Wirkungen der göttlichen Thätigkeit sind, welche zwar die Substanz der Dinge, oder vielmehr die natürlichen Substanzen selbst sind, aber wo es darauf ankommt, uns zu einer adäquaten Erkenntnis des göttlichen übernatürlichen Wesens zu verhelfen, doch nur entferntesten Accidenzen gleichen.

Teo. Sehr richtig.

Dic. Mithin können wir von der göttlichen Substanz gar nichts wissen, sowohl weil sie unendlich, als weil sie von den Wirkungen, welche die äusserste Grenze des Gebietes unseres Verstandesvermögens darstellen, sehr weit entfernt ist; höchstens können wir von ihr nur etwas im Sinne einer Spur erkennen, wie die Platoniker, einer entfernten Wirkung, wie die Peripatetiker, einer Hülle, wie die Cabalisten sagen; wir können ihr gleichsam von hinten nachschauen, nach dem Ausdruck der Talmudisten, oder sie im Spiegel, im Schatten, im Räthsel sehen, nach dem Ausdruck der Theosophen.

Teo. Noch mehr. Weil wir dies Universum, dessen Substanz und hauptsächlicher Inhalt so schwer zu begreifen ist, nicht einmal vollständig übersehen, so erkennen wir das oberste Princip und die oberste Ursache aus ihrer Wirkung noch weit weniger, als Apelles aus den von ihm geformten Gestalten erkannt werden kann: denn diese können wir ganz übersehen und Theil für Theil prüfen, aber nicht so das grosse und unendliche Werk der göttlichen Macht. Deshalb darf man auch bei dem von uns gebrauchten Bilde die Analogie nur mit Einschränkung verstehen.

Dic. Ganz recht; grade so verstehe ich es auch.

Teo. Es wird also gut sein, sich des Sprechens von einem so hohen Gegenstande zu enthalten.

Dic. Das meine ich auch, weil es für Moral und Theologie genügt, das oberste Princip so weit zu erkennen, als die höheren Mächte es uns offenbart und die gottgesandten Männer es uns verkündigt haben. Ueberdies lehrt nicht nur jedes Gesetz und jede Theologie, sondern auch jede gesunde Philosophie, dass es das Zeichen eines ungeweihten und unbesonnenen Geistes ist, über jene Dinge, die über die Sphäre unserer Vernunft hinausliegen, in

maassloser Unbesonnenheit Untersuchungen anzustellen
und sich feste Begriffe darüber bilden zu wollen.

Teo. Gut; aber so tadelnswerth diese sind, diejenigen [4]
verdienen gleichwohl das höchste Lob, welche sich um
die Erkenntnis dieses Princips und dieser Ursache bemühen,
um seine Grösse zu erfassen, so weit es möglich
ist, indem sie mit den Blicken eines maassvoll geordneten
Gemüthes jene prächtigen Gestirne und flammenden
Körper überschauen, welche ebensoviele bewohnte Welten,
gewaltige Organismen, herrliche Gottheiten sind und
welche unzählbare Welten zu sein scheinen und wirklich
sind, ganz ähnlich derjenigen, welche uns umschliesst.
Sie können unmöglich das Sein von sich selber haben,
weil sie ja zusammengesetzt und zerstörbar sind, wenn sie
auch, wie im Timaeus gut bemerkt ist, nicht gerade deshalb
unterzugehen verdienen. Sie müssen also nothwendig
das Princip und die Ursache erkennen und folglich
mit der Grösse ihres Seins, Lebens und Wirkens im
unendlichen Raum mit unzähligen Stimmen die unendliche
Herrlichkeit und Majestät ihres obersten Princips und
ihrer obersten Ursache bezeugen und verkündigen. Wir
unterlassen also eurer Meinung entsprechend diese Untersuchung,
sofern sie über jeden Sinn und Verstand hinaus
geht, und wollen vom Princip und der Ursache handeln,
sofern die Natur entweder selber ihre Spur ist oder sie
doch in ihrem Umfange und Schoosse wiederstrahlt.
Ihr also fragt mich in rechter Ordnung, wenn ihr wollt,
dass ich euch in rechter Ordnung antworten soll.

Dic. So sei's. Aber zuerst möchte ich, weil ihr [5]
Ursache und Princip zu sagen pflegt, wissen, ob ihr
diese beiden Wörter in gleicher Bedeutung gebraucht?

Teo. Nein.

Dic. Mit welchem Unterschiede also?

Teo. Wenn wir Gott oberstes Princip und wenn
wir ihn oberste Ursache nennen, so meinen wir eine und
dieselbe Sache in verschiedener Beziehung; wenn wir
aber von Principien und Ursachen in der Natur sprechen,
so meinen wir verschiedene Dinge in verschiedenen Beziehungen.
Wir nennen Gott oberstes Princip, insofern
alle Dinge nach bestimmter Reihenfolge des früher und
später, oder nach Natur, Dauer, Würdigkeit ihm nachstehen.
Wir nennen Gott erste Ursache, insofern alle Dinge

von ihm unterschieden sind wie die Wirkung vom Wirkenden, das Hervorgebrachte vom Hervorbringenden. Diese beiden Bedeutungen nun sind deshalb verschieden, weil nicht jedes Ding, welches höher steht und werthvoller ist, die Ursache des niedriger stehenden und werthloseren ist, und weil nicht jedes Ding, welches Ursache ist, zeitlich früher und werthvoller ist, als das Verursachte, wie man bei näherer Ueberlegung leicht einsieht.

Dic. Nun erklärt euch doch auch über den Unterschied zwischen Ursache und Princip bei Gegenständen der Natur.

Teo. Zuweilen wird wohl der eine Ausdruck statt des anderen gebraucht; nichtsdestoweniger ist in strengem Sprachgebrauch nicht jedes, was Princip ist, auch Ursache. So ist der Punkt wohl Princip der Linie, aber nicht ihre Ursache; der Augenblick wohl das Princip der Thätigkeit, der *Terminus a quo* das Princip der Bewegung, und doch nicht ihre Ursache; die Vordersätze sind das Princip des Beweisverfahrens, aber nicht seine Ursache; Princip ist also ein umfassenderer Ausdruck als Ursache.

Dic. Indem ihr die beiden Ausdrücke, wie Freunde eines strengen Sprachgebrauchs pflegen, auf bestimmte eigentliche Bedeutungen beschränkt, so wollt ihr, verstehe ich euch recht, dass dasjenige als Princip gelte, was innerlich zu der wesentlichen Erzeugung der Sache beiträgt und in dem Product vorhanden bleibt, z. B. Materie und Form, die in dem aus ihnen Zusammengesetzten vorhanden bleiben, oder auch die Elemente, aus denen das Ding sich zusammensetzt, und in die es sich wieder auflöst; Ursache dagegen nennt ihr das, was äusserlich zur Hervorbringung des Dinges beiträgt, sein Wesen aber ausserhalb der Zusammensetzung hat, wie die bewirkende Ursache und der Zweck, auf den es bei dem Hervorgebrachten abgesehen ist.

Teo. Ganz richtig.

Dic. Da wir nun über diesen Unterschied klar sind, so wünsche ich, dass ihr eure Aufmerksamkeit erst auf die Ursachen und dann auf die Principien richtet, und was die Ursachen anbetrifft, so möchte ich zunächst von der ersten bewirkenden Ursache, von der Formursache, welche, wie ihr sagt, mit der bewirkenden verbunden ist, demnächst von der Zweckursache hören, welche man als diejenige betrachtet, die jene in Bewegung setzt.

Teo. Euer Vorschlag für den Gang der Untersuchung sagt mir sehr zu. Was nun die bewirkende Ursache betrifft, so halte ich für die physische allgemeine bewirkende Ursache die allgemeine Vernunft, das oberste und hauptsächlichste Vermögen der Weltseele, welche des Weltalls allgemeine Form ist.

Dic. Das scheint der Meinung des Empedokles zu entsprechen, aber zugleich sicherer, deutlicher und reicher entwickelt, und überdies, soviel die blosse Benennung erkennen lässt, tiefer zu sein. Ihr werdet uns also einen Gefallen thun, wenn ihr die Grundansicht im einzelnen durchführen wollt, und zuerst sagt, was jene universelle Vernunft sei.

Teo. Die universelle Vernunft ist das innerste, wirklichste und eigenste Vermögen und der Theil der Weltseele, der ihre Macht bildet. Sie ist ein Identisches, welches das All erfüllt, das Universum erleuchtet und die Natur unterweist, ihre Gattungen, so wie sie sein sollen, hervorzubringen. Sie verhält sich demnach zur Hervorbringung der Dinge in der Natur, wie unsere Vernunft sich zur entsprechenden Hervorbringung der sinnvollen Gestalten verhält. Sie wird von den Pythagoreern der Beweger und Erreger des Universums genannt, wie der Dichter es in den Worten ausdrückt:

..... Durch alle Glieder ergossen,
Treibt die Vernunft die Masse des Alls und durchdringet
den Körper.

Von den Platonikern wird sie der Weltbaumeister genannt. Dieser Baumeister, sagen sie, tritt aus der höheren Welt, welche völlig eins ist, in diese sinnliche Welt hinüber, welche in die Vielheit zerfallen ist, wo wegen der Trennung der Theile nicht nur die Freundschaft, sondern auch die Feindschaft herrscht. Diese Vernunft bringt alles hervor, indem sie, selbst sich ruhig und unbeweglich erhaltend, etwas von dem ihrigen in die Materie eingiesst und ihr zutheilt. Sie wird von den Magiern der fruchtbarste der Samen, oder auch der Säemann genannt; denn sie ist es, welche die Materie mit allen Formen erfüllt, sie nach der durch die letzteren gegebenen Weise und Bedingung gestaltet und mit jener Fülle bewunderungswürdiger Ordnungen durchwebt, die nicht dem Zufall noch sonst einem Prinzip zugeschrieben werden können, welches nicht zu scheiden und zu ordnen verstände. Orpheus nennt sie das Auge der Welt, weil sie die Dinge in der Natur innerlich und äusserlich überschaut, damit alles nicht bloss innerlich, sondern auch äusserlich sich in dem ihm eigenthümlichen Ebenmaasse erzeuge und erhalte. Von Empedokles wird sie der Unterscheider genannt, weil sie niemals müde wird, die ordnungslos durcheinandergeworfenen Formen in dem Schoosse der Materie zu sondern und aus dem Untergang des einen das andere sich erzeugen zu lassen. Plotin nennt sie den Vater und Urzeuger, weil sie die Samen auf dem Gefilde der Natur verstreut und der nächste Austheiler der Formen ist. Wir nennen sie den inneren Künstler, weil sie die Materie formt und von innen heraus gestaltet, wie sie aus dem Innern des Samens oder der Wurzel dem Stamm hervorlockt und entwickelt, aus dem Innern des Stammes die Aeste treibt, aus dem Innern der Aeste die Zweige gestaltet, aus dem Innern dieser die Knospen bildet, von innen heraus wie aus einem innern Leben die Blätter, Blüthen, Früchte formt, gestaltet und verflicht, und von innen wieder zu bestimmten Zeiten die Säfte aus Laub und Früchte in die Zweige, aus den Zweigen in die Aeste, aus den Aesten in den Stamm, aus dem Stamm in die Wurzel zurückleitet. Und ebenso bei den Thieren. Da entfaltet sie ihr Werk aus dem ursprünglichen Samen und aus dem Centrum des Herzens bis in die äusseren Gliedmaassen, und indem sie die entfalteten Vermögen zuletzt wieder aus diesen nach dem Herzen zu sammelt, wirkt sie gerade, als wäre sie schon dahin gelangt, die aufgespannten Fäden*) wieder aufzuwickeln. Wenn wir nun glauben, dass das tote Gebilde nicht ohne Einsicht und Vernunft hervorgebracht wird, welches wir nach bestimmtem Plane nachahmend auf der Oberfläche der Materie hervorzubringen verstehen, indem wir etwa ein Holz schälend und schnitzend das Bild eines Pferdes zu Stande bringen: wie viel grösser müssen wir uns die Vernunft desjenigen Künstlers vorstellen, der aus dem Innern der samenartigen Materie heraus das Knochengerüste aufbaut, die Knorpel spannt,

---

*) Es scheint gelesen werden [zu müssen: *le distese fila* statt *le già distese fila*.

die Röhrchen der Adern aushöhlt, die Poren mit Luft
füllt, das Gewebe der Fasern, die Verzweigung der Nerven
herstellt und mit so bewundernswürdiger Meisterschaft
das Ganze ordnet? Ein wie viel grösserer Künstler, sage
ich, ist der, welcher nicht an einen einzelnen Theil der
Materie gebunden ist, sondern fortwährend alles in allem
wirkt? Es giebt drei Arten der Vernunft: die göttliche
Vernunft, welche alles ist; die eben besprochene Vernunft
der Welt, welche alles macht; die Vernunft der einzelnen
Dinge, welche alles wird. Denn zwischen den Extremen
muss es dieses Mittlere geben, welches aller Dinge in der
Natur wahre bewirkende Ursache und nicht bloss äusser-
liche, sondern auch innerliche Ursache ist.

Dic. Ich möchte, ihr unterschiedet, in welchem Sinne
ihr sie als äussere und in welchem als innere Ursache
bezeichnet.

Teo. Ich nenne sie äussere Ursache, sofern sie als
hervorbringende nicht ein Theil der Zusammensetzung und
der hervorgebrachten Dinge ist; sie ist inwendige Ursache,
sofern sie nicht auf die Materie und ausser ihr wirkt,
sondern so, wie ich eben dargelegt habe. Daher ist sie
äussere Ursache durch ihr von der Substanz und Wesenheit des Gewirkten unterschiedenes Sein, weil also ihr
Sein nicht gleich dem von erzeugbaren und zerstör-
baren Dingen ist, wenn sie auch in denselben thätig ist:
innerliche Ursache ist sie in Bezug auf die Wirkungsform
ihrer Thätigkeit.

Dic. Was ihr von der bewirkenden Ursache gesagt
habt, scheint zu genügen; nun möchte ich weiter von der
formalen Ursache hören, welche eurer Meinung nach mit
der bewirkenden in Verbindung steht. Ist sie vielleicht
der ideale Begriff? Denn jedes Wirkende, welches nach
vernünftigen Gesetzen thätig ist, tritt in Wirksamkeit nicht
anders, als nach einer Absicht; diese aber giebt es nicht
ohne Vorstellung eines Dinges, und diese wieder ist nichts
anders als die Form des hervorzubringenden Dinges selber.
Deshalb muss diese Vernunft, welche das Vermögen hat,
alle Gattungen hervorzubringen und sie in so herrlichem
Aufbau aus dem Vermögen der Materie zur Wirklichkeit
hervorzulocken, nothwendig schon vorher alle in bestimmtem
formalem Begriff in sich haben. Ohne sie könnte das
Wirkende eben so wenig zu seiner Thätigkeit gelangen,

wie es dem Bildhauer möglich ist, verschiedene Statuen auszuführen, ohne zuvor verschiedene Gestalten ersonnen zu haben.

Teo. Ihr zeigt ein vortreffliches Verständnis. Aus diesem Grunde eben will ich, dass man zwei Arten von Formen ins Auge fasse: die eine, welche zwar Ursache ist, aber nicht schon die bewirkende Ursache selber, sondern die, um deren willen die bewirkende thätig ist; die andere das Princip, welches durch die bewirkende Ursache aus der Materie zur Thätigkeit erweckt wird.

Dic. Der Zweck und die Endursache, welche sich die bewirkende vorsetzt, ist die Vollkommenheit des Universums, und diese besteht darin, dass in den verschiedenen Theilen der Materie alle Formen actuelle Existenz haben. An diesem Ziele ergötzt und erfreut sich die Vernunft so sehr, dass sie niemals müde wird, alle Arten von Formen aus der Materie hervorzulocken. So lehrt, wie es scheint, auch Empedokles.

Teo. Sehr richtig; und ich füge hinzu, dass so wie die bewirkende Ursache im All als allgemeine und in den Theilen und Gliedern des Alls als specielle und besondere erscheint, eben so auch ihre Form und ihr Zweck sich darstellt.

Dic. Von den Ursachen mag dies genügen; gehen wir weiter zu den Principien.

Teo. Um also zu den die Dinge constituirenden Principien zu kommen, will ich zuvor von der Form reden, weil sie in gewisser Weise mit der schon genannten bewirkenden Ursache identisch ist; denn die Vernunft, welche ein Vermögen der Weltseele ist, ist die nächste bewirkende Ursache aller Dinge in der Natur genannt worden.

Dic. Aber wie kann eines und dasselbe Princip und Ursache der Dinge in der Natur sein? Wie kann es zugleich wie ein innerer und wie ein äusserer Theil sich verhalten?

Teo. Ich antworte, dass darin nichts widersprechendes liegt, wenn man nur erwägt, dass die Seele im Leibe ist, wie der Steuermann im Schiff. Der Steuermann, sofern er sich mit dem Schiffe zugleich bewegt, ist ein Theil desselben; aber bedenkt man weiter, dass er es lenkt und bewegt, so denkt man ihn nicht als einen Theil, sondern als ein vom Ganzen unterschiedenes Wirkendes. So ist die Weltseele, insofern sie belebt und gestaltet, der inwendige und formale Theil der Welt; aber sofern sie leitet und regiert, ist sie nicht ein Theil der Welt und verhält sich zu ihr nicht wie ein Princip, sondern wie eine Ursache. Dies gesteht uns Aristoteles selber zu. Denn, obwohl er bestreitet, dass die Seele dasselbe Verhältnis zum Leibe habe, wie der Steuermann zum Schiffe, so wagt er dennoch in Erwägung ihres Vermögens zu verstehen und zu begreifen keineswegs, sie schlechtweg einen Actus und eine Form ihres Leibes zu nennen, sondern als ein seinem Wesen nach von der Materie getrenntes Agens nennt er sie etwas, was von aussen hinzutritt, sofern ihre Substanz von dem Zusammengesetzten völlig verschieden ist.

D i c. Ich stimme dem ganz zu. Denn wenn es dem intellectuellen Vermögen unserer Seele zukömmt, etwas vom Körper getrenntes zu sein und sich wie die bewirkende Ursache zu verhalten, so muss dies noch viel mehr von der Weltseele gelten. Deshalb bemerkt Plotin in der Schrift gegen die Gnostiker, dass die Weltseele das Universum mit grösserer Leichtigkeit regiert, als unsere Seele unseren Leib. Sodann ist ein grosser Unterschied zwischen der Art und Weise, mit welcher diese und mit welcher jene regiert. Jene lenkt die Welt, nicht als wäre sie an sie gefesselt, sondern so, dass sie durch das, was sie beherrscht, selbst nicht gebunden wird; sie leidet nicht von andern Dingen, noch mit andern Dingen; sie erhebt sich ohne Hindernis zu den oberen Dingen. Indem sie ihrem Leibe Leben und Vollkommenheit verleiht, nimmt sie doch von ihm keinerlei Unvollkommenheit an und ist deshalb ewig mit einem und demselben Gegenstande verbunden. Dagegen ist diese offenbar von entgegengesetzter Beschaffenheit. Wenn nun euren Grundsätzen nach die Vollkommenheiten, welche in den niederen Naturen vorhanden sind, den höheren Naturen in erhabnerer Weise zugeschrieben und in ihnen wiedererkannt werden müssen, so müssen wir ohne Zweifel den von euch gemachten Unterschied gelten lassen. Und nicht nur in Bezug auf die Weltseele findet es seine Bestätigung, sondern auch in Bezug auf jedes der Gestirne, die wie der oben genannte Philosoph lehrt, alle das Vermögen haben, Gott, die Principien

aller Dinge und die Ordnung aller Theile des Weltalls
zu schauen. Und zwar nimmt er an, dass dies nicht in
der Form des Gedächtnisses, des Verstandes und der Ueberlegung geschehe. All ihr Wirken ist vielmehr ein ewiges
Wirken, und es giebt für sie kein neues Thun. Deshalb
thun sie nichts, was nicht dem Ganzen angemessen, vollkommen, in bestimmter und zum voraus festgesetzter
Ordnung geschähe ohne einen Act des Nachdenkens.
Aristoteles führt dafür das Beispiel eines vollkommenen
Schreibers und Citherspielers an, indem er den Nachweis
führen will, dass man der Natur nicht deshalb Vernunft
und Endabsicht absprechen dürfe, weil sie keine Erwä-
gungen und Ueberlegungen anstellt. Denn ein ausge-
bildeter Musiker und Schreiber braucht, ohne deshalb Fehler
zu begehen, weniger auf das, was er thut, aufzumerken, als
ein minder geschickter und minder geübter, der mit grösserer
Spannung und Aufmerksamkeit seine Arbeit doch weniger
vollkommen und nicht ohne Fehler zu Stande bringt.

[8]   Teo. Ganz richtig. Lass uns nun mehr ins Einzelne eingehen. Die göttliche Vortrefflichkeit und Herrlichkeit dieses gewaltigen Organismus, dieses Abbildes
des obersten Princips, scheinen mir diejenigen zu beein-
trächtigen, welche nicht einsehen noch anerkennen wollen, dass die Welt mit ihren Gliedern belebt ist; als ob
Gott sein Abbild beneidete, der Baumeister sein herr-
liches Werk nicht liebte, welcher nach Plato's Ausdruck
an seinem Werke Wohlgefallen hatte wegen der Aehnlichkeit mit sich, die er in ihm erblickte. Und für-
wahr, was kann sich den Augen der Gottheit Schöneres
darbieten als dieses Universum? und wenn dasselbe aus
seinen Theilen besteht, welchen von ihnen muss man
höher stellen, als das formale Princip? Ich überlasse
einer besseren und mehr ins einzelne gehenden Auseinandersetzung tausend aus der Physik entnommene Gründe
neben diesen, die der Topik und Logik angehören.

Dic. Meinethalb braucht ihr euch damit nicht zu
bemühen. Giebt es doch keinen Philosophen von einigem
Rufe, selbst unter den Peripatetikern, der sich nicht das
All und seine Sphären in gewisser Weise als beseelt
dächte. Jetzt möchte ich lieber eure Ansicht darüber
hören, auf welche Weise diese Form sich in die Materie
des Universums einsenkt.

Teo. Sie verbindet sich mit ihr so, dass die Natur des Körpers, welche an sich nicht schön ist, nach dem Maasse ihrer Fähigkeit an ihrer Schönheit theilnimmt; denn es giebt keine Schönheit, die nicht in einer gewissen Gestalt oder Form bestände, und keine Form, die nicht von der Seele hervorgebracht wäre.

Dic. Ich glaube da etwas sehr neues zu hören. Ist [9] es etwa eure Meinung, dass nicht nur die Form des Universums, sondern die Formen aller Dinge in der Welt seelenhaft seien?

Teo. Ja.

Dic. Also sind alle Dinge beseelt?

Teo. Ja.

Dic. Wer wird euch das zugeben?

Teo. Wer wird es mit Grund verneinen können?

Dic. Es ist allgemeine Meinung, dass nicht alle Dinge belebt sind.

Teo. Die allgemeinere Meinung ist nicht auch die wahrere Meinung.

Dic. Ich glaube gern, dass sich der Satz vertheidigen lässt. Aber um etwas für wahr gelten zu lassen, genügt es nicht, dass es sich allenfalls vertheidigen lasse· es muss vielmehr bewiesen werden können.

Teo. Das ist nicht schwer. Giebt es nicht Philosophen, welche behaupten, dass die Welt selber beseelt sei? ¤

Dic. Gewiss, viele und sehr bedeutende.

Teo. Nun, warum sollten dieselben nicht auch behaupten, dass alle Theile der Welt beseelt sind? ¤

Dic Gewiss, sie behaupten es auch, aber nur von den hauptsächlichsten Theilen und denen, welche wahrhafte Theile der Welt sind; behaupten sie doch, dass die Weltseele gerade ebenso ganz in der ganzen Welt und ganz in jedem beliebigen Theile derselben ist, wie die Seele der uns wahrnehmbaren lebenden Wesen in jedem Theile derselben ganz ist.

Teo. Von welchen meint ihr denn aber, dass sie nicht wahrhafte Theile der Welt sind?

Dic. Diejenigen, welche nicht, wie die Peripatetiker sagen, „erste Körper" sind, in dem Sinne, wie es z. B. die Erde ist mit ihren Gewässern und ihren übrigen Bestandtheilen, die eurem Ausdrucke nach wesentliche Theile ihres Organismus sind, oder wie der Mond, die Sonne und andere Körper. Ausser diesen hauptsächlichsten beseelten Wesen giebt es andere, welche keine ursprünglichen Theile des Universums sind, und von denen man den einen eine vegetative, den andern eine empfindende, wieder andern eine vernünftige Seele zuschreibt.

Teo. Aber wenn die Seele deshalb, weil sie im Ganzen ist, auch in den Theilen sein muss, warum gebt ihr nicht zu, dass sie auch in den Theilen der Theile sei?

Dic. Ich will es zugeben, aber nur in den Theilen der Theile der beseelten Dinge.

Teo. Welche sind nun jene Dinge, die nicht beseelt oder keine Theile von beseelten Dingen sind?

Dic. Scheint es euch wirklich, dass wir so wenige dieser Art vor Augen haben? Alle Dinge, welche ohne Leben sind.

Teo. Und welches sind die Dinge, welche kein Leben und nicht zum wenigsten ein Lebensprincip haben?

Dic. Um zum Schlusse zu kommen: nehmt ihr denn an,*) dass es überhaupt kein Ding gebe, welches keine Seele, und nicht zum wenigsten ein Princip und einen Keim des Lebens in sich hätte?

Teo. Das gerade ist es, was ich ohne allen Abzug will.

Pol. Also ein todter Leichnam hat noch eine Seele? Also meine Schuhe, meine Pantoffeln, meine Stiefel, meine Sporen, mein Fingerring und meine Handschuhe sollen beseelt sein? Mein Rock und mein Mantel sind beseelt?

Gerv. Ja, lieber Herr, ja, Magister Poliinnio; warum denn nicht? Ich glaube gewiss, dass dein Rock und dein Mantel beseelt ist, weil ein Thier wie du darin steckt; Stiefel und Sporen sind beseelt, weil sie die Füsse umschliessen; der Hut ist beseelt, weil er den Kopf umschliesst, der doch wohl nicht ohne Seele ist; und der Stall ist auch beseelt, wenn das Pferd, das Maulthier oder auch eure Herrlichkeit darin sind. Versteht ihr es nicht so, Teofilo? Scheint euch nicht, dass ich euch besser verstanden habe, als der *dominus magister*?

---

*) *Wagner, Opp. it.* I. p. 240 liest: *Volete dunque, che in generale non sia cosa etc.* Wir übersetzen nach der Lesart der ursprünglichen Ausgabe von 1584: *Per conchiuderla, volete voi che non sia cosa etc.* De Lagarde p. 236.

Pol. *Cujum pecus?* Es giebt doch wirklich über und über spitzfindige Esel! Bist du so frech, du Gelbschnabel, du A-b-c-Schütz, dich mit einem Schulhaupt und Leiter einer Werkstätte der Minerva, wie ich bin, zu vergleichen?

Gerv. Friede sei mit euch, o Herr Magister! Ich bin der Knecht deiner Knechte, der Schemel deiner Füsse!

Pol. Verdamme dich Gott von Ewigkeit zu Ewigkeit!

Dic. Keinen Zank! Ueberlasst es uns, diese Sachen auszumachen.

Pol. So möge denn Teofilo im Vortrag seiner Dogmata fortfahren!

Teo. Das will ich thun. Ich sage also, dass der Tisch als Tisch, das Kleid als Kleid, das Leder als Leder, das Glas als Glas allerdings nicht belebt ist. Aber als natürliche und zusammengesetzte Dinge haben sie in sich Materie und Form. Das Ding sei nun so klein und winzig wie es wolle, es hat in sich einen Theil von geistiger Substanz, welche, wenn sie das Substrat dazu angethan findet, sich danach streckt, eine Pflanze, ein Thier zu werden, und sich zu einem beliebigen Körper organisirt, welcher gemeinhin beseelt genannt wird. Denn Geist findet sich in allen Dingen, und es ist auch nicht das kleinste Körperchen, welches nicht einen ausreichenden Antheil davon in sich fasste, um sich beleben zu können.

Pol. So wäre denn alles, was ist, animalisch?

Teo. Nicht alle Dinge, welche eine Seele haben, heissen auch animalische Wesen.

Dic. So haben doch wenigstens alle Dinge Leben?

Teo. Ich gebe zu, dass alle Dinge in sich eine Seele, dass sie Leben haben der Substanz nach, freilich nicht der Thatsache und der Wirklichkeit nach in dem Sinne, wie sie alle Peripatetiker und diejenigen fassen, die vom Leben und von der Seele gewisse allzu grobsinnliche Definitionen geben.

Dic. Ihr zeigt, wie man mit Wahrscheinlichkeit die Ansicht des Anaxagoras aufrecht erhalten könne, welcher annahm, dass jegliches in jeglichem sei; denn wenn der Geist oder die Seele oder die universale Form in allen Dingen ist, so kann sich alles aus allem erzeugen.

Teo. Nicht bloss mit Wahrscheinlichkeit, sondern in voller Gewissheit. Denn dieser Geist findet sich in allen

Dingen. Sind sie nicht lebendig, so sind sie doch beseelt; sind sie nicht der Wirklichkeit nach für Beseeltheit und Leben empfänglich, so sind sie es doch dem Princip und einem gewissen primären Act von Beseeltheit und Leben nach. Mehr sage ich nicht; ich will nicht weiter auf die Eigenschaft vieler Krystalle und Edelsteine eingehen, welche zerbrochen und zerschnitten und in unregelmässige Stücke zerteilt, gewisse Kräfte haben, den Geist umzustimmen und neue Affecte und Begierden in der Seele, nicht bloss im Körper hervorzubringen. Nun wissen wir, dass solche Wirkungen nicht aus rein materiellen Eigenschaften hervorgehen, noch hervorgehen können, sondern nothwendig sich auf ein auf Belebtheit und Beseeltheit hindeutendes Princip beziehen. Wir sehen dasselbe ferner deutlich an erstorbenen Kräutern und Wurzeln, welche die Feuchtigkeiten reinigend und sammelnd, die Geister umstimmend, offenbare Lebenswirkungen zeigen. Ich übergehe, dass — und nicht ohne Grund — die Nekromanten viele Dinge durch Todtengebeine zu bewirken hoffen, und dass sie glauben, dieselben behielten, wenn auch nicht dieselbe, doch eine Art von Lebensfunction, welche ihnen zu jenen ausserordentlichen Wirkungen verhelfen könne. Anderswo werde ich Anlass haben, ausführlicher über den Verstand, den Geist, die Seele, das Leben zu reden, das alles durchdringt, in allem ist und die ganze Materie bewegt, ihren Schooss erfüllt und sie wohl bewältigt, aber nicht von ihr bewältigt wird; kann doch die geistige Substanz nimmer von der materiellen überwunden werden, sondern hält vielmehr diese in Schranken.

Dic. Das scheint mir nicht nur der Meinung des Pythagoras zu entsprechen, die der Dichter wiedergiebt, wenn er sagt:

Himmel und Erde von Anfang her und die feuchten Gefilde,
Dich auch, strahlendes Rund des Monds, dich, leuchtende Sonne,
Innen belebt ein Geist, und durch die Glieder ergossen
Ist's die Vernunft, die die Masse bewegt und das Ganze durchdringet,

sondern auch der Meinung des Gottesgelehrten, welcher sagt: „Der Geist durchdringt und erfüllt die Erde, und er ist es, der das All umfasst."*) Und ein andrer, vielleicht von dem Verhältnis der Form zu der Materie und der Potenz sprechend, sagt, dass diese von dem Actus und von der Form überwältigt wird.

Teo. Wenn also Geist, Seele, Leben sich in allen [10] Dingen vorfindet und in gewissen Abstufungen die ganze Materie erfüllt, so ist der Geist offenbar die wahre Wirklichkeit und die wahre Form aller Dinge. Die Weltseele ist also das constituirende Formalprincip des Universums und dessen, was es enthält; d. h. wenn das Leben sich in allen Dingen findet, so ist die Seele Form aller Dinge; sie ist überall die ordnende Macht für die Materie und herrscht in dem Zusammengezetzten; sie bewirkt die Zusammensetzung und den Zusammenhalt der Theile. Und**) deshalb scheint es, dass dauerndes Bestehen ebensowohl dieser Form als der Materie zukommt. Jene verstehe ich als in allen Dingen eine; doch bringt sie je nach den Unterschieden in der Empfänglichkeit der Materie und dem Vermögen der thätigen und leidenden materiellen Principien verschiedene Gestaltungen hervor und bewirkt verschiedene Vermögen, hier blosse Lebensäusserung ohne Empfindung, dort Lebensäusserung mit Empfindung, aber ohne Vernunft; dort wieder scheint es, als habe sie alle diese Vermögen unterdrückt und zurückgedrängt, sei es wegen der Unfähigkeit der Materie oder aus einem anderen in derselben liegenden Grunde. Während diese Form so ihren Sitz und ihre wechselnde Gestalt ändert, kann sie unmöglich zu nichte werden, weil der geistigen Substanz nicht weniger dauerndes Sein zukommt als der materiellen. Also nur die äusseren Formen wechseln und werden sogar vernichtet, weil sie nicht Dinge, sondern an den Dingen, keine Substanzen, sondern an den Substanzen Accidenzien und Bestimmungen sind.

Pol. *Non entia, sed entium.*

Dic. Gewiss; wenn irgend etwas von den Substanzen zunichte würde, so würde die Welt sich entleeren.

Teo. Wir haben also ein immanentes Formprincip, [11] welches ewig und für sich bestehend unvergleichlich

---

*) Wir lesen: *et quello è che.* De Lagarde p. 237. In der Ausgabe von 1584 steht p. 50 Z. 13: *et quello che.* Wagner liest: *e quello, che.* Es ist die Stelle Weisheit Salomonis 1, 7.

**) Ausgabe v. 1584: *Et pero.* Wagner: *è però.*

□ besser ist als das, welches die Sophisten ersonnen haben, welche von der Substanz der Dinge nichts wissend immer nur bei den Accidenzien stehen bleiben und die Substanzen als zerstörbar setzen, weil sie Substanz im höchsten Sinne vor allem und hauptsächlich das nennen, was nur Resultat der Zusammensetzung ist. Und doch ist es nur das Accidens ohne Beständigkeit und Wahrheit, welches sich in nichts auflöst. Nach ihnen ist „Mensch" in wahrem Sinne das, was durch Zusammensetzung entsteht; „Seele" in wahrem Sinne das, was Entelechie und Act eines lebenden Körpers ist oder doch aus einem gewissen Ebenmaasse des verflochtenen Baus und der Organisation entspringt. Daher ist es kein Wunder, wenn sie so grossen Schrecken vor dem Tode und der Auflösung andern einflössen und selbst empfinden; ist es doch der Verlust des Daseins, was sie bedroht. Gegen diese Thorheit erhebt die Natur laut ihre Stimme, indem sie uns versichert, dass nicht der Körper, noch die Seele den Tod zu fürchten habe, weil sowohl die Materie als die Form schlechthin constante Principien sind.

□ O du Geschlecht, durchbebt vom eisigen Grauen des Todes,
Schreckt euch der Styx, schreckt euch das Dunkel nichtiger Namen,
Fabelnder Dichtung Stoff, und ersonnener Welten Gefahren?
Wisst, wenn flammende Gluth, wenn des Alters schleichende Schwäche
Hat die Leiber zerstört, nicht kennen sie Schmerzen noch Leiden;
Frei ist die Seele vom Tod; vielmehr die frühere Wohnung
Tauscht sie mit neuem Sitz und lebt und wirket in diesem.
Alles wechselt, doch nichts geht unter.

Dic. Damit scheint mir übereinzustimmen, was Salomo sagt, der unter den Hebräern für den weisesten
□ gilt: „Was ist das, was ist? Dasselbe, was gewesen ist. Was ist das, was gewesen ist? Dasselbe, was sein wird. Nichts neues unter der Sonne."*)

□ Pol. Diese Form, die ihr annehmt, ist also nicht etwas ihrem Wesen nach in der Materie existirendes und ihr anhängendes, und sie hängt auch nicht von dem Körper und der Materie ab, um zu bestehen?

---

*) Pred. Salom. 1, 9 ff.

Teo. So ist's; und überdies möchte ich nicht darüber entscheiden, ob auch nur alle Form von Materie begleitet ist, wie ich umgekehrt von der Materie mit aller Sicherheit behaupte, dass kein Theil derselben gänzlich von der Form verlassen ist, man müsste sie denn in logischem Sinne verstehen, wie Aristoteles es thut, der niemals müde wird, das was in Natur und Wirklichkeit ungesondert ist, im Verstande zu sondern.

Dic. Nehmt ihr nicht noch eine andere Form an ausser dieser ewigen Begleiterin der Materie?

Teo. Freilich, und zwar eine noch mehr der Natur eigene Form, nämlich die materielle Form, von welcher wir nachher handeln werden. Für jetzt merkt euch folgende Eintheilung der Form. Es giebt eine Art, die *forma prima*, welche gestaltend, räumlich ausgedehnt und von der Materie abhängig ist; diese ist in allem, weil sie das All gestaltet, und weil sie sich ausbreitet, theilt sie die Vollkommenheit des Ganzen den Theilen mit, und weil sie abhängig ist und durch sich keine Wirksamkeit übt, theilt sie die Thätigkeit des Ganzen und gleicherweise auch Namen und Sein desselben den Theilen mit. Dieser Art ist die materielle Form, wie z. B. die des Feuers; denn jeder Theil des Feuers wärmt, heisst Feuer und ist Feuer. Zweitens giebt es eine andere Art von Form, welche gestaltend und abhängig, aber nicht räumlich ausgedehnt ist; als solche ist sie, weil sie das Ganze vollendet und bewirkt, im Ganzen und in jedem Theile desselben. Weil sie aber ohne Ausdehnung ist, so theilt sie den wesentlichen Act des Ganzen[*)] den Theilen nicht mit; dagegen, weil sie abhängig ist, so theilt sie die **Wirkungsweise** des Ganzen den Theilen mit. Von dieser Art ist die vegetative und empfindende Seele. Denn kein Theil des Thieres ist selbst ein Thier, und nichtsdestoweniger lebt und empfindet ein jeder Theil. Drittens giebt es eine andre Art von Form, welche das Ganze bewirkt und vollendet, aber nicht ausgedehnt, noch in Bezug auf ihre Thätigkeit abhängig ist. Weil sie bewirkt und vollendet, ist sie im Ganzen, in allem und in jeglichem Theil. Weil sie ohne Ausdehnung ist, so theilt

---

[*)] Vielleicht ist dem Vorangegangenen und Folgenden entsprechend zu lesen: *la perfezione del tutto*, statt: *l'atto del tutto*.

sie die Vollkommenheit des Ganzen den Theilen nicht
mit; weil sie nicht abhängig ist, so theilt sie die Thätigkeit nicht mit. Von dieser Art ist die Seele, sofern sie
das intellectuelle Vermögen ausüben kann und intellectuell
heisst. Sie macht nicht in dem Sinne einen Theil des Menschen
aus, dass der Theil Mensch heissen könnte, oder ein
Mensch wäre, oder dass man von ihm sagen könnte, er
habe Verstand. Von diesen drei Arten ist die erste
materiell und kann ohne Materie nicht verstanden werden
noch existiren. Die andern beiden Arten, welche zuletzt
ihrer Substanz und dem Wesen nach in eins zusammen-
gehen, und welche sich in der vorher auseinandergesetzten
Art unterscheiden, nennen wir jenes formale, von dem
materialen Princip unterschiedene Princip.

Dic. Ich verstehe.

Teo. Ausserdem bitte ich zu beachten, dass wir
zwar nach der gewöhnlichen Weise fünf Stufen der Formen
aufzählen, nämlich Element, Mischung, Vegetatives,
Empfindendes und Vernünftiges, dass wir es aber nicht
in dem gewöhnlichen Sinne nehmen. Denn dieser Unterschied hat seine Geltung wohl in Bezug auf die Vermögen, welche an den Gegenständen erscheinen und aus
ihnen hervorgehen, aber nicht in Bezug auf das ursprüngliche und fundamentale Sein jener Form und jenes
geistigen Lebens, welches als eines und dasselbe, aber
nicht auf eine und dieselbe Weise das All erfüllt.

Dic. Ich verstehe. Die Form, die ihr als Princip
setzt, ist demnach substantielle Form, constituirt eine
vollkommene Art, ist eigner Gattung und kein Theil einer
Art, wie die der Peripatetiker.

Teo. So ist's.

Dic. Die Eintheilung der Formen in der Materie
geschieht nicht mit Rücksicht auf die zufälligen Beschaffenheiten, welche von der materiellen Form abhängen.

Dic. Richtig.

Teo. Daher wird auch diese gesonderte Form nicht
ein numerisch Vielfaches, weil jede solche numerische
Vielheit von der Materie abhängt.

Teo. Ganz richtig.

Dic. Ferner ist sie an sich unveränderlich, veränderlich erst durch die Gegenstände und die Verschiedenheiten der Stoffe. Obschon nun diese Form am Gegen-

stande Verschiedenheit des Theiles vom Ganzen bewirkt, so ist sie gleichwohl an sich im Theil und im Ganzen nicht verschieden, wenn ihr auch eine andere Weise zukommt, sofern sie für sich subsistirt, eine andere, sofern sie Actus und Vollendung irgend eines Gegenstandes ist, eine andere ferner mit Rücksicht auf einen so angelegten, eine andere mit Rücksicht auf einen anders angelegten Gegenstand.

Teo. Genau so.

Dic. Diese Form denkt ihr nicht accidentiell, noch der accidentiellen ähnlich, noch wie mit der Materie vermischt oder ihr äusserlich anhaftend, sondern gleichsam ihr immanent, mit ihr verbunden, ihr beiwohnend.

Teo. So meine ich's.

Dic. Ferner wird diese Form durch die Materie begrenzt und bestimmt. Denn während sie an sich die Fähigkeit hat, der Art nach unzählbare einzelne Wesen zu bilden, verengt sie sich dazu, ein Individuum zu bilden. Und von der andern Seite bestimmt sich das Vermögen der unbestimmten Materie, welche jede beliebige Form annehmen kann, auf eine Art, so dass jedes von beiden die Ursache der Bestimmung und Begrenzung des andern ist.

Teo. Ganz richtig.

Dic. Ihr stimmt also in gewisser Weise der Meinung des Anaxagoras bei, welcher die particulären Naturformen verborgene nennt, in gewisser Weise derjenigen Plato's, welcher sie aus den Ideen ableitet, in gewisser Weise derjenigen des Empedokles, welcher sie aus dem Intellect entspringen lässt; in gewisser Weise derjenigen des Aristoteles, der sie gleichsam aus dem Vermögen der Materie hervorgehen lässt?

Teo. Ja wohl; denn wie gesagt, wo die Form ist, ist in gewissem Sinne alles; wo Seele, Geist, Leben ist, ist alles. Der Bildner ist die Vernunft vermittelst der idealen Arten und der Formen; wenn die Vernunft die Formen nicht aus der Materie hervorlockt, so erbettelt sie sie doch auch nicht ausser ihr; denn dieser Geist „erfüllt das All".

Pol. Nun möchte ich wohl wissen, wie die Form die an allen Orten als Ganzes vorhandene Weltseele ist, sintemalen sie doch untheilbar ist? Sie muss also doch wohl über die Maassen gross, ja von unendlicher Extension sein, wenn du sagst, dass die Welt ein Infinitum ist.

Gerv. Damit hat es wohl seine Richtigkeit, dass sie gross ist. So sagte auch von unserm Heiland ein Prediger in Grandazzo auf Sicilien. Nämlich um anzudeuten, dass der Heiland in der ganzen Welt allgegenwärtig sei, liess er ein Crucifix anfertigen, so gross wie die Kirche, nach dem Bilde Gottes des Vaters, welcher das Empyreum zum Baldachin, den Sternenhimmel zum Thronsitz und so lange Beine hat, dass sie bis auf die Erde reichen, die ihm zum Schemel dient. Zu diesem Priester kam ein Bäuerlein, um ihn zu fragen, und sprach: Mein hochwürdiger Pater, wie viel Ellen Tuch werden wohl nöthig sein, um für ihn Socken zu machen? Und ein anderer meinte, alle Erbsen, Linsen, Fasolen und Bohnen von Melazzo und Nicosia würden nicht hinreichen, um seinen Wanst zu füllen. Seht also zu, dass diese Weltseele nicht auch nach dieser Façon gemacht sei.

Teo. Ich wüsste auf deinen Zweifel, Gervasio, nicht zu antworten, aber wohl auf den des Magister Poliinnio; doch werde ich im Gleichnis reden, um eurer beider Verlangen zu genügen; denn ich wünsche, dass auch ihr einige Frucht aus unsern Untersuchungen und Unterredungen davontragt. Wisst also in Kürze, dass die Weltseele und die Gottheit überall und in jedem Theile allgegenwärtig sind nicht in der Weise, wie irgend ein stoffliches Ding daselbs t sein kann; — denn das ist jedem Körper und jedem Geist unmöglich, welcher es auch sei; — sondern auf eine Weise, welche euch nicht leicht anders klar zu machen ist als folgendermaassen. Wenn es heisst, die Weltseele und die universale Form sind überall, so ist das nicht körperlich oder der Ausdehnung nach zu verstehen; — denn so sind sie und können sie auch nicht in einem Theile sein; — sondern sie sind geistig überall ganz. In einem allerdings rohen Gleichnisse werdet ihr euch eine Stimme vorstellen können, welche ganz in einem ganzen Zimmer und in jedem Theile desselben ist, denn man versteht sie ganz überall.*) So werden diese Worte, die ich spreche, ganz von allen verstanden, auch wenn

---

*) Vgl. Plotin, Enn. VI, 4,12 (ed. Kirchhoff, XXII. Vol. I. p. 175).

tausend anwesend wären, und meine Stimme, wenn sie über die ganze Welt reichen könnte, würde überall ganz sein. Euch also, Magister Poliinnio, sage ich, dass die Weltseele nichts untheilbares ist in dem Sinne wie der Punkt, sondern in gewisser Weise wie die Stimme. Und dir, Gervasio, antworte ich, dass die Gottheit nicht überall ist, wie der Gott von Grandazzo in seiner ganzen Kapelle ist; denn dieser, wenn er auch in der ganzen Kirche ist, ist doch nicht ganz in der ganzen Kirche, sondern hat den Kopf in dem einen, die Füsse in einem andern Theile, Arme und Rumpf wieder in andern Theilen: sondern sie ist ganz in jedem beliebigen Theile, wie meine Stimme in allen Theilen dieses Saales gehört wird.

Pol. Das hätt' ich denn bestens percipiret.

Gerv. Eure Stimme wenigstens habe ich percipirt.

Dic. Wohl möglich, was die Stimme anbetrifft; aber die verhandelte Sache möchte euch doch wohl zum einen Ohr hinein und zum andern wieder herausgegangen sein.

Gerv. Ich denke, dass sie auch nicht einmal hineingekommen ist; denn es ist spät, und die Uhr in meinem Bauche hat die Essensstunde geschlagen.

Pol. *Hoc est, id est,* das Gehirn *in patinis,* so zu sagen in den Schüsseln, haben.

Dic. So sei's denn genug! Morgen wollen wir zusammenkommen, um vielleicht von dem Materialprincip zu sprechen.

Teo. Entweder erwarte ich euch, oder ihr erwartet mich hier.

Dritter Dialog.

Gerv. Die Stunde ist doch schon da, und sie sind nicht gekommen! Weil ich eben nichts anderes vorhabe, was mich reizte, so möchte ich mir das Vergnügen gönnen, ihre Verhandlungen mit anzuhören. Dabei habe ich, ausser dass ich diesen oder jenen philosophischen Schachzug lernen kann, noch obendrein einen köstlichen Zeitvertreib an den Grillen, die in dem wunderlichen Gehirn jenes Pedanten, des Poliinnio, herumspuken. Erst erklärt er, er wolle darüber richten, wer gut redet, wer am besten disputirt, wer sich Widersprüche und Irrthümer im Philosophiren zu Schulden kommen lässt; und nachher, wenn die Reihe an ihm ist, seinen Part aufzusagen, weiss er nicht, was er vorbringen soll, und schüttelt in seiner windigen Schulfuchserei einen Salat von Sprüchwörtlein, von Redensarten auf lateinisch oder griechisch aus dem Aermel, die niemals zu dem was die andern sagen, die mindeste Beziehung haben. Jeder Blinde kann deshalb ohne allzu grosse Schwierigkeit sehen, was für ein grosser Narr er ist bei aller seiner Gelehrsamkeit, während andere in ihrem schlichten Menschenverstand Weise sind. Doch, da ist er ja bei meiner Treue! Wie er daher kommt, dass es scheint, als wisse er selbst die Bewegung seiner Schritte philosophisch zu regeln! Willkommen sei der dominus magister!

Pol. Aus diesem „Magister" mache ich mir sehr wenig; sintemalen in dieser abgeschmackten und verkehrten Zeit solcher Titul ebensowohl wie meines Gleichen auch jedem beliebigen Barbier, Professionisten und Sauschneider beigeleget wird; derohalben auch ergehet an uns der Rath: *Nolite vocari Rabbi!*

Gerv. Wie wollt ihr denn, dass ich euch anrede? Gefiele euch: „Hochehrwürdigster"?

Pol. Dieses conveniret denen Presbytern und dem Clero.

Gerv. So habt ihr vielleicht Sehnsucht nach dem Titel: „Erlauchtester"?

Pol. *Cedant arma togae!* Sothaner Titul gebühret mehr Leuten von ritterlichem Stande, sowie solchen vom Hofe.

Gerv. „Kaiserliche Majestät", — wie wär's?

Pol. *Quae Caesaris, Caesari!*

Gerv. Ei, so nehmt denn für euch das „domine" schlechtweg, mein Lieber; lasst den Schwerdonnernden, den *divûm pater* aus dem Spiel! Kommen wir auf uns; warum stellt ihr euch alle so spät ein?

Pol. Ich vermeine, die andern werden in irgend ein anderes Geschäft compliciret sein, gleich wie ich, um nicht diesen Tag ohne seine Linea vorüberzulassen, mich mit der Betrachtung des Conterfeis der Erdkugel abgegeben habe, was man so vulgariter einen Atlas benamset.

Gerv. Was habt ihr mit Atlanten zu schaffen?

Pol. Ich contemplire die Erdtheile, die Climate, Provinzen und Landschaften, die ich alle insgesammt nur idealiter in der Vorstellung, viele auch mit meinen Schritten perlustriret habe.

Gerv. Besser wär's, du hieltest ein wenig in dir selber Umschau; denn das, scheint mir, wäre dir viel wichtiger, und ich glaube, darum bemühst du dich allzu wenig.

Pol. *Absit verbo invidia;* ohne mich selber zu berühmen; denn auf jenem Wege gelange ich viel wirksamer dahin, mich selber zu erkennen.

Gerv. Wie möchtest du mir das beweisen?

Pol. Sintemalen man von der Betrachtung des Makrokosmus leicht — so man nämlich gebührendermaassen *per analogiam* weiter schliesset — zu der Erkenntnis des Mikrokosmus gelangen kann, dessen Theilchen den Theilen von jenem correspondiren.

Gerv. So fänden wir also in euch den Mond, den Mercur, und andre Sterne, Frankreich, Spanien, Italien, England, Calecut und andre Länder wieder?

Pol. *Quidni? Per quandam analogiam!*

Gerv. *Per quandam analogiam* glaube ich, dass ihr ein grosser Monarch seid; aber wenn ihr eine Dame wärt, so würde ich euch fragen, ob bei euch Platz ist, ein Büblein zu beherbergen, oder eines jener Pflänzchen aufzubewahren, von denen Diogenes sprach.

Pol. Ah, ah, *quodammodo facete!* Ein lustiger Spass! Aber solche Frage schickt sich nicht wohl für einen weisen und hochgelahrten Mann!

Gerv. Wenn ich ein Gelehrter wäre oder mich für weise hielte, würde ich nicht hierher kommen, um in Gemeinschaft mit euch zu lernen.

Pol. Mögt ihr doch! Ich komme nicht um zu lernen, denn nunmehro ist es meines Amtes zu lehren. Und sothanermaassen fällt es mir auch zu, solche die da 10 dociren wollen, zu judiciren. Ich komme daher in anderer Intention, als in der ihr kommen müsst, dieweil euch die Rolle des Anfängers, Neulings, Lehrlings so wohl conveniret.

Gerv. In welcher Intention denn?

Pol. Um zu judiciren, sage ich.

Gerv. In Wahrheit, eures gleichen steht es besser an als anderen, über Wissenschaften und Theorien euer Urtheil abzugeben, weil ihr die einzigen seid, denen die Freigiebigkeit der Gestirne und die Spendelaune des 20 Geschickes das Vermögen zuertheilt hat, aus den Worten den süssen Saft heraus zu destilliren.

Pol. Und in Folge dessen auch aus den *Sententiis,* welche mit den Worten verbunden sind.

Gerv. Wie die Seele mit dem Leibe.

Pol. So man nur die Worte richtig verstehet, so kann man auch den *Sensum* wohl erfassen. Derohalben entspringet aus der Kenntnis der Sprachen — und in dieser bin ich mehr bewandert als irgend ein anderer in dieser Stadt, und ich schätze mich für just so gelehrt, 30 als jeden anderen, der eine Stätte für den Dienst der Minerva offen hält, — also, was ich sagen wollte, aus der Kenntnis der Sprachen geht die Kenntnis jeder beliebigen Wissenschaft hervor.

Gerv. So werden also alle diejenigen, welche italienisch verstehen, die Philosophie des Mannes von Nola begreifen?

Pol. Jawohl, aber freilich gehört dazu auch noch sonst einige Fertigkeit und einiges Judicium.

Gerv. Mitunter ist mir der Gedanke gekommen, 40 diese Fertigkeit wäre eigentlich die Hauptsache. Kann doch einer, der kein Griechisch versteht, die ganze Lehre des Aristoteles verstehen und viele Irrthümer in ihr erkennen. Der Götzendienst, der mit dem Ansehen dieser Philosophen besonders in Bezug auf die Naturwissenschaft getrieben wird, ist ganz offenbar bei allen denen gänzlich beseitigt, welche die Lehren dieser andern Schule verstehen; und einer, der weder Griechisch noch Arabisch, vielleicht nicht einmal Lateinisch kennt, wie Paracelsus, kann die Natur der Heilmittel und der Heilkunst besser erkannt haben, als Galenus, Avicenna und alle, die sich in römischer Sprache vernehmen lassen. Die Philosophie und die Rechtswissenschaft geräth nicht in Verfall durch den Mangel an Worterklärern, wohl aber durch den Mangel an solchen, welche Gedanken gründlich zu erfassen mögen.

Pol. So zähltest du also einen Mann wie mich unter den ungebildeten Pöbel?

Gerv. Das wollen die Götter nicht! Weiss ich doch, dass vermöge der Kenntniss und des Studiums der Sprachen — und das ist gewiss etwas seltnes und ausgezeichnetes — nicht nur ihr, sondern alle euresgleichen sehr befähigt seid, über die Systeme ihr Urtheil abzugeben, nachdem ihr die Ansichten derer, die dergleichen auf die Bahn bringen, gehörig durchgesiebt habt.

Pol. Ihr redet da so wahr, dass ich mich leicht persuadire, ihr sagt das nicht ohne guten Grund; diesen zu expliciren möge euch, wie es euch nicht schwer sein wird, so auch nicht beschwerlich fallen.

Gerv. Ich will es thun; doch unterwerfe ich mich immer dem Richterstuhl eurer Einsicht und eurer Sprachkenntnis. Es ist ein vielgebrauchtes Sprichwort, dass diejenigen, die ausserhalb des Spieles sind, mehr davon verstehen als die, welche dabei betheiligt sind; diejenigen z. B., welche im Theater sind, urtheilen besser über den Gang der Handlung, als die Personen auf der Bühne; und eine Musik kann der besser durchkosten, der nicht zum Orchester oder den Sängern gehört. Aehnliches beobachtet man im Karten-, im Schachspiel, im Fechten und dergl. Und so ist's auch mit euch, ihr Herren Schulfüchse. Da ihr von jedem Eingreifen in die philosophische Forschung schlechtweg ausgeschlossen seid und niemals an Aristoteles oder Plato und ähnlichen irgend welchen Theil gehabt, könnt ihr sie besser beurtheilen und mit eurer silbenstechenden Selbstgenügsamkeit und dem Hochmuth eures Naturells verurtheilen, als der Nolaner, der sich auf dem Schauplatz selbst, in ihrem vertrauten Umgang und ihrer Freundschaft selber befindet, so dass er sie leicht bekämpft, nachdem er ihre innersten und tiefsten Meinungen erkannt hat. Ihr, sage ich, weil ihr ausserhalb jeder Handthierung von Ehrenmännern und ernsthaften Geistern steht, könnt sie natürlich besser beurtheilen.

Pol. Ich kann nicht so im Augenblick diesem unverschämten Menschen antworten. *Vox faucibus haesit!**)

Gerv. Dennoch sind eures Gleichen so anspruchsvoll, wie die anderen, die mit beiden Füssen drinnen stehn, es nicht sind; und insofern versichere ich euch, dass ihr gebührendermaassen euch das Amt anmaasst, dies zu billigen, jenes zu missbilligen, zu diesem eine Glosse zu machen, hier einen *locum parallelum* und ein Citat, dort einen Appendicem zu geben.

Pol. Dieser ignoranteste aller Menschen will daraus, dass ich in den schönen humanen Wissenschaften erfahren bin, schliessen, dass ich in der Philosophie ein Ignorant sei!

Gerv. Mein hochgelahrtester Herr Poliinnio, ich will sagen, dass wenn ihr alle Sprachen hättet, deren es, wie unsere Hauptredner angeben, zweiundsiebenzig giebt, ...

Pol. *Cum dimidia:* ist zu sagen, noch eine halbe mehr.

Gerv. ..... daraus nicht allein nicht folgt, dass ihr deshalb geschickter wäret, über Philosophen zu urtheilen, sondern noch mehr: damit beseitigt ihr nicht einmal die Möglichkeit, dass ihr das ungeschliffenste Vieh seid, welches irgend menschliches Antlitz trägt. Anderseits aber hindert nichts, dass einer, der kaum eine der Sprachen und überdies eine Bastardsprache kennt, der weiseste und gelehrteste Mann der ganzen Welt sei. Bedenkt doch nur, welche Erfolge zwei solche Männer errungen haben, der eine ein Franzos, ein Erzpedant, der Scholien über die freien Künste und Bemerkungen gegen Aristoteles geschrieben hat, der andere ein Italiener, ein wahrer Unflath von Pedantenthum, der so viel schönes Papier mit seinen *Discussiones peripateticae* besudelt hat.

---

*) *Virgil. Aen.* II, 774.

Jedermann sieht leicht, dass der erste mit grosser Beredsamkeit nachweist, wie wenig Verstand er hat, der zweite in einfacher Sprache zeigt, wie viel er von einem Rindvieh und Esel hat. Vom ersten können wir doch wenigstens sagen, dass er Aristoteles verstanden, aber übel verstanden hat, und wenn er ihn gut verstanden hätte, vielleicht das Genie gehabt haben würde, ihm einen ehrenvollen Krieg zu machen, wie ihn etwa der höchst scharfsinnige Telesius von Consentia geführt hat. Vom zweiten könnten wir nicht sagen, dass er ihn weder gut noch schlecht verstanden habe, sondern dass er ihn gelesen und wieder gelesen, genäht, aufgetrennt und mit tausend anderen griechischen Schriftstellern, Freunden und Feinden von ihm, verglichen und endlich eine höchst gewaltige Mühe sich gegeben hat, nicht nur ohne irgend welchen Nutzen, sondern auch zu der allergrössten Enttäuschung. Wer daher sehen will, in welche Thorheit und hochmüthige Nichtigkeit pedantische Gewohnheit stürzen und versenken kann, der sehe jenes Buch an, bevor es mit Stumpf und Stiel verloren geht.*) Aber sieh, da ist ja Teofilo und Dicson!

Pol. *Adeste felices, domini!* Eure Anwesenheit ist Ursache, dass meine Zornesgluth nicht blitzende Verdammungsurtheile gegen die nichtigen Sätze sprüht, die dieser geschwätzige Tagedieb da vorbringt.

Gerv. Und mir hat sie den Genuss verkürzt, mich an der Majestät dieses hochwürdigsten Kauzes zu ergötzen.

Dic. Das mag alles hingehen, nur gerathet euch nicht in die Haare.

Gerv. Was ich sage, das sage ich im Scherz, denn eigentlich habe ich den Herrn Magister von Herzen lieb.

Pol. *Ego quoque quod irascor non serio irascor, quia Gervasium non odi:* ist zu sagen, ich mein's nicht schlimm, ich hasse Herrn Gervasio nicht.

Dic. Wohl denn. Lasst mich also mit Teofilo mich weiter unterreden!

Teo. Democritus also und die Epicureer, welche [1] überhaupt für nichts halten, was nicht körperlich ist, nehmen demzufolge an, dass die Materie allein die Sub-

---

*) Die Ausgabe von 1584, p. 63, Z. 7 hat: *la somenza*, Wagner: *la semenza;* vielleicht *la reminiscenza.*

stanz der Dinge und zugleich die göttliche Wesenheit sei; und ein Araber, Namens Avicebron, ist derselben Meinung, wie er in einem Buche, „Quelle des Lebens" betitelt, näher darlegt. Ebendieselben nehmen in Uebereinstimmung mit den Kyrenaikern, Kynikern und Stoikern an, dass die Formen nichts anderes sind, als gewisse zufällige Beschaffenheiten an der Materie. Ich nun bin lange Zeit ein Anhänger dieser Meinung gewesen nur deshalb, weil sie der Wirklichkeit mehr entsprechende Grundlagen hat, als diejenige des Aristoteles. Aber nachdem ich reiflicher und mit Rücksicht auf eine grössere Anzahl von Erscheinungen der Sache nachgedacht habe, finde ich, dass man in der Natur zwei Arten von Substanzen anerkennen muss: erstens die Form und zweitens die Materie. Denn es muss beides geben: ein höchstes durchaus substantielles Wirkendes, in welchem aller Dinge wirkendes Vermögen, und ein höchstes Vermögen, ein Substrat, in welchem grade ebenso aller Dinge leidendes Vermögen enthalten ist; in jenem die Anlage zu wirken, in diesem die Anlage gewirkt zu werden.

[2] Dic. Jedem Denkenden muss die Unmöglichkeit klar sein, dass jenes immer alles wirkte, ohne dass etwas vorhanden wäre, aus dem alles werden kann. Wie kann die Weltseele, — d. h. alle Form, — selber ein Untheilbares, Gestalten bilden ohne ein Substrat der Ausdehnungen und Quantitäten, d. h. ohne die Materie? Und wie kann die Materie geformt werden? Etwa durch sich selbst? Offenbar werden wir sagen können, die Materie wird durch sich selber gestaltet, wenn wir das gestaltete Ganze Materie nennen wollen, in der Erwägung,*) dass es so Materie ist, wie wir etwa einen thierischen Organismus mit allen seinen Anlagen Materie nennen, nicht um den Unterschied von der Form, sondern allein den von der bewirkenden Ursache zu bezeichnen.

Teo. Niemand kann euch hindern, euch des Ausdrucks Materie nach eurer Weise zu bedienen, wird er doch auch innerhalb der verschiedenen Schulen in vielen verschiedenen Bedeutungen gebraucht. Aber die von euch angegebene Art die Sache zu fassen würde doch eigentlich nur einem Mann vom Handwerk, etwa einem Arzt, welcher

---

*) Wir lesen *considerando* statt *considerar*.

in der Praxis steht, wohl anstehen; z. B. einem solchen, der den ganzen Leib in Mercur, Salz und Schwefel theilt. Eine solche Annahme beweist nicht gerade, dass der Arzt ein göttliches Genie ist, sondern möglicherweise dass er sehr wenig Verstand hat, aber sich gern einen Philosophen nennen möchte. Denn des Letzteren Absicht ist nicht, blos zu derjenigen Unterscheidung der Principien zu gelangen, welche physisch durch die Scheidung vermittelst der Kraft des Feuers vollzogen wird, sondern auch zu derjenigen Unterscheidung der Principien, an welche nichts wirkendes von materieller Art heranreicht. Die Seele nämlich, die nicht weiter auflösbar ist, ist das formale Princip für Schwefel, Mercur und Salz; sie ist kein Substrat für materielle Eigenschaften, sondern sie ist durchaus die Herrscherin über die Materie; sie wird von dem Werk des Chemikers nicht berührt, dessen Scheidekunst bei den drei genannten Dingen endet, und der eine andre Art von Seele kennt, als die Weltseele, die wir näher erklären wollen.

Dic. Ganz vortrefflich und mir ganz aus der Seele gesprochen. Es giebt wirklich Leute von so wenig Einsicht, dass sie den Unterschied nicht beachten, ob man die natürlichen Ursachen absolut nach dem ganzen Umfange ihres Wesens nimmt, wie sie von den Philosophen betrachtet werden, oder ob man sie in einem eingeschränkten und besonderen Sinne auffasst. Jene erste Art ist für den Arzt als solchen allerdings überflüssig und werthlos, die zweite dagegen für den Philosophen als solchen höchst mangelhaft und unzulänglich.

Teo. Ihr habt da den Punkt berührt, in welchem Paracelsus zu loben ist, der eine auf Arzneikunde beruhende Philosophie getrieben hat, und in welchem Galenus zu tadeln ist, weil er eine auf Philosophie beruhende Arzneiwissenschaft aufgebracht hat, um eine widerliche Mischung und ein so verwickeltes Gewebe herzustellen, dass er schliesslich einen ziemlich werthlosen Arzt und einen sehr verworrenen Philosophen abgiebt. Doch sei das immerhin mit einiger Zurückhaltung gesagt, weil ich nicht Musse gehabt habe, alle Seiten, die dieser Mann bietet, gleichmässig ins Auge zu fassen.

Gerv. Um Verzeihung, Teofilo, erweist mir zuerst den Gefallen, — denn ich bin in der Philosophie nicht so geübt, — erklärt mir, was ihr unter jenem Namen Materie versteht, und was dann eigentlich an den Naturerscheinungen Materie ist.

Teo. Alle diejenigen, die die Materie abgetrennt fassen und sie rein an sich ohne die Form betrachten wollen, berufen sich auf die Analogie der Künste. So die Pythagoreer, so die Platoniker, so die Peripatetiker. Nehmt irgend eine Kunst, z. B. die des Zimmermanns. Sie hat für alle ihre Formen und bei allen ihren Arbeiten zum Substrat das Holz, wie der Hufschmied das Eisen, der Schneider das Tuch. Alle diese Künste bringen in der ihnen zugehörigen Materie verschiedene Bilder, Anordnungen und Gestalten hervor, von denen keine der Materie eigenthümlich und natürlich ist. Gerade so muss die Natur, welcher die Kunst gleicht, zu ihren Wirksamkeiten eine Materie haben. Denn es ist nicht möglich, dass es ein wirkendes gebe, welches, wenn es etwas machen will, nichts hätte, woraus es das machen könnte, oder wenn es wirken will, nichts hätte, um daran zu wirken. Es giebt also eine Art von Substrat, aus welchem, mit welchem und in welchem die Natur ihre Wirksamkeiten, ihre Arbeiten vollzieht, und welches durch diese in so viele Formen gebracht wird, wie sie sich in der grossen Verschiedenheit der Arten den Blicken des Betrachters darbieten. Und wie das Holz an sich keinerlei künstliche Form hat, aber durch die Thätigkeit des Zimmermanns alle haben kann, so hat die Materie, von welcher wir sprechen, an sich und in ihrer Natur keine natürliche Form; aber durch die Thätigkeit des wirkenden Agens, des Princips der Natur, kann sie alle haben. Diese Materie in der Natur ist freilich nicht ebenso etwas wahrnehmbares, wie die Materie des Künstlers; denn die Materie in der Natur hat schlechtweg keinerlei Form, die Materie der Kunst dagegen ist etwas schon von der Natur geformtes, weil die Kunst nur an der Oberfläche der von der Natur geformten Dinge wirken kann, wie in Holz, Eisen, Stein, Wolle und dergl., die Natur hingegen so zu sagen aus dem Mittelpuncte ihres Substrats oder ihrer Materie heraus wirkt, welche durchaus formlos ist. Deshalb giebt es der Substrate der Künste viele, das Substrat der Natur dagegen ist nur eines; denn jene, weil sie schon von der Natur verschieden geformt sind, sind selber verschieden und mannichfaltig; dieses, weil es in keiner Weise geformt ist, ist durchaus unterschiedslos, da ja aller Unterschied und aller Gegensatz von der Form stammt.

Gerv. Es bilden also die von der Natur geformten Dinge die Materie der Kunst, und ein Einziges, schlechthin Formloses, die Materie der Natur.

Teo. So ist's.

Gerv. Ist es denn möglich, ebenso wie wir die Substrate der Künste deutlich sehen und erkennen, auch das Substrat der Natur zu erkennen?

Teo. Sehr wohl, aber freilich vermittelst anderer Erkenntnisprincipien. Denn wie wir nicht mit einem und demselben Sinn Farben und Töne erkennen, so sehen wir auch nicht mit einem und demselben Auge das Substrat der Künste und das Substrat der Natur.

Gerv. Ihr wollt sagen, dass wir mit den sinnlichen Augen jenes, und mit dem Auge der Vernunft dieses sehen.

Teo. Ganz recht.

Gerv. So gefalle es euch denn, dieses Auge der Vernunft zu erleuchten.

Teo. Sehr gern. Dasselbe Verhältnis und dieselbe Beziehung, welche in der Kunst die Materie auf die Form derselben hat, hat auch, wenn man die Analogie nur nicht zu weit treiben will, die Form auf die Materie in der Natur. Wie also in der Kunst, während die Formen sich, wenn es möglich wäre, bis ins Unendliche vermannichfaltigen, unter allen immer eine und dieselbe Materie vorhanden bleibt, — z. B. nach der Form des Baumes giebt es eine Form des Stammes, sodann des Balkens, dann des Tisches, der Bank, des Schemels, des Rahmens, des Kammes und so weiter, und doch bleibt das Holzsein immer dasselbe: — gerade so ist es in der Natur. Wie auch die Formen sich ins unendliche vermannichfaltigen und eine auf die andre folgt, es bleibt doch immer eine und dieselbe Materie vorhanden.

Gerv. Und wie lässt sich dieses Gleichnis weiter durchführen?

Teo. Seht ihr nicht, dass aus dem, was Same war, Kraut wird, aus dem, was Kraut war, Aehre, aus Aehren Brot, aus Brot Nahrungssaft, aus Nahrungssaft Blut, daraus Samen, Embryo, Mensch, Leichnam, Erde, Gestein oder etwas anderes, und dass es so immer weiter alle natürlichen Formen annehmen kann?

Gerv. Das ist allerdings leicht einzusehen.

Teo. Es muss also immer eins und dasselbe sein, was an sich nicht Stein, nicht Erde, Leichnam, Mensch, Embryo, Blut oder etwas anderes ist, was aber, nachdem es Blut war, Embryo wird, indem es das Embryo-sein annimmt; was nachdem es Embryo war, das Mensch-sein
10 annimmt, indem es Mensch wird, wie der von der Natur schon geformte Stoff, der das Substrat für die Künste abgiebt, nachdem er Baum war, eine Platte wird und das Platte-sein, nachdem er Platte war, das Thür-sein annimmt und eine Thür wird.*)

Gerv. Das habe ich recht wohl begriffen; aber es scheint mir, dass dieses Substrat der Natur kein Körper sein, noch bestimmte Eigenschaften haben könne: denn das, was sich bald unter einer natürlichen Form und Existenz, bald unter einer andern den Blicken entzieht,
20 zeigt sich nicht auf körperliche Weise wie Holz und Stein, welche immer als das, was sie stofflich oder dem Substrat nach sind, auch erscheinen, mögen sie sich auch unter welcher Form sie wollen verstecken.

Teo. Ganz richtig.

[4] Gerv. Was soll ich also thun, wenn ich einmal über diesen Gedanken mit einem hartnäckigen Menschen verhandeln sollte, der nicht glauben will, dass allen Gebilden der Natur eine einzige Materie ebenso zu Grunde liegt, wie denen jeglicher Kunst? Denn jene, die man
30 mit Augen sieht, lässt sich nicht ableugnen; aber wohl diese, die man nur mit der Vernunft sieht.

Teo. Jagt ihn fort, oder antwortet ihm nicht!

Gerv. Aber gesetzt, er verlangte einen Beweis mit Ungestüm, und es wäre eine Respectsperson, die eher mich, als ich sie fortjagen könnte, und die es für eine Beleidigung ansähe, wenn ich ihr nicht antwortete?

Teo. Was würdest du thun, wenn ein Halbgott, der

---

*) Die Ausg. v. 1584 p. 68 *arte*, *da quel che era arbore è tavola et riceve esser tavola*. **Wagner** fälschlich p. 253 *arbore, e tavola, rieeve*. Wir lesen: *arte, da quel ch' era arbore, è tavola e riceve esser tavola, da quel ch'era tavola etc.* De Lagarde p. 250.

jeder Ehrerbietung und jeder Rücksicht würdig, aber blind wäre, dreist, heftig und hartnäckig darauf bestände, von den Farben, von den äusseren Gestalten der Dinge in der Natur Kenntnis zu erlangen und einen Beweis zu fordern, wie z. B.: welches die Form des Baumes, der Berge, der Sterne, ferner welches die Form einer Statue, eines Gewandes oder anderer Kunsterzeugnisse sei, lauter Dinge, die für Sehende ganz klar und deutlich sind?

Ger v. Ich würde ihm antworten, dass er, wenn er Augen hätte, keinen Beweis dafür verlangen, sondern es schon selber sehen würde; dass aber, da er blind sei, es auch unmöglich ein anderer ihm beweisen könne.

Teo. Grade so wirst du jenen antworten können, dass sie, wenn sie Verstand hätten, keinen andern Beweis verlangen würden, sondern es von selber sehen würden.

Gerv. Diese Antwort wird sie beschämen und andre werden dieselbe allzugrob schelten.

Teo. Dann könnt ihr also in verhüllterer Weise ihm folgendes sagen: Mein erlauchtester Herr, oder auch: Eure geheiligte Majestät! Wie gewisse Dinge nicht anders zur Evidenz gebracht werden können als durch die Hände und das Betasten, andre nur durchs Gehör, andre durch den Geschmack, wieder andre durch die Augen, so kann man sich von diesem Stoff aller Dinge in der Natur nur durch den Verstand überzeugen.

Gerv. Dann wird er, wenn er den Hieb versteht, der gar nicht so dunkel oder so verhüllt ist, mir erwiedern: Du selber hast keinen Verstand; ich habe mehr als alle deines Gleichen.

Teo. Wirst du denn dem Blinden glauben, wenn er dir sagt, du seist blind und er sehe mehr als alle, die sich sehend dünken, wie du?

Dic. Es ist genug vorgebracht worden, um augenscheinlich zu erweisen, dass jener Mann niemals vernommen hat, was der Name Materie bedeutet und was unter der Materie in den Dingen der Natur verstanden werden muss. So lehrt Timaeus der Pythagoreer in der Verwandlung eines Elementes in das andere die Materie wiederfinden, die an sich verborgen, nur vermittelst einer gewissen Analogie erkannt werden könne. Wo die Form der Erde war, sagt er, erscheint nachher die Form des Wassers. Hier lässt sich nicht sagen, dass eine Form die andre annehme, weil ein Entgegengesetztes nicht das andere annehmen kann; d. h. das Trockne nimmt nicht das Feuchte, oder vielmehr die Trockenheit nicht die Feuchtigkeit an; sondern die Trockenheit wird aus einem Dritten herausgetrieben und die Feuchtigkeit eingelassen, und dieses Dritte ist das Substrat beider entgegengesetzter Qualitäten, selbst aber keinem entgegengesetzt. Wenn man also nicht annehmen darf, dass die Erde zu nichts geworden, so muss man glauben, dass etwas, was in der Erde war, zurückgeblieben und im Wasser noch vorhanden ist; was aus demselben Grunde, wenn das Wasser durch die Kraft der Wärme zu Gas oder Dampf verdünnt sich in Luft verwandelt, ebenso in der Luft bleiben und vorhanden sein wird.

Teo. Daraus darf man schliessen, jenen Leuten zum Trotz, dass nichts zunichte wird und nichts das Sein, sondern nur die zufällige, äussere und materielle Form verliert. Deshalb kann weder die Materie, noch die substanzielle Form jedes Dinges in der Natur, die Seele, zerstört und vernichtet werden, so dass sie das Sein durchaus und in jedem Sinne verlören. Freilich kann das nicht auch gelten von alledem, was bei Peripatetikern und ähnlichen Leuten „substantielle Form" genannt wird und was in nichts anderem besteht, als in einer gewissen Zusammensetzung und Anordnung von Accidentien. Bei ihnen ist alles, was sie angeben können ausser ihrer *materia prima*, nichts anderes als Accidens, Verbindung, Habitus einer Eigenschaft, Princip der Definition, Quiddität. Daher haben einige unter ihnen, subtile Metaphysiker in der Kutte, um die Unzulänglichkeit ihres Götzen, des Aristoteles, leichter zu verdecken, die Erfindung gemacht, Mensch-heit, Rind-heit, Oliven-heit seien*) artbildende substanzielle Formen; dagegen diese bestimmte Menschheit, z. B. die Socrates-heit, diese Rind-heit, diese Pferd-heit sei die „numerale" Substanz. Alles dies haben sie gethan, um uns eine substanzielle Form zu schenken, welche den Namen der Substanz verdiente, wie die Materie Namen und Wesen einer Substanz hat; aber sie haben gleichwohl damit durchaus nichts gewonnen. Denn fragt ihr sie

---

*) Vielleicht *trovato esser forme* statt *per forme*.

folgerichtig, worin denn das substanzielle Sein des Socrates besteht, so werden sie antworten: in der Socrates-heit; fragt ihr weiter: was versteht ihr unter der Socrates-heit? so werden sie antworten: die eigenthümliche substanzielle Form und eigenthümliche Materie des Socrates. Lassen wir nun diese Substanz, soweit sie Materie ist, auf sich beruhen; sagt mir: was ist die Substanz als Form? Da antworten einige: seine Seele. Ihr fragt weiter: was für ein Ding ist denn diese Seele? Wenn sie sagen: eine Entelechie und Vollendung eines Körpers, der zu leben vermag, so bedenkt,**) dass dies ein blosses Accidens ist. Sagen sie: sie ist ein Princip des Lebens, Empfindens, Vegetirens und Denkens, so bedenkt, dass, wenngleich dieses Princip eine Art von Substanz ist, dennoch gründlich betrachtet, wie wir es betrachten, unser Gegner ihm immer noch keinen höheren Rang anweist, als den eines Accidens. Denn Princip von dem oder jenem sein, heisst nicht substantieller und absoluter Grund sein, sondern ein accidentieller und auf das durch das Princip Gesetze bezogener Grund sein, während mein Wesen und meine Substanz nicht das bedeutet, was sie hervorbringt, was ich thue oder thun kann, sondern vielmehr was ich bin als ich selber und absolut betrachtet. Ihr seht also, wie sie diese substantielle Form, nämlich die Seele, behandeln, dass sie sie wohl von ohngefähr als Substanz erkannt, doch niemals Substanz genannt oder als solche betrachtet haben. Diese Confusion könnt ihr noch viel augenscheinlicher sehen, wenn ihr sie fragt, worin denn nun die substantielle Form eines unbeseelten Dinges, z. B. des Holzes, besteht. Die feineren Köpfe unter ihnen werden den Ausweg ersinnen: in der „Holz-heit." Nun nehmet diese Materie fort, welche dem Eisen, dem Holz und dem Stein gemeinsam ist, und sagt nun, was als die substantielle Form des Eisens übrig bleibt. Sie werden euch niemals etwas anderes nennen als Accidentien; diese aber gehören zu den Principien der Individuation und bewirken die Besonderheit. Denn die Materie kann nicht anders zur Besonderheit eingeschränkt werden, als durch eine Form; und diese Form, weil sie das constituirende Princip einer Substanz ist, soll nach ihnen substantiell sein. Aber

---

**) Wir lesen *considerate* statt *considera*   De Lagarde p. 252.

nachher können sie sie doch in der Natur nur als etwas accidentielles nachweisen; und endlich, wenn sie nun alles gethan haben, was sie vermögen, so haben sie daran eine substantielle Form freilich, aber keine in der Natur vorhandene, sondern eine rein logische Form; und so erweist es sich denn schliesslich, dass ein rein logischer Gesichtspunkt als Princip für die Naturerscheinungen gesetzt worden ist.

Dic. Hat denn Aristoteles das nicht gemerkt?

Teo. Ich glaube, dass er es ganz sicher gemerkt hat, aber sich keine Hilfe wusste; deshalb erklärte er die letzten Unterschiede für unbezeichenbar und unbekannt.

Dic. Damit, scheint mir, hat er seine Unwissenheit offen eingestanden; und doch würde ich auch urtheilen, dass es besser ist, sich solchen philosophischen Grundsätzen zuzuwenden, die in dieser wichtigen Frage sich nicht hinter Unwissenheit verstecken; wie die des Pythagoras, Empedokles und deines Philosophen von Nola, deren Meinungen du gestern berührt hast.

Teo. Des Nolaners Ansicht ist die, dass es eine Vernunft ist, welche jedem Dinge sein Wesen giebt, — die Pythagoreer und Timaeus nennen sie den Geber der Formen; — eine Seele als formales Princip, welche alle Dinge bildet und gestaltet, — eben dieselben nennen es die Quelle der Formen; — eine Materie, aus der jedes Ding gemacht und gebildet wird, — diese nennen alle das Gefäss der Formen.

Dic. Eine Ansicht, die mir sehr zusagt, schon weil sie nirgends eine Lücke zeigt. In Wahrheit müssen wir nothwendigerweise, da wir ein constantes und ewiges Materialprincip setzen können, auch ein Formalprincip derselben Art setzen. Wir sehen alle Formen in der Natur aus der Materie schwinden und wieder in die Materie eingehen; daher scheint in Wirklichkeit nichts beständig, nichts fest oder ewig und werth der Geltung eines Princips, als die Materie. Ueberdies haben die Formen kein Sein ohne die Materie, an welcher sie entstehen und vergehen, aus deren Schoosse sie entspringen und in deren Schooss sie zurückgenommen werden. Deshalb muss die Materie, die immer dieselbe und immer fruchtbar bleibt, das bedeutsame Vorrecht haben, als einziges substantielles Princip und als das was ist und immer bleibt anerkannt zu werden, während alle Formen zusammen nur als verschiedene Bestimmungen der Materie anzuerkennen sind, welche gehen und kommen, aufhören und sich erneuern, und deshalb nicht alle das Ansehen eines Princips haben können. Darum haben auch einige unter jenen, da sie das Verhältnis der Formen in der Natur wohl erwogen hatten, so weit man es aus Aristoteles und anderen von ähnlicher Richtung erkennen konnte, zuletzt geschlossen, dass die Formen nur Accidentien und Bestimmungen an der Materie seien, und dass deshalb das Vorrecht als Actus und Entelechie zu gelten der Materie angehören müsse, und nicht solchen Dingen, von denen wir in Wahrheit nur sagen können, dass sie nicht Substanz noch Natur, sondern Dinge an der Substanz und an der Natur sind. Diese aber, behaupten sie, ist die Materie, die nach ihnen ein nothwendiges, ewiges und göttliches Princip ist, wie bei jenem Mauren, dem Avicebron, welcher sie den allgegenwärtigen Gott nennt.

Teo. In diesen Irrthum haben sie sich dadurch verleiten lassen, dass sie keine andere Form als die accidentielle kannten. So hatte jener Maure zwar aus der peripatetischen Lehre, in der er aufgewachsen war, die „substantielle Form" angenommen; aber indem er sie als etwas vergängliches, nicht blos an der Materie veränderliches betrachtete, als ein solches, welches erzeugt wird und nicht erzeugt, begründet wird und nicht begründet, ausgeschlossen wird und nicht ausschliesst, schätzte er sie gering und hielt sie für etwas nichtiges im Vergleich zu der dauernden, ewigen, zeugenden, mütterlichen Materie. Und so ergeht es sicherlich allen, die nicht wissen, was wir wissen.

Dic. Das hätten wir denn gründlich abgemacht. Aber es ist Zeit, dass wir von der Abschweifung zu unserer eigentlichen Aufgabe zurückkehren. Wir wissen jetzt die Materie von der Form zu unterscheiden, sowohl von der accidentiellen Form, sei sie sonst wie sie wolle, als von der substantiellen Form. Was zu betrachten übrig bleibt, ist ihre Natur und ihre Realität. Aber zuvor möchte ich wissen, ob man nicht wegen der innigen Vereinigung, in welcher diese Weltseele und universale Form mit der Materie steht, die andere Auffassung derjenigen Philosophen zulassen kann, welche die Thätigkeit nicht von dem Wesen der Materie trennen wollen und diese als etwas göttliches und nicht so schlechtweg formloses betrachten, dass sie nicht ihre Form und Einkleidung sich selber gäbe.

Teo. Nicht leicht; denn schlechthin nichts wirkt auf sich selbst, und immer ist das Wirkende von dem was gewirkt wird oder an dem die Wirkung und Thätigkeit geschieht verschieden. Darum ist es gut, an dem Organismus der Natur Materie und Seele, und an dieser das Allgemeine von den besonderen Arten zu unterscheiden. Deshalb zählen wir in diesem Organismus dreierlei Elemente: zuerst die in den Dingen waltende universelle Vernunft; zweitens die belebende Seele des Ganzen; drittens das Substrat. Aber damit wollen wir demjenigen den Namen eines Philosophen nicht gleich absprechen, welcher diesen geformten Körper, oder wie wir sagen wollen, diesen vernünftigen Organismus nach seiner Art zu philosophiren auffasst und damit beginnt, als erste Principien etwa die Glieder dieses Körpers zu betrachten, wie Wasser, Luft, Erde, Feuer; oder ätherische Region und Gestirn, oder Geist und Leib, oder Leeres und Volles, jedoch das Leere[45]) nicht gefasst wie bei Aristoteles, oder auf eine andere angemessene Weise. Ein solche Philosophie wird mir deshalb nicht gleich verwerflich erscheinen, besonders wenn sie auf dem Fundamente, auf welchem sie baut, oder vermittelst der Form des Gebäudes, welche sie innehält, eine Förderung der speculativen Wissenschaft und der Kenntnis der Naturerscheinungen erreicht, wie es doch wirklich durch viele ältere Philosophen geschehen ist. Denn das müsste ein ehrgeiziger und hochmütiger, eitler und neidischer Geselle sein, wer andere überreden wollte, es gebe nur einen einzigen Weg zu forschen und zu der Kenntnis der Natur zu gelangen; und nur ein Narr und ein Mensch ohne Urtheil kann von sich selber zu verstehen geben, dass er ihn besitze. Obgleich also der sichrere und gebahntere, an Aussicht reichere und deutlichere Weg und der höhere Standpunkt der Betrachtung immer vorgezogen, höher geehrt und mehr gepflegt werden sollte, so ist doch jede andre Weise nicht zu tadeln, sofern sie nur nicht ohne gute Frucht bleibt, wenn diese auch nicht vom selben Baume stammt.

Dic. Ihr billigt also das Studium verschiedener
Philosophien?

Teo. Höchlich, für den, der dazu Zeit und Geist
genug hat; für andre billige ich das Studium der besten,
wenn die Götter wollen, dass er sie herausfinde.

Dic. Dennoch bin ich sicher, dass ihr nicht alle
Philosophien billigt, sondern nur die guten und danach die
nächst besten.

Teo. So ist's. So verwerfe ich auch unter den verschiedenen Arten zu heilen diejenige nicht, welche auf magische Weise durch Auflegung von Wurzeln, Anhängung von Steinen und Murmeln von Beschwörungsformeln geschieht, wenn die Strenge der Theologen mir erlaubt, wie ein blosser Naturkundiger zu sprechen. Ich billige das, was auf physischem Wege geschieht und durch Apothekerrecepte sich vollzieht, mit denen die Galle, das Blut, der Schleim, und die Stockung der Säfte bekämpft oder vertrieben wird; ich habe nichts gegen die andere, welche auf chemischem Wege verfährt, welche die Fünftel-Essenzen auszieht und vermittelst des Feuers aus allen Zusammensetzungen den Merkur auffliegen, das Salz sich niederschlagen und den Schwefel aufleuchten oder schmelzen lässt. Aber darum will ich in Bezug auf die Heilkunst nicht entscheiden, welche unter so vielen guten Arten die beste sei; denn der Epileptische, an dem der Physiker und der Chemiker ihre Zeit verloren haben, wird, wenn er von dem Magier geheilt wird, nicht ohne Grund diesen Arzt höher stellen, als jenen oder einen dritten. Gleicherweise gehe die andern Arten durch; keine von ihnen wird weniger gut sein als die andere, wenn nur die eine sowohl wie die andere den Zweck, welchen sie sich vorsetzt, auch erreicht, Im besonderen sodann ist der Arzt besser, der mich heilt, als die, die mich sterben lassen oder unnütz peinigen.

Gerv. Woher kommt es denn, das diese Schulen der Aerzte sich untereinander so anfeinden?

Teo. Vom Geiz, vom Neid, vom Ehrgeiz und von der Unwissenheit. Gemeinhin verstehen sie kaum die eigne Heilmethode; weit gefehlt also, dass sie für diejenige andrer ein Verständnis haben könnten. Ueberdies bemüht sich der grössere Theil, da er sich nicht mit eigner Kraft zu Ehre und Gewinn erheben kann, sich durch die

Herabsetzung anderer zu erheben, indem er vorgiebt, das
zu verachten, was er sich nicht zu eigen machen kann.
Aber der beste und rechte unter ihnen ist der, welcher
nicht so sehr Physiker ist, dass er nicht auch Chemiker
und Mathematiker wäre. — Um also auf unsern Gegenstand zurückzukommen: unter den Arten der Philosophie
ist diejenige die bessere, welche die Verrichtung des
menschlichen Verstandes förderlicher und erhabener voll-
bringt, der Wahrheit der Natur besser entspricht und so
weit als möglich mit ihr Hand in Hand geht, entweder
indem sie sie ahnend durchschaut, — ich meine auf dem
geordneten natürlichen Wege und durch Erwägung der
wechselnden Erscheinung, nicht durch thierischen
Instinct, wie die Bestien und diejenigen, welche ihnen
ähnlich sind, nicht durch Eingebung guter oder böser
Dämonen, wie die Propheten, auch nicht durch schwarz-
gallichte Verzückungen, wie die Dichter und andere be-
schaulichen Geister verfahren, — oder indem sie Gesetze
anordnet und die Sitten verbessert, oder heilt oder auch
ein glückseligeres und göttlicheres Leben kennen und
führen lehrt. Ihr seht also, wie es nicht eine von ver-
ständigem Sinne getragene Art von Philosophie giebt,
welche nicht irgend etwas gutes eigenthümlich für sich
hätte, was in den andern nicht enthalten ist. Das Gleiche,
meine ich, gilt von der Heilkunst, welche sich auf Principien
gründet, die gerade so einen einigermassen fortgeschrittenen
Zustand der Philosophie voraussetzen, wie die Thätigkeit
des Fusses oder der Hand diejenige des Auges. Deshalb sagt man, dass niemand einen guten Anfang in der
Heilkunst machen kann, der nicht einen guten Abschluss
in der Philosophie gemacht hat.

Dic. Es gefällt mir sehr an euch, und ich lobe es
höchlich, dass ihr einerseits nicht so ungehobelt, andererseits nicht so schmähsüchtig und ehrgeizig seid wie
Aristoteles, welcher die Meinungen aller andern Philosophen
wie ihre Methoden durchaus verworfen wissen wollte.

Teo. Und dabei kenne ich unter allen Philosophen,
die es giebt, keinen, der sich mehr auf leere Einbildungen
gründete, und sich weiter von der Natur entfernte als er.
Und wenn er doch zuweilen vortreffliche Dinge sagt, so
sind sie offenbar gar nicht aus seinen Prinzipien abgeleitet, vielmehr sind es immer von andern Philosophen

entlehnte Sätze, und deren finden sich in der That viele herrliche in dem Buche von der Erzeugung, von Meteoren, von Thieren und Pflanzen.

Dic. Um uns also zu unserm Thema zurückzuwenden: ist es denn eure Meinung, dass die Materie ohne Irrthum und ohne dass man sich in Widersprüche verwickelt, auf verschiedene Weise definirt werden könne?

Teo. Grade so, wie über denselben Gegenstand verschiedene Sinne ihr Urtheil abgeben und dasselbe Object sich auf verschiedene Weise darstellen kann. Ausserdem kann man, wie schon angedeutet, bei der Betrachtung eines Objects von sehr verschiedenen Gesichtspunkten ausgehen. Die Epikureer haben sehr viel gutes gesagt, obgleich sie sich nicht über die materielle Qualität erhoben. Viel vortreffliches hat Heraklitus ausgesprochen, obgleich er nicht über die Seele hinauskam. Anaxagoras verfehlt nicht, die Erkenntnis der Natur zu fördern, indem er nicht allein in dieselbe eindrang, sondern ausserhalb und vielleicht über derselben eine Vernunft erkennen wollte, dieselbige welche von Sokrates, Plato, Trismegistus und unsern Theologen Gott genannt wird. So hindert nichts, dass zur Aufdeckung der Geheimnisse der Natur ganz ebensogut ein solcher anleite, der in der Weise der von den anderen als einfältig Gescholtenen von der Erfahrung ausgeht, wie diejenigen, welche von einer begrifflichen Theorie ausgehen; und unter diesen nicht weniger wer von Complexionen als wer von Humoren ausgeht; und ebensogut wie dieser auch derjenige, welcher von den sinnlich wahrnehmbaren Elementen aus, oder welcher von grösserer Höhe, von jenen absoluten Wesenheiten, oder von der Materie allein, dem höchsten und bestimmtesten Princip von allen, sich herablässt. Denn zuweilen wird, wer den längeren Weg nimmt, deshalb keine so erfolgreiche Reise machen, besonders wenn sein Ziel nicht sowohl die Theorie als die Praxis ist. Was ferner das philosophische Verfahren anbetrifft, so wird der Erfolg so ziemlich der gleiche sein, ob man nun die Formen wie aus einem verwickelten Knäuel aufwickelt, oder sie gleichsam aus einem Chaos entwirrt, ob man sie aus einer Quelle der Ideen schöpft, aus Potentialität zur Actualität befördert, sie aus einem Schoosse heraufholt, oder sie aus einem blinden und düstern Abgrund ans

Licht hervorzieht. Denn jedes Fundament ist gut, wenn es sich durch das Tragen des Gebäudes bewährt; jeder Same ist willkommen, wenn die Bäume und Früchte begehrenswerth sind.

Dic. Um also zu unserm Ziele zu kommen, so gefalle es euch, uns die Lehre von jenem Princip in aller Bestimmtheit vorzutragen.

[8] Teo. Jedenfalls kann das Princip, welches man Materie nennt, auf zwei Weisen betrachtet werden: erstens als Vermögen, zweitens als Substrat. In der ersten Bedeutung, als Vermögen genommen, so giebt es keine Sache, in welcher man sie nicht in gewisser Weise und in eigenthümlicher Beziehung wiederfinden könnte. Die Pythagoreer, Platoniker, Stoiker und andre haben sie ebensowohl in die intelligible als in die sinnliche Welt gesetzt; und wir, die wir sie nicht ganz so wie jene, sondern in einem noch höheren und umfassenderen Sinne nehmen, denken über das Vermögen oder vielmehr über die Möglichkeit folgendermassen. Das Vermögen unterscheidet man gemeinhin in actives, vermittelst dessen das Substrat desselben wirken kann, und in passives, vermöge dessen es sein oder empfangen oder haben oder in irgend einer Weise das Objekt eines Wirkenden sein kann. Von dem activen Vermögen für den Augenblick absehend, sage ich: das Vermögen, in passivem Sinne gefasst — wenn es auch nicht gerade allezeit passiv ist — kann entweder im relativen oder im absoluten Sinne*) betrachtet werden. So ist kein Ding, von dem man das Sein aussagt, wovon man nicht auch das Seinkönnen aussagte, und das passive Vermögen entspricht so gänzlich dem activen Vermögen, dass keines irgendwie ohne das andre ist. Wenn daher das Vermögen zu machen, hervorzubringen, zu schaffen immer gewesen ist, so ist auch das Vermögen, gemacht, hervorgebracht und geschaffen zu werden, immer vorhanden gewesen. Denn das eine Vermögen implicirt das andre, ich will sagen, es setzt, selbst als seiend gesetzt, nothwendig das andre mit. Weil nun dieses Vermögen an dem, von dem es ausgesagt wird, nicht einen Mangel bedeutet, sondern vielmehr die Kraft und Wirksamkeit desselben nur bestätigt, und weil es

---

*) Wir lesen: *considerare o relativamente o vero assolutamente*.

sich endlich sogar als durchaus eines und dasselbe mit dem activen Vermögen erweist, so trägt kein Philosoph noch Theolog Bedenken, es auch dem höchsten übernatürlichen Princip beizulegen. Denn die absolute Möglichkeit, vermöge deren das, was wirklich ist, sein kann, ist nicht früher als die Wirklichkeit und nicht im geringsten später als sie, und das Seinkönnen*) ist deshalb zusammen mit dem wirklichen Sein und geht ihm nicht voran. Denn wenn das Seinkönnende sich selber wirklich machte, so würde es sein, bevor es wirklich geworden wäre. Nun betrachte das oberste und vollkommenste Princip, welches alles das ist, was es sein kann. Es würde nicht alles sein, wenn es nicht alles sein könnte; in ihm sind also Wirklichkeit und Vermögen eins und dasselbe. Mit den andern Dingen verhält es sich nicht so. Mögen sie immerhin sein, was sie sein können, so können sie doch vielleicht auch nicht sein und sicher etwas anderes oder auf andre Weise sein, als sie sind. Denn kein anderes Ding ist alles das, was es sein kann. Der Mensch ist das was er sein kann; aber er ist nicht alles das was er sein kann. Der Stein ist nicht alles das was er sein kann; denn er ist kein Kalk, kein Gefäss, kein Staub, kein Kraut. Das was alles ist was es sein kann, ist ein Einiges, was in seinem Sein alles Sein enthält. Es ist alles was ist und kann jedes beliebige andere sein, was ist und sein kann. Jedes andere ist nicht so; deshalb ist hier das Vermögen nicht gleich der Wirklichkeit, weil es nicht absolute, sondern begrenzte Wirklichkeit ist. Und ebenso ist auch das Vermögen immer auf eine Wirklichkeit beschränkt, weil es immer nur ein specifisches und besonderes Dasein hat; und wenn es dennoch auf jede Form und jede Wirklichkeit sich bezieht, so geschieht auch dies vermittelst bestimmter Anlagen und so dass ein Sein das andere nach einer bestimmten Ordnung und Reihenfolge ablöst. Jedes Vermögen also und jede Wirklichkeit, welche im obersten Princip gleichsam zusammengewickelt, ein Vereinigtes und Einiges ist, ist in den andern Dingen aufgewickelt, zerstreut und vervielfacht. Das Universum,

---

*) Wir lesen mit der Ausgabe von 1584: *quella: oltre il possere essere è con lo essere in atto* etc.

dieses erhabene Ebenbild und Abbild, diese eingeborene
Natur, ist gleichfalls alles was es sein kann, sofern die
Arten und die hauptsächlichsten Glieder dieselben bleiben
und es der Inbegriff aller Materie ist, zu welchem nichts
hinzukommt und dem nichts von aller und jeglicher Form
fehlt. Aber es ist doch nicht alles, was es sein kann,
weil auch die Unterschiede, Bestimmtheiten, Eigenthümlichkeiten und Individuen bleiben. Deshalb ist das Universum
nur ein Schatten der Ur-Wirklichkeit und des Ur-Vermögens;
und insofern ist in ihm Vermögen und Wirklichkeit nicht
absolut dasselbe, weil keiner seiner Theile alles das ist, was
er sein kann. In dem besonderen oben bezeichneten Sinne
ferner ist das Universum alles das, was es sein kann, auf eine
explicirte, zerstreute, unterschiedene Weise; sein Princip dagegen ist eben dies in einheitlicher und unterschiedsloser
Weise, weil es alles in allem und eins und dasselbe als das
schlechthin Einfache ohne Unterschied und Bestimmtheit ist.

Dic. Wie erklärst du aber den Tod, den Untergang
das Böse, die physischen Uebel, die Missgeburten? Bist
du der Meinung, dass auch sie ihre Stelle in dem haben,
was alles ist, was es sein kann, und was alles das in Wirklichkeit ist, was es dem Vermögen nach ist?

Teo. Diese Dinge sind nicht Wirklichkeit und nicht
Vermögen, sondern Mangel und Unvermögen. Sie finden
sich in den explicirten Dingen, weil diese nicht alles sind,
was sie sein können, und durch äusseren Zwang werden,
was sie sein können. Da sie daher nicht zugleich und
auf einmal so vieles sein können, so geben sie das eine
Sein auf, um das andere zu erlangen; zuweilen vermischt
sich in ihnen das eine Sein mit dem anderen, und zuweilen sind sie verkümmert, mangelhaft, verstümmelt,
weil dieses Sein mit jenem sich nicht verträgt und weil
die Materie durch dieses oder jenes schon in Anspruch
genommen ist. Doch kehren wir nun zu unserer Aufgabe
zurück. Das erste absolute Princip ist also Erhabenheit
und Grösse, und zwar eine solche, dass es alles das ist,
was es sein kann. Es ist nicht gross in dem Sinn, dass
es auch wohl noch grösser oder kleiner sein oder dass es
getheilt werden könnte, wie jede andere Grösse, welche
nicht alles ist, was sie sein kann; vielmehr ist es die
allergrösste, allerkleinste, unendliche, untheilbare Grösse
und von jeglichem Masse. Sie ist nicht das Grösste, weil

sie das Kleinste ist; sie ist nicht das Kleinste, weil sie ebensowohl das Grösste ist; sie ist über jede Gleichheit hinaus, weil sie alles ist, was sie sein kann. Was ich von der Grösse sage, das verstehe von allem dem, was man aussagen kann; denn es ist auf ähnliche Weise die Güte, welche alle Güte ist, die da sein kann; es ist die Schönheit, welche alles Schöne ist, was da sein kann, und es giebt nichts anderes Schönes, welches alles ,das wäre, was es sein kann, ausser diesem einen. Es ist nur ein Einziges, was auf absolute Weise alles ist und alles sein kann. In den Erscheinungen der Natur sehen wir ferner nichts, was etwas anderes wäre als das, was es in Wirklichkeit ist, vermöge deren es das ist, was es sein kann, um überhaupt eine bestimmte Art von Wirklichkeit zu haben; dennoch ist es auch in diesem seinem einzigen specifischen Sein niemals alles das, was ein beliebiges besonderes Ding sein kann. Da ist die Sonne. Sie ist nicht alles das was die Sonne sein kann; sie ist nicht überall, wo die Sonne sein kann. Denn wenn sie im Osten über der Erde steht, so steht sie nicht im Westen, nicht im Süden noch in einer andern Himmelsrichtung. Wenn wir also die Art zeigen wollen, auf welche Gott Sonne ist, so werden wir sagen, weil er alles ist, was er sein kann, dass er zugleich im Osten, im Westen, im Süden, im Norden und in jedem beliebigen Punkte des Erdenrundes ist. Wenn wir von dieser Sonne — sei es vermöge ihrer eigenen Umwälzung oder derjenigen der Erde — annehmen wollen, dass sie Bewegung und Ortsveränderung nat, so wird sie, weil sie nicht *actualiter* in einem Punkte ist ohne das Vermögen in allen andern zu sein, und weil sie doch alles ist, was sie sein kann, und alles das besitzt was zu besitzen sie fähig ist:*) so wird sie also zugleich überall und in allem sein und dermassen das beweglichste und schnellste, dass sie auch das stätigste und unbeweglichste ist. Deshalb finden wir in den göttlichen Aussprüchen,**) dass sie in Ewigkeit stätig und das schnellste genannt wird, dass sie von einem Ende zum andern läuft. Denn das

---

*) Bei Wagner p. 262 Z. 3 v. n. ist (*diremo*) zu tilgen, u. Z. 2 v. u. *esservi: se* zu schreiben nach der Ausgabe von 1584.
**) Psalm 19, 6—7. (?)

wird als unbeweglich gedacht, was in einem und demselben Augenblick von dem Ostpunkte aufbricht und zu dem Ostpunkte zurückgekehrt ist. Ueberdies wird sie nicht weniger im Osten als im Westen und in jedem andern Punkte ihres Umlaufs gesehen: deshalb ist nicht mehr Grund zu der Behauptung vorhanden, dass sie von diesem Punkte zu jenem, als dass sie von jedem beliebigen andern der unendlich vielen Punkte zu demselbigen gehe und zurückkehre, gegangen und zurückgekehrt sei. Daher wird sie ganz und immer in dem ganzen Umkreis und in jeglichem Theile desselben sein; und folglich enthält jeder untheilbare Punkt der Ekliptik den ganzen Durchmesser der Sonne. So enthält ein Untheilbares das Theilbare, nicht vermöge eines natürlichen, sondern eines übernatürlichen Vermögens, d. h. wenn vorausgesetzt würde, dass die Sonne das wäre, was in Wirklichkeit alles ist, was es sein kann. Das so absolute Vermögen ist nicht allein das, was die Sonne sein kann, sondern das was jedes Ding ist und was jedes Ding sein kann, aller Vermögen Vermögen, aller Wirklichkeiten Wirklichkeit, aller Leben Leben, aller Seelen Seele, alles Wesens Wesen. Daher der erhabene Ausspruch der Offenbarung: „Der welcher ist, schickt mich; der welcher ist, spricht also."*) Deshalb ist das, was sonst widersprechend und entgegengesetzt ist, in ihm eines und dasselbe, und jedes Ding ist in ihm dasselbe. So gehe denn hinaus über die Unterschiede der Zeiten und Zeiträume, wie über die der Wirklichkeiten und Möglichkeiten; denn für ihn giebt es nichts altes und nichts neues, und treffend heisst er in der Offenbarung**) der Erste und der Letzte.

[12] Dic. Diese absoluteste Wirklichkeit, welche identisch ist mit dem absolutesten Vermögen, kann von dem Verstande nur auf dem Wege der Negationen begriffen werden: d. h. sie kann nicht erfasst werden, sofern sie alles sein kann, noch sofern sie alles ist. Denn die Vernunft, wenn sie verstehen will, muss sich eine verstandesmässige Vorstellung bilden, sich ihr anähnlichen, sie nach sich messen, mit sich ausgleichen. Alles das ist hier unmöglich. Denn der Verstand ist niemals so

---

*) 2. Buch Mosis 3, 14.
**) Jesaias 41, 4; 48, 12; 44, 6; Offb. Joh. 1, 17.

gross, dass er nicht noch grösser sein könnte; jenes aber, indem es von allen Seiten und in jedem Sinne unermesslich ist, kann nicht noch grösser sein. Es giebt also kein Auge, welches sich diesem allererhabensten Licht und diesem allertiefsten Abgrund annähern könnte oder einen Zugang zu ihm hätte.

Teo. Das Zusammenfallen dieser Wirklichkeit mit dem absoluten Vermögen ist von dem göttlichen Geiste sehr klar beschrieben worden, wo es heisst: „Die Finsterniss wird nicht von dir verdunkelt werden. Die Nacht wird erhellt werden wie der Tag. Wie seine Finsterniss, so ist auch sein Licht."*) Zum Schlusse also: ihr seht, wie gross die Herrlichkeit des Vermögens ist. Wenn es euch nun gefällt, dies Vermögen das Wesen der Materie zu nennen, das die landläufigen Philosophen so wenig durchdrungen haben, so könnt ihr der Materie, ohne der Gottheit etwas zu vergeben, eine noch höhere Bedeutung anweisen, als selbst Plato in seiner Republik und als Timaeus. Diese haben manchen Gottesgelehrten ein Aergernis verursacht, als hätten sie das Wesen der Materie allzuhoch gestellt. Das kam daher, entweder dass sie sich nicht gut ausgedrückt, oder dass jene sie nicht richtig verstanden haben. Denn in den Anschauungen des Aristoteles aufgewachsen, fassen jene die Bedeutung der Materie immer blos in dem Sinne des Substrates der Naturerscheinungen, und bedenken nicht, dass die Materie bei den anderen etwas der intelligiblen und sinnlichen Welt gemeinsames ist, und dass das Wort hier durch eine auf der Analogie mit dem eigentlichen Gebrauche beruhende Erweiterung eine neue Bedeutung empfangen hat. Deshalb sollte man die Meinungen erst mit aller Sorgfalt prüfen, ehe man sie verdammt, und auf die Verschiedenheiten des Sprachgebrauchs ebenso sehr achten, wie auf die der Ansichten, zumal da sie zuweilen, auch wenn alle in einem gemeinsamen Begriff der Materie übereinstimmen, doch nachher in der eigenthümlichen Anwendung auseinandergehen. Was nun unsern Gegenstand betrifft, so kann unmöglich, wenn man vom Namen „Materie" absieht, irgend ein Theologe, sei er von Gemüth auch noch so sophistisch und übelwollend, mich wegen dessen, was ich

---

* Psalm 139, 12

von dem Zusammenfallen von Vermögen und Wirklichkeit, beide Ausdrücke im absoluten Sinne nehmend, behaupte und meine, der Gottlosigkeit zeihen. Ich möchte nun, den Vergleich soweit festhaltend, als es erlaubt ist, folgenden Schluss ziehen. Jenes*) Ebenbild der Ur-Wirklichkeit und des Ur-Vermögens ist in specifischer Wirklichkeit alles das, was es seinem specifischen Vermögen nach ist. Sofern also das Universum in diesem Sinne alles das ist, was es sein kann, — sei es auch in Bezug auf die „numerale" Wirklichkeit und das „numerale" Vermögen, wie es wolle: — so hat es ein Vermögen, welches von der Wirklichkeit, eine Seele, welche vom Beseelten nicht gesondert ist; ich meine nicht das Zusammengesetzte, sondern das Einfache. Daher wird es ebenso ein erstes Princip des Universums geben, welches man gleichfalls eben so wenig mit dem Unterschiede der Form und Materie behaftet denken muss, und welches man aus der Analogie mit dem Vorhergenannten als absolutes Vermögen und absolute Wirklichkeit erschliessen kann. Deshalb wird es nicht schwierig und nicht bedenklich sein, schliesslich anzunehmen, dass das Ganze der Substanz nach eines ist, und so verstand es vielleicht Parmenides, den Aristoteles unedel genug behandelt hat.

Dic. Seid ihr also der Meinung, dass es zwar beim Herabsteigen auf jener Stufenleiter der Natur eine doppelte Substanz, eine geistige und eine körperliche giebt, aber schliesslich beide auf ein Wesen und eine Wurzel zurückgehen?

Teo. Wenn es euch scheint, dass es diejenigen, die nicht weiter als bis zu jenem Punkte vordringen, ertragen können.

Dic. Mit grösster Leichtigkeit, wenn du dich nur nicht über die Schranken der Natur erhebst.

Teo. So bin ich bereits verfahren. Wenn wir nicht dieselbe Auffassung und dieselbe Art haben von der Gottheit zu reden, wie der gemeine Mann, so ist unsere Auffassung wenn auch eigenthümlich, doch keineswegs jener anderen entgegengesetzt oder fremdartig, nur viel-

---

*) Wir lesen: *dire, questo;* und nachher: *quel ch' è in specifica potenza.* Vielleicht liegt ein Anakoluth vor.

leicht klarer und entwickelter, der Bestimmung gemäss, dass sie nicht über die Grenzen unseres Verstandes hinausgeht, von der ich euch versprochen habe, mich nicht zu entfernen.*)

Dic. Vom Materialprincip im Sinne der Möglichkeit oder des Vermögens ist nun genug gehandelt. Morgen gefalle es euch, die Betrachtung eben desselbigen unter dem Gesichtspunkte des Substrats vorzunehmen.

Teo. So werde ich verfahren.

Gerv. Auf Wiedersehn also!

Pol. Seien uns die *Omina* günstig!

---

*) Siehe oben S. 27.

Vierter Dialog.

[1] Pol. *Et os vulvae nunquam dicit: sufficit.*)* Das heisset, nämlich, natürlich, sintemalen, so zu sagen, die Materie — denn diese ist darunter zu subintelligiren — ersättiget sich niemalen durch Recipirung von Formen. Da nun in diesem Lyceo oder vielmehr Antilyceo niemand anders vorhanden ist: so will ich einsam — ich sage einsam, d. h. eigentlich weniger einsam als irgend jemand in der Welt — auf und ab spazierend mit mir selber einen *Dialogum* halten. Die Materie also des Fürsten der Peripatetiker und Gouverneurs jenes hocherhabenen Genies, des grossen Makedoniers, nicht weniger als die des göttlichen Platon und anderer, — man benamset sie bald Chaos, bald Hyle, bald Silva, bald Massa, bald Potentia, bald Anlage, bald der Privation Beigemischtes, bald der Sünde Grund, bald das zum Bösen Geordnete, bald das an sich Nichtseiende, bald das an sich nicht Erkennbare, bald das nur *per analogiam ad formam* Erkennbare, bald *tabula rasa,* bald das jeder Schilderung Unzugängliche, das *Subjectum, Substratum, Substerniculum,* bald ein frei Gefild, ein Unendliches, ein Unbestimmtes, bald ein *prope nihil,* bald weder ein *Quid* noch ein *Quale* noch ein *Quantum,* — also nachdem ich mich mit verschiedenen und wechselnden Nomenclaturen, um dieses Wesen zu definiren, zermartert: die Materie wird von denjenigen, welche zum Ziele treffen, ein Weib genennet, kurzum, sage ich, um alle jene Wörtlein in eins zusammenzufassen, sie wird von denen, so die Sache recht ponderiren, ein Femininum betituliret. Und beim Hercules, nicht ohne sehr triftige rationes hat es diesen Senatoribus im Reiche der Pallas gefallen, diese beiden Dinge, die Materiam und das Weib, einander gleich zu setzen. Denn dadurch, dass sie deren Nichtswürdigkeit an sich inne geworden, sind sie zu solcher Wuth und Verbitterung geführt worden,

---

*) Sprüche Salom. 30, 16.

— hier kommt nun ein *Color rhetoricus* recht zu passe. —
O die Weiber! sie sind ein Chaos von Unvernunft,
eine Hyle von Ruchlosigkeit, eine Silva von Nichts-
würdigkeiten, eine Massa von Unlauterkeit, eine Potentia
zu jeglicher Verworfenheit — nun kommt ein anderer
Color rhetoricus, so da manche eine *Complexio* benennen!
— Wo ist die Zerstörung Trojas in nicht bloss entfernter,
sondern sogar naher Möglichkeit gewesen? In einem
Weibe. Was ist das Instrumentum zur Zerstörung Sim-
sonischer Stärke gewesen? jenes Heroen sage ich, der
mit einem gefundenen Eselskinnbacken der unüberwind-
liche Triumphator über die Philister geworden? Ein
Weib. Wer bezwang in Capua den Ungestüm und die
Gewalt des Hannibal, jenes grossen Generals und ewigen
Feindes der römischen Republik? Ein Weib. Nun kommt
eine *Exclamatio!* Nenne du mir, du Harfner und Prophet
zugleich, den Grund deiner Hinfälligkeit! „Weil mich
meine Mutter in Sünden empfangen hat."*) Wie, wurdest
du, o du unser uralter Protoplast, als du der Gärtner
des Paradieses warst und beim Baume des Lebens der
Flur pflegtest, so heruntergebracht, dass du dich mit dem
ganzen Keime des Menschengeschlechts zum tiefen Pfuhl
des Verderbens selber herabgestossen? „Das Weib, welches
er mir zugesellet, sie, sie hat mich betrogen."**) Ohne
Zweifel, die Form sündigt nicht, und von keiner Form
kommt der Irrthum her, es wäre denn weil sie mit der
Materie copuliret ist. Also es ist die durch das Masculinum
bezeichnete Form, die da, weil sie in nähere Beziehung zur
Materie versetzt worden, und in Verbindung oder Ver-
kuppelung mit jener gerathen, mit diesen Worten oder
mit dieser Sentenz der *Natura naturans* antwortet: „Das
Weib, das du mir gegeben", d. h. die Materie, die du
mir zur Genossin gegeben, „sie hat mich betrogen", d. h.
sie ist der Fallstrick zu aller meiner Sünde. Betrachte,
o betrachte nur du göttliches Ingenium, wie die vortrefflichen Philosophen und scharfsinnigen Zergliederer der
Eingeweide der Natur, um uns das Wesen der Materie
vollkommen vor Augen zu stellen, keinen passenderen
Modum gefunden haben, als uns durch jene Analogie

---
*) Ps. 51, 7.
**) 1. Mos. 3, 12.

darauf zu führen, welche besagen will, dass der Zustand
der Natur durch Einwirkung der Materie derselbe ist,
wie der wirthschaftliche, politische und bürgerliche es ist
durch das Gezücht der Weiber. Oeffnet, o öffnet die Augen,
und . . . . Ah, ich erblicke jenen Coloss von Grossmäulig-
keit, den Gervasio, der meiner kraftvollen Rede Faden
unterbricht. Ich fürchte, er möge mich belauscht haben.
Nun, was thut's?

Gerv. Gegrüsset seist du, o Magister, der hochgelahrten Männer vorzüglichster!

Pol. Wenn du nicht, — wie du pflegest, mich blos
verspotten willst, sei auch du gegrüsset.

Gerv. Ich möchte wissen, was das bedeutet, dass du
da so allein herumspazierst und grübelst?

Pol. In meinem kleinen Museum studirend bin ich
auf jene Stelle des Aristoteles gestossen, *libro primo
Physicorum, in calce,**) wo er klar machen will, was die
materia prima sei, und zum Spiegel das weibliche Geschlecht
nimmt, ich meine dieses widerspenstige, gebrechliche, un-
beständige, weichliche, kindische, schändliche, verächtliche,
gemeine, verworfene, verkümmerte, unwürdige, verruchte,
unheilvolle, nichtswürdige, kalte, missgestaltete, leere, eitle,
unbesonnene, thörichte, treulose, träge, widerliche, garstige,
undankbare, verstümmelte, verderbte, unvollkommne, un-
vollendete, unzureichende, verpfuschte, kümmerliche, un-
erquickliche Geschlecht, diesen Mehlthau, diese Nessel, dies
Unkraut, diese Pest, diese Seuche, diesen Tod:

>Von der Natur und Gottes Rächerhand
>Als schwere Last und Strafe uns gesandt.

Gerv. Ich weiss wohl, dass ihr das sagt, mehr um
euch in der Kunst des Rhetors zu üben und zu zeigen,
wie sprachgewaltig und beredt ihr seid, als weil ihr die
Meinung, die ihr in Worten aussprecht, auch wirklich
hegtet. Denn bei euch, ihr Herren Humanisten, die ihr
euch Lehrer der freien Künste nennt, ist es blosse Gewohnheit, wenn ihr euch voll von solchen Concetti findet,
die ihr nicht bei euch behalten könnt, dass ihr sie nirgends
anders als über die armen Frauen entladet; wie ihr, wenn
euch irgend ein anderer Groll bedrückt, ihn an dem ersten
besten Uebelthäter unter euren Schülern auslasst. Aber

---

*) Cap. 9. 192 a 22. — Vgl. oben S. 21.

hütet euch, ihr Herren von Orpheus Art, vor dem wüthenden Zorn der thracischen Weiber.

Pol. Poliinnio bin ich, ich bin nicht Orpheus.

Dic. Ihr tadelt also die Weiber nicht aus wahrer Meinung?

Pol. Woraus denn anders? Ich spreche immer aus wahrer Meinung und denke nicht anders als ich rede; denn ich mache mir nicht nach Sophistenart ein Gewerbe daraus, euch zu beweisen, dass weiss schwarz ist.

Gerv. Warum färbt ihr euch denn den Bart?

Pol. Aber ich spreche frei heraus und sage, dass ein Mann ohne Frau einer der reinen Intelligenzen gleich ist; der ist ein Heros, sage ich, ein Halbgott, wer sich mit keinem Weibe belastet hat.

Gerv. Auch einer Auster ist er ähnlich und einem Schwamm ausserdem und eine Trüffel ist er.

Pol. Deshalb hat der Lyriker so göttlich schön gesagt:*) „Glaubt, Pisonen, es ist doch eh'los leben das beste." Und willst du den Grund wissen, so höre den Philosophen Secundus. Das Weib, sagt er, ist ein Hindernis der Ruhe, ein beständiger Schaden, ein täglicher Krieg, ein Gefängnis für's Leben, ein Sturm im Hause, der Schiffbruch des Mannes. Das hat auch jener Biscajer bestätigt, der durch ein schreckliches Unglück und die Wuth des Meeres in Ungeduld und Zorn versetzt, mit scheelem und zornigem Gesicht sich zu den Wellen wandte und also sprach: „O Meer, Meer, dass ich dich verheirathen könnte!" Er wollte damit zu erkennen geben, dass das Weib der Sturm der Stürme ist. Darum antwortete auch Protagoras auf die Frage, warum er seine Tochter seinem Feinde gegeben habe, er könne ihm nichts schlimmeres anthun, als ihm eine Frau geben. Ferner wird mich jener französische Ehrenmann nicht Lügen strafen, der, als ihm wie den anderen in der Noth eines gefährlichen Seesturmes von Cicala, dem Schiffsherrn, befohlen wurde, die schwersten Lasten ins Meer zu werfen, zuerst sein Weib hinabwarf.

Gerv. Ihr führt als Gegenstück nicht die vielen anderen Beispiele an, von Männern, die sich durch ihre

---

*) *Horat.* Epist. I, 1, 88. *Melius nil caelibe vita.* Das: *Credite, Pisones* ist zum Zweck aus Epist. II, 3, 6, vorausgeschickt.

Weiber höchst beglückt geachtet haben. Und um euch nicht auf weit Entferntes zu verweisen, so hat hier unter eben diesem Dach der Herr von Mauvissière eine Frau errungen, die nicht nur mit nicht gewöhnlicher Körperschönheit als Hülle und Kleid der Seele, sondern auch mit dem Dreiklang von klugem Sinn, edler Sittsamkeit und ehrbarer Artigkeit begabt, mit unauflöslichen Banden die Seele ihres Gemahls gefesselt hält und jeden, der sie kennt, für sich einzunehmen vermag. Und was willst du von seiner edlen Tochter sagen? Kaum ein Jahr über ein Lustrum hat sie die Sonne gesehen, und doch könntest du an der Sprache nicht erkennen, ob sie aus Italien, aus Frankreich oder England ist; an ihrer Hand, wenn sie ein musikalisches Instrument spielt, nicht abnehmen, ob sie eine körperliche oder unkörperliche Substanz ist, und wegen der frühzeitigen Lauterkeit ihrer Sitten würdest du zweifeln, ob sie vom Himmel herabgestiegen, oder von der Erde stammt. Jeder sieht, dass in ihr ebensowohl um einen so schönen Körper zu bilden das Geblüt, als um einen so ausgezeichneten Geist hervorzubringen, die Vorzüge des Heldengeistes beider Eltern sich vereinigt haben.

Pol. Eine *rara avis*, diese Maria von Boshtel! Eine *rara avis*, diese Maria von Castelnau!

Gerv. Dieses Rarsein, das ihr von den Frauen aussagt, kann man gerade so auch von den Männern sagen.

Pol. Kurz, um auf besagten Gegenstand zurückzukommen, das Weib ist nichts anderes als eine Materie. Wenn ihr nicht wisst, was ein Weib ist, weil ihr nicht wisst, was Materie ist, so studirt eine Zeit lang die Peripatetiker, welche, indem sie euch lehren, was die Materie ist, euch gleichermaassen lehren werden, was ein Weib ist.

Gerv. Ich sehe wohl, dass ihr mit eurem peripatetischen Gehirn wenig oder nichts von dem verstanden habt, was Teofilo gestern über Wesen und Vermögen der Materie gesagt hat.

Pol. Mit dem andern sei's wie's wolle: ich bleibe dabei, den Appetitum der einen wie der andern als die Ursache alles Bösen, alles Leidens, alles Mangels, alles Untergangs, aller Zerstörung zu tadeln. Glaubt ihr nicht, dass wenn die Materie sich mit der Form begnügte, die sie hat, keine Veränderung und kein Leiden Herrschaft über uns haben, wir nicht sterben, unvergänglich und ewig sein würden?

Gerv. Und wenn sie sich mit der Form begnügt hätte, welche sie vor 50 Jahren hatte, was würdet ihr sagen? Würdest du Poliinnio sein? Wenn sie unter der Form, die sie vor 40 Jahren hatte, beschlossen geblieben wäre, würdest du so verwachsen — ich wollte sagen so erwachsen — so vollkommen und so gelehrt sein? Wie es dir also ganz recht ist, dass die andern Formen dieser gewichen sind, so ist es der Wille der Natur, welche das Universum ordnet, dass alle Formen allen weichen. Ausserdem verleiht es dieser unserer Substanz eine höhere Bedeutung, dass sie jegliches wird, indem sie alle Formen annimmt, als wenn sie eine einzige festhielte und immer nur etwas particuläres wäre. Denn so hat sie nach Möglichkeit Aehnlichkeit mit dem, was alles in allem ist.

Pol. Du fängst mir an, gelehrt zu werden, und dein gewöhnliches Naturell zu verleugnen. So führe denn, wenn du kannst, das Gleichniss durch, und male die Bedeutung aus, die das Weib besitzt.

Gerv. Das wird mir nicht schwer fallen. Doch sieh, da ist Teofilo!

Pol. Und Dicson. Ein ander Mal also. Genug für jetzt.

Teo. Sehen wir nicht Peripatetiker und auch Platoniker die Substanz in körperliche und unkörperliche eintheilen? Wie nun diese Unterschiede in einer über ihnen stehenden Gattung dem Vermögen nach enthalten sind, so müssen auch die Formen von zwei Arten sein. Die einen nämlich sind transscendent, d. h. sie stehen höher als jeder Gattungsbegriff; diese nennt man Principien, z. B. Wesenheit, Einheit, Eines, Ding, Etwas und dergleichen. Andere gehören einer bestimmten Gattung an und sind von anderen Gattungen unterschieden, wie z. B. Substantialität, Accidentialität. Die Formen der erstgenannten Art setzen keine Unterschiede in der Materie und ertheilen ihr nicht ein Vermögen und dann wieder ein anderes, sondern als allgemeinste Bestimmungen, welche sowohl die körperlichen wie die unkörperlichen Substanzen unter sich befassen, bezeichnen sie das aller-

allgemeinste, gemeinsamste und einheitliche Vermögen beider Arten von Substanzen. In Anbetracht dessen sagt Avicebron: „Wenn wir doch, bevor wir die Materie der accidentiellen Formen, d. h. das Zusammengesetzte, setzen, die Materie der substantiellen Form, welche ein Theil von jener ist, setzen: was hindert uns, ebenso, bevor wir die bis zu körperlicher Existenzform contrahirte Materie setzen, ein Vermögen anzunehmen, welches die Form der körperlichen und unkörperlichen, der vergänglichen und 10 der unvergänglichen Natur noch ungeschieden in sich befasst?" Ferner, alles was ist, vom höchsten und obersten Wesen an, hält eine bestimmte Ordnung inne und bildet eine Reihenfolge, eine Stufenleiter, auf der man von dem Zusammengesetzten zum Einfachen, von diesem zum Einfachsten und Absolutesten durch Mittelglieder aufsteigt, welche zwischen beiden Extremen liegen, welche beiden analog beide verknüpfen, an beider Natur theilhaben, und in Bezug auf die besondere Beschaffenheit neutrale Wesen sind. Nun ist aber keine Ordnung denk-
20 bar, wo nicht ein Gemeinsames wäre, an dem die Verschiedenen Theil haben, kein solches Theilhaben, wo sich nicht ein bestimmter Zusammenhang fände; und wiederum kein Zusammenhang, wo die Verbundenen nicht auf irgend eine Weise an Gemeinsamem Theil hätten. Es muss also nothwendigerweise für alle subsistirenden Dinge ein Princip der Subsistenz geben. Nimm hinzu, dass die Vernunft selber nicht umhin kann, vor jedem von anderm Unterscheidbaren ein noch ungeschiedenes vorauszusetzen; — ich spreche von den Dingen, welche sind; denn Sein und Nichtsein, das beides, meine ich, ist nicht der Sache, sondern nur dem Wort und dem Namen nach verschieden. — Dieses noch Ungeschiedene ist ein allgemeiner Begriff, zu dem die Differenz und unterscheidende Form erst hinzukommt. Und gewiss lässt sich nicht bestreiten, dass wie alles Sinnliche ein Substrat der Sinnenwahrnehmung, so alles Intelligible ein Substrat der Intellectualität voraussetzt. Es muss also auch etwas geben, was dem gemeinsamen Begriffe beider Substrate entspricht. Denn jede Wesenheit gründet sich auf irgend ein Sein, ausge-
40 nommen jene oberste Wesenheit, welche mit ihrem Sein identisch ist, weil ihr Vermögen ihre Wirklichkeit, weil sie alles ist was sie sein kann, wie wir gestern gesagt

haben.* Ferner wenn die Materie nach unsern Gegnern selber kein Körper ist und ihrer Natur nach dem körperlichen Sein vorangeht, was kann sie dann von den Substanzen, die man unkörperlich nennt, so weit entfernen? Auch fehlt es nicht an Peripatetikern, welche sagen: so wie sie sich in den körperlichen Substanzen ein gewisses Etwas formaler und göttlicher Art findet, so muss entsprechend in den göttlichen ein Etwas von materieller Art sein, damit die niedriger stehenden Dinge den höher stehenden sich anschliessen und die Reihe der einen in die Reihe der andern eingreifen könne. Und die Theologen, wenn auch manche von ihnen in der aristotelischen Lehre gross geworden sind, sollten mir dennoch darin nicht beschwerlich fallen, wofern sie wirklich glauben, dass sie mehr auf ihre Schrift, als auf die Philosophie und die natürliche Vernunft verpflichtet sind. „Bete mich nicht an", sagt einer ihrer Engel zum Patriarchen Jacob, „denn ich bin dein Bruder."**) Wenn also der, der da spricht, nach ihrer Auffassung eine intellectuelle Substanz ist und mit seiner Rede bestätigt, dass jener Mensch und er in der Realität eines Substrats sich vereinigen: mag dann auch jeder beliebige formale Unterschied bestehen bleiben, — es ist doch gewiss, dass die Philosophen einen Ausspruch des Orakels dieser Theologen als Zeugniss für sich anführen können.

Dic. Ich weiss, dass ihr das mit aller Ehrerbietung sagt; denn ihr wisst, dass es euch nicht zukommt, Beweisgründe von solchen Stellen zu entlehnen, die in unserer Messe nicht vorkommen.

Teo. Ganz richtig und wohl bemerkt; aber ich führe es auch nicht als Beweisgrund und Bestätigung an, sondern um so weit ich kann den Gewissensbedenken zu entgehn; denn ich fürchte ebenso sehr, ein Gegner der kirchlichen Lehre zu scheinen, als es zu sein.

Dic. Verständige Theologen werden uns die Forschungweisen vermittelst des natürlichen Lichtes, so weit sie sich auch erstrecken mögen, immer gestatten, wenn sie sich nur keine definitive Entscheidung gegen

---

*) Oben S. 69 ff.
) Offenb. Joh. 19, 10; 22, 9: **wo freilich von dem Patriarchen Jacob nicht die Rede ist.

die göttliche Autorität herauszunehmen, sondern sich ihr zu unterwerfen bereit sind.

Teo. So gerade sind die meinigen gemeint und werden es immer sein.

Dic. Recht so! fahrt also fort!

Teo. Auch Plotinus sagt im Buche von der Materie, dass es in der intelligiblen Welt, wenn es daselbst eine Menge und Vielheit von Gattungen giebt, neben der Eigenthümlichkeit und dem Unterschiede einer jeden von ihnen auch ein Gemeinsames geben muss. Dieses Gemeinsame vertritt die Stelle der Materie, das Eigenthümliche und Unterscheidende die Stelle der Form. Er fügt hinzu, dass wenn diese Welt eine Nachahmung von jener ist, die Zusammensetzung derselben eine Nachahmung der Zusammensetzung von jener ist. Ferner, wenn diese Welt keine Verschiedenheit hat, hat sie auch keine Ordnung; hat sie keine Ordnung, dann auch keine Schönheit und keine Zier; alles dies hängt an der Materie. Deshalb muss diese höhere Welt nicht nur für ein untheilbares Ganzes, sondern auch für theilbar und unterschieden gehalten werden mit Bezug auf einige ihrer Bedingungen. Die Getheiltheit und Verschiedenheit dieser letzteren aber kann nicht begriffen werden ohne eine zu Grunde liegende Materie. Und sagst du, dass diese ganze Vielheit in einem untheilbaren Wesen sich vereinigt und jeder Art von räumlicher Ausdehnung fremd bleibt, so nenne ich eben das Materie, worin sich so viele Formen vereinigen. Dieses war, bevor es als mannichfach und vielgestaltig vorgestellt wurde, in einer einfachen Vorstellung, und bevor es in der Vorstellung als Geformtes war, war es in derselben als Formloses.

[3] Dic. Wohl habt ihr in dem, was ihr in der Kürze ausgeführt habt, viele starke Gründe beigebracht, um zu erweisen, dass die Materie ein Einiges ist, ein Einiges das Vermögen, durch welches alles was ist in Wirklichkeit ist, und dass sie mit eben so gutem Grunde den unkörperlichen als den körperlichen Substanzen zukommt, indem jene auf keine andre Weise als diese das Sein haben vermöge des Seinkönnens. Wohl habt ihr auch noch mit andern Gründen, die für den, der sie nur kräftig genug betrachtet und begreift, auch kräftig genug sind, den Beweis geführt. Dennoch möchte ich, wenn nicht behufs der Vollendung

der Lehre, doch behufs ihrer Deutlichkeit, dass ihr noch auf andere Weise im einzelnen darlegtet, wie sich in den erhabensten Dingen, — und das sind doch die unkörperlichen, — ein Formloses und Unbestimmtes finde; wie da eben dieselbe Materie sein kann, ohne dass sie doch durch das Hinzutreten der Form und Wirklichkeit gleichfalls Körper heissen; wie ihr da, wo keine Veränderung, kein Entstehen noch Vergehen ist, eine Materie annehmt, die man doch niemals zu einem andern als zu diesem Zwecke angenommen hat; ferner wie wir sagen können, dass die intelligible Natur einfach, und zugleich, dass in ihr Materie und Actus ist. Ich wünsche das nicht um meinetwillen, da mir die Wahrheit einleuchtet, aber für etwaige andere, die widerwilliger und schwieriger sein möchten, wie z. B. Magister Poliinnio und Gervasio.

Pol. Lasst 'mal sehen!

Gerv. Ich nehm's an und danke euch, Dicson, dass ihr auch das Berürfnis derer bedenkt, die nicht den Muth haben zu fordern. So bringt es jenseits der Berge die Höflichkeit bei Tische mit sich; denen, die an zweiter Stelle sitzen, ist es nicht erlaubt, mit den Fingern über das eigene Näpfchen oder den eigenen Teller hinauszulangen, sondern es schickt sich abzuwarten, bis es einem in die Hand gelegt wird, damit man ja keinen Bissen nehme, den man nicht mit einem „Danke schön" bezahlt hätte.

Teo. Ich kann das alles folgendermassen abmachen. Wie der Mensch in Bezug auf seine eigenthümlich menschliche Natur vom Löwen in Bezug auf das Eigenthümliche der Löwennatur verschieden ist, aber in Bezug auf die gemeinsame Natur der lebenden Wesen, auf die körperliche Substanz und anderes ähnliches von ihm ununterschieden und mit ihm eins und dasselbe ist: auf ähnliche Weise ist die Materie der körperlichen Dinge in Bezug auf ihre eigenthümliche Art von derjenigen der unkörperlichen Dinge verschieden. Alles also was ihr mit Bezug darauf anführt, dass sie der constitutive Grund der körperlichen Natur, das Substrat für Veränderungen jeglicher Art und ein Theil der Zusammensetzung sei, das kommt dieser Materie nur in Bezug auf ihre unterscheidende Eigenthümlichkeit zu. Denn eben diese Materie, — ich will mich klarer ausdrücken, — eben das, was gewirkt werden oder sein kann, das ist entweder geworden und existiert vermittelst räumlicher Richtungen und der Ausdehnung des Substrats und vermittelst derjenigen Eigenschaften, welche ihr Sein in der Quantität haben; und das nun wird körperliche Substanz genannt und setzt eine körperliche Materie voraus. Oder es ist zwar geworden, — wenn es nämlich das Sein erst neu empfangen hat —, ist aber ohne jene räumlichen Richtungen, jene Ausdehnung und jene Eigenschaften; und dies heisst dann unkörperliche Substanz und setzt eine entsprechend benannte Materie voraus. So entspricht einem wirkenden Vermögen sowohl von körperlichen als von unkörperlichen Dingen, oder auch einem Sein, einem körperlichen sowohl wie einem unkörperlichen, dort ein körperliches Vermögen, hier ein unkörperliches leidendes Vermögen, und ein Seinkönnen, dort von körperlicher, hier von unkörperlicher Art. Wenn wir also von Zusammensetzung sowohl in der Körperwelt wie in der Welt des Unkörperlichen sprechen wollen, so müssen wir sie in diesem doppelten Sinne auffassen und erwägen, dass in dem Ewigen immer eine Materie unter einer Wirkungsform gedacht wird, dass sie aber in dem Vergänglichen immer bald die eine, bald eine andere in sich schliesst. In jenem hat die Materie alles was sie haben, und ist sie alles was sie sein kann, auf einmal, immer und zugleich; diese hingegen hat es und ist es zu mehreren Malen, zu verschiedenen Zeiten und in bestimmter Aufeinanderfolge.

Dic. Eine Materie in dem Unkörperlichen gestehen zwar manche zu; aber sie verstehen darunter etwas ganz anderes.

Teo. Der Unterschied sei so gross wie er wolle in Bezug auf die eigenthümliche Bestimmtheit, wonach die eine sich zu Körperlichkeit herablässt, die andere nicht, die eine sinnliche Eigenschaften annimmt, die andere nicht, und wonach jene Materie, welcher die quantitative Bestimmtheit und das Substratsein für solche Eigenschaften, die ihr Sein in räumlicher Ausdehnung haben, widerstrebt, nichts gemein haben zu können scheint mit dem Wesen, welchem keines von beiden widerstrebt. Dennoch sind beide eins und dasselbe, und wie wir öfter bemerkt haben, der ganze Unterschied liegt nur darin, dass die eine zu körperlicher Existenz contrahirt, die andere unkörperlich ist. Grade so ist alles Empfindende eins darin, dass es lebendig ist; aber wenn man dieses Allgemeine zu bestimmten Arten verengert, dann widerspricht es dem Menschen, Löwe zu sein, und diesem Lebendigen, jenes andere zu sein.*) Dazu füge ich mit deiner Erlaubnis noch Folgendess hinzu. Ihr würdet nämlich einwerfen, dass das, was niemals ist, eher für unmöglich und widernatürlich als für natürlich gehalten werden müsse, und dass man deshalb, da diese Materie niemals als räumlich ausgedehnte gefunden wird, die Körperlichkeit für ihrer Natur widersprechend halten müsse; wenn sich aber das so verhält, so sei es nicht wahrscheinlich, dass beide eine gemeinsame Natur haben, bevor man sich die eine als zu körperlicher Existenz contrahirt denkt. Ich füge also hinzu, dass wir dieser Materie ebenso gut die Nothwendigkeit, als, wie ihr möchtet, die Unmöglichkeit aller sich auf die räumliche Ausdehnung beziehenden Wirksamkeit zuschreiben können. Diese Materie, um in Wirklichkeit alles zu sein, was sie sein kann, hat alle Maasse, alle Arten von Gestalten und räumlichen Richtungen, und weil sie sie alle hat, so hat sie keine von allen; denn das, was so viel verschiedenes zugleich ist, kann unmöglich eines von jenen besonderen sein. Es kommt dem, was alles ist, zu, jedes particuläre Sein auszuschliessen.

Dic. Nimmst du denn an, dass die Materie Wirklichkeit sei? Nimmst du ferner an, dass die Materie in den unkörperlichen Dingen mit der Wirklichkeit zusammenfalle?

Teo. Grade so wie das Seinkönnen mit dem Sein zusammenfällt.

Dic. Sie unterscheidet sich also nicht von der Form?

Teo. In dem absoluten Vermögen und der absoluten Wirklichkeit durchaus nicht, welche deshalb Lauterkeit, Einfachheit, Untheilbarkeit und Einheit im höchsten Grade ist, weil sie auf absolute Weise alles ist. Hätte sie bestimmte räumliche Richtungen, bestimmtes Dasein, bestimmte Gestalt, bestimmte Eigenthümlichkeit, bestimmten Unterschied, so würde sie eben nicht absolut, nicht alles sein.

---

*) Wir lesen: *animale l'esser*. Lagarde p. 269, 16.

Dic. Jegliches also, was irgend eine beliebige Gattung umfasst, ist ein Untheilbares?*)

Teo. Gewiss; denn die Form, welche alle Qualitäten umfasst, ist keine einzige von ihnen; was alle Gestalten hat, hat keine von ihnen, was alle sinnliche Existenz hat, wird deshalb gar nicht sinnlich wahrgenommen. In höherem Sinne ein Untheilbares ist das, was alles natürliche Sein hat; in noch höherem Sinne das, was alles intelligible Sein hat; im allerhöchsten Sinne das, was alles Sein hat, was es überhaupt geben kann.

Dic. Nehmt ihr an, dass es nach Analogie dieser Stufenleiter des Seins eine Stufenleiter des Seinkönnens gebe, und dass wie der formale Grund so auch der materielle Grund höher und höher emporsteige?

Teo. Grade so.

Dic. Tief und hoch zugleich fasst ihr diesen Begriff von Materie und Vermögen.

Teo. Gewiss.

Dic. Aber diese Wahrheit wird nicht von allen verstanden werden können; denn es ist immerhin schwer, die Art und Weise zu fassen, wie etwas alle Arten von räumlicher Ausdehnung und keine von ihnen, alles formale Sein und keines haben kann.

Teo. Seht denn ihr die Möglichkeit ein?

Dic. Ich glaube, ja; denn ich verstehe ganz wohl, dass die Wirklichkeit, um alles zu sein, nicht etwas bestimmtes sein darf.

Pol. *Non potest esse idem totum et aliquid;* so viel capire ich auch davon.

Teo. Also werdet ihr zur Sache auch so viel begreifen können, dass selbst wenn wir die Ausdehnbarkeit im Raume als das Wesen der Materie setzen wollten, ein solcher Begriff keiner Art von Materie widerstreiten würde; aber dass sich wohl eine Materie von einer andern bloss durch die Freiheit von räumlicher Ausdehnung und durch die Gebundenheit an dieselbe unterscheiden würde. Ist sie frei, so steht sie über allen Arten der Ausdehnung und begreift sie alle; ist sie contrahirt, so

---

*) „Individuum" heisst auch der hypostasirte Gattungsbegriff als Einheit im Gegensatze zu der Vielheit der unter ihm befassten Objecte. Vgl. *Opp. it.* II. p 346. Lagarde p. 658, 37.

wird sie von einigen derselben begriffen und existirt unter einigen derselben.

Dic. Ihr sagt mit Recht, dass die Materie an sich keine bestimmte Ausdehnung im Raume hat, dass sie deshalb als untheilbar aufgefasst wird und die Art ihrer Ausdehnung erst entsprechend der Art von Form erhält, welche sie annimmt. Sie hat eine andere Art von Ausdehnung unter der menschlichen, eine andere unter der Pferdeform, eine andere als Oelbaum und eine andere als Myrthe; bevor sie also unter irgend einer dieser Formen ist, hat sie der Anlage nach alle diese Ausdehnungen, grade wie sie das Vermögen hat, alle jene Formen anzunehmen.

Pol. Man judiciret jedoch eben derohalben, dass sie gar keine Art von Dimensionibus habe.

Dic. Und wir sagen, dass sie deshalb keine hat, um alle zu haben.

Gerv. Warum zieht ihr den Ausdruck, dass sie sie alle einschliesse, dem andern vor, das sie sie alle ausschliesse?

Dic. Weil sie die Ausdehnung nicht wie von aussen aufnimmt, sondern sie wie aus ihrem Schoosse heraufsendet und hervortreibt.

Teo. Sehr gut bemerkt. Uebrigens ist dies eine auch bei den Peripatetikern gewöhnliche Ausdrucksweise, dass sie nämlich alle Wirklichkeit*) räumlicher Ausdehnung und alle Formen aus dem Vermögen der Materie hervorgehen und abstammen lassen. Dies erkennt zum Theil Averröes an, der, obgleich Araber und des Griechischen unkundig, dennoch innerhalb der peripatetischen Lehre mehr Einsicht hatte als irgend ein Grieche, den wir gelesen haben, und noch mehr verstanden haben würde, wenn er nicht seinem Götzen Aristoteles so sclavisch ergeben gewesen wäre. Er lehrt, die Materie umfasse in ihrer Wesenheit die Ausdehnung in unbegrenzter Weise; er will damit bezeichnen, dass diese sich bald mit dieser Figur und diesen Ausdehnungen, bald mit jener andern Figur und jenen andern Ausdehnungen begränzen, je nachdem die in der Natur vorhandenen Formen wechseln. Aus dieser Auffassung ergiebt sich, dass die Materie sie

---

*) Wir lesen *dicono, tutto l'atto.* Lagarde p. 271, 4 *tutti.*

gleichsam aus sich entlässt, nicht von aussen aufnimmt. Dies meinte zum Theil auch Plotinus, ein Haupt der Platoniker. Dieser unterscheidet zwischen einer Materie der höheren und einer Materie der niedern Dinge und behauptet dann, dass jene alles insgesammt sei und, da sie alles besitze, keiner Veränderung zugänglich sei; diese aber in bestimmter Reihenfolge in Bezug auf ihre Theile zu allem und nach und nach zu immer anderem werde, und deshalb an ihr immer Verschiedenheit, Veränderung und Bewegung erscheine. So ist denn jene Materie niemals formlos, so wenig wie diese es ist; doch beide in verschiedenem Sinne: jene im Momente der Ewigkeit, diese in zeitlichen Momenten; jene auf einmal, diese successiv; jene in unaufgeschlossener, diese in entfalteter Weise; jene als eines, diese als eine Vielheit; jene als Alles und Jegliches, diese in der Einzelheit und Ding für Ding.*

Dic. Ihr wollt also nicht nur aus euren eigenen Principien, sondern auch aus denen der andern philosophischen Schulen erweisen, dass die Materie nicht jenes prope nihil, jenes reine, nackte Vermögen ohne Wirklichkeit, ohne Kraft und Energie sei.

Teo. So ist es. Sie ist nach mir, der Formen beraubt und ohne dieselben, nicht so, wie das Eis ohne Wärme, der Abgrund des Lichtes beraubt ist, sondern so, wie eine Schwangere noch ohne ihre Leibesfrucht ist, die sie erst aus sich entlassen und freigeben soll, oder wie die Erde auf dieser Halbkugel in der Nacht ohne Licht ist, es aber durch ihre Umdrehung wiederzuerlangen das Vermögen hat.

Dic. Da sieht man, wie auch in diesen niedern Dingen, wenn nicht durchaus, doch in hohem Grade die Wirklichkeit mit dem Vermögen zusammenfällt.

Teo. Darüber zu urtheilen, überlasse ich euch.

Dic. Und wenn dieses niedere Vermögen schliesslich mit dem oberen eins wäre, wie dann?

---

*) Im Text ist hier die Stellung der Gegensätze in den drei letzten Gliedern vertauscht: *quella esplicatamente, questa complicatamente; quella come molti, questa come uno: quella per ciascuno et cosa per cosa, questa come tutto et ogni cosa.* Ausg. v. 1584 p. 106 fin. Wagner p. 274. Lagarde p. 271, 23.

Die Formen als Möglichkeit in der Materie.

Teo. Urtheilt ihr! Ihr könnt von hier zu der Vorstellung aufsteigen, — ich meine nicht des allerhöchsten und besten Princips, welches von unserer Betrachtung ausgeschlossen bleibt, — sondern der Weltseele, wie sie die Wirklichkeit von allem und das Vermögen von allem und alles in allem ist. Zugegeben daher, dass es unzählige Individuen gebe: zuletzt ist alles eins, und das Erkennen dieser Einheit bildet Ziel und Grenze aller Philosophie und aller Naturbetrachtung; während die höhere Betrachtung, welche über die Natur hinaus sich erhebt, innerhalb ihres Gebietes bestehen bleibt, die für den der nicht glaubt doch etwas unmögliches und nichtiges ist.

Dic. Sehr wahr; denn dahin erhebt man sich durch ein übernatürliches, nicht durch ein natürliches Licht.

Teo. Dasselbe haben diejenigen nicht, welche alles für körperlich halten, entweder für einfache Körper wie den Aether, oder für zusammengesetzte wie die Sterne und was zu ihnen gehört, und welche die Gottheit nicht ausserhalb der unendlichen Welt und der unendlichen Dinge, sondern innerhalb jener und in diesen suchen.

Dic. Darin allein scheint mir der gläubige Theolog von dem wahren Philosophen unterschieden.

Teo. So denke ich auch. Ich glaube, ihr habt meine Meinung verstanden.

Dic. Sehr gut, deucht mir; daher schliesse ich aus eurer Rede, dass wir selbst dann, wenn wir die Materie immer nur auf die Naturerscheinungen beschränken und bei ihrer gebräuchlichen Definition, wie sie die landläufige Philosophie beibringt, fest bestehen bleiben, dennoch finden werden, dass sie einen höheren Rang behauptet, als diese ihr zuerkennt. Denn sie gesteht ihr schliesslich doch nichts anderes zu, als die Eigenschaft, Substrat der Formen, ein für die Formen der Natur empfängliches Vermögen ohne Namen, ohne Bestimmtheit, ohne irgend welche Begrenzung, weil ohne alle Actualität zu sein. Dies schien einigen Männern im Mönchsgewande schwierig, welche in der Absicht, diese Lehre nicht etwa zu verklagen, sondern sie zu entschuldigen, der Materie nur eine „entitative" Wirklichkeit zuschreiben, d. h. eine solche, die von dem, was schlechthin nichts ist und in der Natur keinerlei Existenz hat, wie ein Hirngespinst

oder sonst ein erdichtetes Ding, doch noch verschieden sei.
Denn diese Materie hat schliesslich das Sein, und dies
genügt ihr so auch ohne bestimmte Beschaffenheit und
ohne die Würdigkeit, welche von der bei ihr nicht
vorhandenen Actualität abhängt. Aber ihr würdet von
Aristoteles Rechenschaft verlangen: Warum nimmst du,
o Fürst der Peripatetiker, lieber an, dass die Materie nichts
sei, weil sie keine Wirklichkeit habe, als dass sie alles
sei, weil sie alle Arten der Wirklichkeit hat, habe sie nun
dieselben in verworrener oder verworrenster Weise in sich,
wie es dir gefällig ist? Bist du nicht eben der, der immer,
wenn er von dem Entstehen der Formen in der Materie
oder von der Erzeugung der Dinge spricht, behauptet,
dass die Formen aus dem Innern der Materie hervor-
spriessen und frei werden, und den man niemals sagen
hörte, dass sie vermittelst der bewirkenden Ursache von
aussen kommen, sondern dass diese sie aus dem Innern
hervorlocke? Ich sehe davon ab, dass du die bewirkende
Ursache derjenigen Erscheinungen, die du mit gemeinsamem Namen Natur nennst, doch zu einem innern, und
nicht zu einem äussern Princip machst, wie es bei den
durch die Kunst erzeugten Dingen der Fall ist. In dem
Falle nun, scheint mir, muss man ihr jede Form und
Wirklichkeit bestreiten, nämlich wenn sie sie von aussen
aufnimmt; in dem Falle, scheint mir, muss man sie ihr
alle zuschreiben, wenn sie sie alle aus ihrem eigenen
Schoosse hervortreiben soll. Bezeichnest nicht grade du,
wenn nicht durch die Vernunft gezwungen, doch durch
die Gewohnheit im Sprechen getrieben, bei der Begriffs-
bestimmung der Materie dieselbe vielmehr als das, aus
dem jede natürliche Art entspringt, als dass du jemals
gesagt hättest, sie sei das, an dem alles wird, wie man
sich doch ausdrücken müsste, wenn die Arten der Wirklichkeit nicht aus ihr hervorgingen und sie sie folglich
auch nicht in sich hätte?

Pol. Freilich pflegt Aristoteles mit den Seinigen zu
sagen, dass die Formae vielmehr aus der Potentia der
Materia educiret, als in dieselbe induciret werden, dass
sie vielmehr aus ihr emergiren, als in selbige ingeriret
werden: aber ich möchte behaupten, dass es dem Aristoteles beliebet hat, als Actus vielmehr die Explicatio der
Form und nicht die Implicatio derselbigen zu bezeichnen.

Dic. Und ich sage, dass etwas ausdrückliches, sinnlich wahrnehmbares und entfaltetes zu sein, nicht der wesentliche Grund der Wirklichkeit, sondern nur etwas aus ihr folgendes und durch sie bewirktes ist, sowie das Wesen des Holzes und der Grund seiner Wirklichkeit nicht darin besteht, dass es Bett ist, sondern darin, dass es von einer solchen Substanz und Beschaffenheit ist, dass es Bett, Bank, Balken, Götzenbild und jegliches sein kann, was aus Holz geformt wird. Nicht davon zu reden, dass aus der Materie der Natur alle natürlichen Dinge auf höhere Weise entstehen als aus der Materie der Kunst alle künstlichen Dinge. Denn die Kunst ruft aus der Materie die Formen hervor entweder durch Wegnahme, wie wenn man aus dem Steine eine Statue macht, oder durch Hinzufügung, wie wenn man ein Haus baut, indem man Stein zu Stein und Holz zu Erde zusammenfügt. Die Natur hingegen macht aus ihrer Materie alles auf dem Wege der Scheidung, der Geburt, des Ausfliessens, wie es die Pythagoreer, wie es Anaxagoras und Demokritus sich dachten und die Weisen Babyloniens bestätigten, deren Meinung auch Moses sich anschloss. Denn wenn er die von der universellen bewirkenden Ursache befohlene Erzeugung der Dinge beschreiben will, drückt er sich folgendermaassen aus: „Es bringe die Erde ihre Thiere hervor"; „es bringen die Gewässer die lebenden Seelen hervor";*) als ob er sagen wollte: es bringe sie die Materie hervor. Denn ihm zufolge ist das Materialprincip der Dinge das Wasser. Deshalb sagt er, dass die wirkende Vernunft, die er Geist nennt, über den Wassern schwebte,**) d. h. ihnen hervorbringende Kraft mittheilte und aus ihnen die natürlichen Formen erzeugte, die er hernach alle ihrer Substanz nach Gewässer nennt. Deshalb sagt er, von der Scheidung der niederen und höheren Körper sprechend, die Vernunft habe Gewässer von Gewässern geschieden, und aus deren Mitte lässt er das Trockene erschienen sein. Alle wollen also, dass die Dinge aus der Materie auf dem Wege der Scheidung und nicht auf dem der Hinzufügung und der Aufnahme von aussen kommen. Deshalb müsste man vielmehr sagen, dass die

---
* 1. Buch Mos. 1, 20; 24.
** 1. Buch Mos. 1, 2

Materie die Formen enthält und einschliesst, als sich vorstellen, sie sei derselben baar und schliesse sie aus. Weil sie also entfaltet, was sie unentfaltet enthält, darum muss man sie ein Göttliches, die gütigste Ahnfrau, die Gebärerin und Mutter der natürlichen Dinge, ja der Substanz nach die ganze Natur selber nennen. Nicht wahr, das behauptet ihr und das ist eure Meinung, Teofilo?

Teo. Grade dies.

[6] Dic. Ja, ich wundere mich sehr, dass unsere Peripatetiker die Analogie der Kunst nicht weiter durchgeführt haben. Aus vielen Materien, die sie kennt und behandelt, erachtet die Kunst diejenige für besser nnd werthvoller, welche weniger der Zerstörung ausgesetzt und hinsichtlich der Dauer beständiger ist, und aus welcher sich mehr Dinge erzeugen lassen. Deshalb gilt derselben Gold für etwas edleres als Holz, Stein und Eisen, weil es der Zerstörung weniger ausgesetzt ist, und weil seiner Schönheit, Beständigkeit, Formbarkeit und Vortrefflichkeit wegen dasselbe was aus Holz und Stein auch aus Gold gemacht werden kann, aber noch vieles andere ausserdem und zwar Grösseres und Besseres. Was sollen wir also von jener Materie sagen, aus der der Mensch, das Gold und alle Dinge der Natur gebildet werden? Muss sie nicht für werthvoller erachtet werden als die Materie der Kunst, und eine höhere Art von Wirklichkeit besitzen? Warum denn, o Aristoteles, willst du nicht, dass das, was aller Wirklichkeit, ich meine alles wirklich Existirenden, Fundament und Träger ist, und was nach dir immer ist, was ewig dauert: warum willst du nicht, dass dies in höherem Sinne wirklich sei als deine Formen, deine Entelechien, die da kommen und gehen? Wenn du doch diesem Formalprincip gleichfalls Dauer zusprechen wolltest . . . . .

Pol. Weil es nothwendig ist, dass die Principia ewiglich permaniren.

Dic. . . . . . zu den phantastischen „Ideen" Platos, die dir doch so sehr zuwider sind, kannst du doch deine Zuflucht nicht nehmen — so würdest du also entweder zu der Erklärung gezwungen oder genöthigt sein, diese specifischen Formen hätten ihre dauernde Actualität in der Hand der bewirkenden Ursache — und so kannst du nicht sagen, da gerade du die wirkende Ursache als

diejenige fasst, die die Formen aus dem Vermögen der
Materie selber erweckt und auslöst, — oder zu der andern,
sie hätten ihre dauernde Wirklichkeit im Schooss der
Materie, — und so allerdings wirst du nothwendigerweise
sagen müsen. Denn alle Formen, die nur gleichsam
auf ihrer Oberfläche erscheinen, — du nennst sie
individuell und in actu, — sowohl die, welche waren,
als die, welche sind und sein werden, sind vom Princip
gesetzt, nicht selbst Principien. Und gewiss, ich glaube,
dass die particuläre Form gerade so auf der Oberfläche
der Materie erscheint, wie das Accidens auf der Oberfläche der zusammengesetzten Substanz. Deshalb muss
im Vergleich zur Materie die in ihr ausgeprägte Form eben
so eine geringere Art von Actualität haben, wie die
accidentielle Form eine geringere Art von Actualität
hat im Vergleich mit der zusammengesetzten Substanz.

Teo. In der That, es ist eine armselige Entscheidung des Aristoteles, wenn er übereinstimmend mit allen
antiken Philosophen behauptet, die Principien müssten
ewige Dauer haben, und dann, — wenn wir in seiner
Lehre suchen, wo denn nun die natürliche Form, welche
auf dem Rücken der Materie hin und her fluthet, ihre
beständige Dauer habe, so werden wir sie nicht in den
Fixsternen finden, — denn diese Einzelwesen, die wir
sehen, steigen nicht aus ihrer Höhe herab, — nicht in
den ideellen von der Materie getrennten Typen — denn
diese sind jedenfalls, wenn nicht Missgeburten, schlimmer
als das, ich meine Hirngespinste und leere Einbildungen,
Wie also? Sie sind im Schoosse der Materie. Und dann?
Die Materie ist also die Quelle der Actualität. Wollt ihr,
dass ich euch noch mehr sage, und euch zeige, in welchen Abgrund von Absurdität Aristoteles gerathen ist?
Er behauptet, die Materie sei dem Vermögen nach. Fragt
ihn also, wann sie in Wirklichkeit sein werde. Der grosse
Haufe wird mit ihm selbst antworten: Wenn sie die Form
haben wird. Nun fahre fort und frage weiter: was ist
denn das, was nun sein Sein neu bekommen hat? Sie
werden sich selber zum Trotz antworten: Das Zusammengesetzte und nicht die Materie; denn diese ist immer sie
selber, sie erneut, sie verändert sich nicht; wie wir bei
den durch Kunst erzeugten Dingen, wenn aus Holz eine
Statue gemacht worden ist, nicht sagen, dass dem Holze

ein neues Sein zu Theil wird, — denn es ist jetzt um nichts mehr oder weniger Holz, als es dies früher war; — sondern was Sein und Wirklichkeit empfängt, ist*) das was erst neu hervorgebracht wird, das Zusammengesetzte, d. h. die Statue. Nun denn, wie könnt ihr dem die Möglichkeit zuschreiben, was niemals in Wirklichkeit sein oder Wirklichkeit haben wird? Also nicht die Materie ist im Zustande des Vermögens oder des Seinkönnens; denn sie ist immer dieselbe und unveränderlich, und sie ist das, in Bezug auf welches und an welchem die Veränderung geschieht, nicht selber das, was sich verändert. Das was sich verändert, sich vermehrt und vermindert, den Ort wechselt, untergeht, ist nach euch, den Peripatetikern selber, immer das Zusammengesetzte, niemals die Materie; warum also sagt ihr, die Materie sei jetzt dem Vermögen, jetzt der Wirklichkeit nach? Sicher darf niemand zweifeln, dass sie weder durch Annahme der Formen, noch durch Entlassen derselben aus sich, in Bezug auf ihre Wesenheit und Substanz, weder eine grössere noch eine geringere Art von Wirklichkeit empfängt, und dass deshalb keinerlei Grund ist, weshalb man sagen könnte, sie sei dem Vermögen nach. Dies passt vielmehr auf das, was an ihr in beständiger Bewegung ist, nicht auf sie, die in ewiger Ruhe, ja vielmehr die Ursache der Ruhe ist. Denn wenn die Form ihrem fundamentalen und specifischen Sein nach von einfacher und unveränderlicher Wesenheit ist, nicht nur in logischem Sinne in der Vorstellung und dem Begriff, sondern auch in physischem Sinne in der Natur, so wird sie in der beständigen Anlage der Materie sein müssen; diese aber ist ein von der Wirklichkeit ununterschiedenes Vermögen, wie ich es auf viele Weisen dargelegt habe, indem ich von dem Vermögen so viele Male gehandelt habe.

[7] Pol. Ich bitt' euch, sagt nun auch etwas von dem Appetitus der Materia, damit wir über einen gewissen Streit zwischen mir und Gervasio eine Resolution gewinnen.

Gerv. Ich bitt' euch, thut's, Teofilo; denn dieser hat mir den Kopf mit der Analogie zwischen dem Weib und der Materie wüst gemacht; das Weib ersättige sich

---

*) Wir lesen: *l'attualità, è lo che*. Lagarde p. 275, 16.

eben so wenig an Männern, als die Materie an Formen, und in dem Stile weiter.

Teo. Wenn doch die Materie nichts von der Form empfängt, warum nehmt ihr denn an, dass sie etwas begehre? Wenn sie, wie wir gesagt haben, die Formen aus ihrem Schooss entlässt, und folglich dieselben in sich hat, wie wollt ihr, dass sie sie begehre? Sie begehrt nicht jene Formen, die sich täglich auf ihrem Rücken ändern. Denn jedes wohl eingerichtete Ding begehrt das, wovon es eine Förderung empfängt. Was kann ein vergängliches Ding einem ewigen geben? ein unvollkommnes, wie es die immer in Bewegung befindliche Form der sinnenfälligen Dinge ist,*) einem anderen so vollkommnen, dass es, recht aufgefasst, etwas göttliches in den Dingen ist? Dies letztere vielleicht wollte David von Dinanto sagen, den einige, die über seine Meinung berichten, übel verstanden haben. Sie begehrt sie nicht, um von jener in ihrem Sein erhalten zu werden; denn das Vergängliche erhält nicht das Ewige; vielmehr erhält offenbar die Materie die Form. Deshalb muss manche Form vielmehr die Materie begehren, nm Dauer zu erlangen; denn wenn sie sich von jener trennt, verliert sie das Sein und nicht jene, die alles das hat, was sie hatte, bevor jene da war, und die auch andere haben kann. Ausserdem, wenn die Ursache der Zerstörung angegeben wird, so sagt man nicht, dass die Form die Materie flieht oder verlässt, sondern vielmehr dass die Materie diese Form abwirft, um eine andere anzunehmen. Ueberdies haben wir nicht besseren Grund zu sagen, dass die Materie die Formen begehre, als im Gegentheil dass sie sie hasse; — ich spreche von denen, die entstehen und vergehen. — Denn die Quelle der Formen kann nicht begehren, was in ihr ist, da man doch nicht begehrt, was man schon besitzt; denn mit eben so gutem Grunde, wie man sagt, dass sie das begehrt, was sie manchmal empfängt oder hervorbringt, kann man auch sagen, wenn sie abwirft und beseitigt, dass sie es verabscheut, ja viel mächtiger ver-

---

*) Die aus dem kurz Vorhergehenden hier wiederholten Worte: *ad una cosa eterna*, die Wagner beibehalten hat, lassen wir fort. In der Ausgabe von 1584 sind hier sogar zwei Zellen durch ein Versehen wiederholt. Lagarde p. 276, 10.

abscheut, als begehrt, da sie doch diese einzelne Form, die sie für kurze Zeit festgehalten hat, für ewig abwirft. Wenn du dich also dessen erinnerst, dass sie so viele Formen als sie annimmt, auch abwirft, so musst du mir gleicherweise auch erlauben zu sagen, dass sie einen Widerwillen gegen sie hat, wie ich dich sagen lasse, dass sie eine Sehnsucht nach ihnen hat.

Gerv. Nun sieh, da lägen ja die Festungen nicht nur des Poliinnio, sondern auch anderer Leute als er zu Boden.

Pol. *Parcius ista viris!**)

Dic. Wir haben für heute genug gelernt. Auf Wiedersehn morgen!

Teo. Lebt denn wohl!

---

*) Vergil, Eclog. 3, 7. *Parcius ista viris tamen objicienda memento!*

Männern erweist man weniger dreist solch Lästern, das merke!

Fünfter Dialog.

Teofilo. So ist denn also das Universum ein Einiges, Unendliches, Unbewegliches. Ein Einiges, sage ich, [1] ist die absolute Möglichkeit, ein Einiges die Wirklichkeit; ein Einiges die Form oder Seele, ein Einiges die Materie oder der Körper; ein Einiges die Ursache; ein Einiges das Wesen, ein Einiges das Grösste und Beste, das nicht soll begriffen werden können, und deshalb Unbegrenzbare und Unbeschränkbare und insofern Unbegrenzte und Unbeschränkte, und folglich Unbewegliche. Dies bewegt sich nicht räumlich, weil es nichts ausser sich hat, wohin es sich begeben könnte; ist es doch selber alles. Es wird nicht erzeugt, denn es ist kein anderes Sein, welches es ersehnen oder erwarten könnte; hat es doch selber alles Sein. Es vergeht nicht; denn es giebt nichts anderes, worin es sich verwandeln könnte, — ist es doch selber alles. Es kann nicht ab- noch zunehmen, — ist es doch ein Unendliches, zu dem einerseits nichts hinzukommen, von dem andererseits nichts hinweggenommen werden kann, weil das Unendliche keine aliquoten Theile hat. Es ist nicht veränderlich zu anderer Beschaffenheit; denn es hat nichts äusseres, von dem es leiden und afficirt werden könnte. Ferner indem es in seinem Sein alle Gegensätze in Einheit und Harmonie umfasst und keine Hinneigung zu einem andern und neuen Sein oder doch zu einer andern und wieder andern Art des Seins haben kann: so kann es nicht Substrat der Bewegung gemäss irgend einer Eigenschaft sein, noch anderem gegenüber etwas entgegengesetztes oder verschiedenes haben: denn in ihm ist alles in Eintracht. Es ist nicht Materie, denn es ist nicht gestaltet noch gestaltbar, nicht begrenzt noch begrenzbar. Es ist nicht Form, denn es formt und gestaltet nicht anderes — es ist ja alles; es ist das Grösste, ist eins und universell. Es ist nicht messbar und misst nicht. Es umfasst nicht, denn es ist nicht grösser als es selbst; es wird nicht umfasst, denn es ist nicht kleiner als es selbst. Es wird nicht verglichen; denn es ist nicht eins und ein anderes, sondern eins und dasselbe. Weil es eins und dasselbe ist, so hat es nicht ein Sein und noch ein Sein, und weil es dies nicht hat, so hat es auch nicht Theile und wieder Theile, und weil es diese nicht hat, so ist es nicht zusammengesetzt. So ist es denn eine Grenze, doch so dass es keine ist; es ist Form, doch so dass es nicht Form ist; es ist so Materie, dass es nicht Materie ist; es ist so Seele, dass es nicht Seele ist; denn es ist alles ununterschieden, und deshalb ist es Eines; das Universum ist Eines. In ihm ist sicherlich die Höhe nicht grösser als die Länge und Tiefe; deshalb wird es auf Grund einer gewissen Analogie eine Kugel genannt, es ist aber keine Kugel. In der Kugel ist die Länge dasselbe wie Breite und Tiefe, weil sie dieselbe Begrenzung haben; in dem Universum aber ist Breite, Länge und Tiefe dasselbe, weil sie auf dieselbe Weise keine Begrenzung haben und unendlich sind. Haben sie keine Hälfte, kein Viertel und kein anderes Maass, giebt es also hier überhaupt kein Maass, so ist hier auch kein aliquoter Theil, also überhaupt kein Theil, der von dem Ganzen verschieden wäre.

Denn wenn du von einem Theil des Unendlichen sprechen willst, so musst du ihn unendlich nennen; wenn er unendlich ist, so kommt er mit dem Ganzen in einem Sein zusammen: mithin ist das Universum ein Einiges, Unendliches, Untheilbares. Und wenn sich im Unendlichen kein Unterschied wie zwischen dem Ganzen und einem Theil, von Etwas und Anderem findet: so ist sicher das Unendliche ein Einiges. Innerhalb des Unendlichen ist kein grösserer und kein kleinerer Theil; denn dem Verhältniss des Unendlichen nähert sich ein noch so viel grösserer Theil nicht mehr an, als ein noch so viel kleinerer, und deshalb ist in der unendlichen Dauer die Stunde nicht vom Tage, der Tag nicht vom Jahr, das Jahr vom Jahrhundert, das Jahrhundert vom Moment verschieden; denn die Augenblicke und die Stunden haben nicht mehr Sein als die Jahrhunderte, und jene haben zur Ewigkeit kein geringeres Verhältniss als diese. Auf gleiche Weise ist im unermesslichen Raum der Zoll nicht verschieden vom Fuss, der Fuss von der Meile; denn dem Verhältniss der Unermesslichkeit nähert man sich in Meilen nicht mehr an als in Zollen. Deshalb sind unendlich viele Stunden nicht mehr als unendlich viele Jahrhunderte, und unendlich viele Zolle keine grössere Menge als unendlich viele Meilen. Dem Verhältniss, dem Gleichniss, der Vereinigung und Identität mit dem Unendlichen näherst du dich nicht mehr, indem du Mensch bist, als wenn du Ameise, nicht mehr wenn du Stern, als wenn du Mensch bist: denn jenem Sein rückst du nicht näher, wenn du Sonne oder Mond, als wenn du Mensch oder Ameise bist; und deshalb sind diese Dinge im Unendlichen ununterschieden. Was ich nun von diesen sage, meine ich ebenso von allen andern Dingen, die als Einzelwesen existiren. Wenn nun alle diese besonderen Dinge im Unendlichen nicht eins und ein anderes, nicht verschieden, nicht Arten sind, so haben sie in nothwendiger Folge auch keine Zahl: also ist das Universum wiederum ein einiges Unbewegliches. Weil es alles umfasst und nicht ein Sein und noch ein anderes Sein erleidet, und weder mit sich noch in sich irgend eine Veränderung erfährt, so ist es demzufolge alles das was es sein kann, und es ist in ihm wie ich neulich sagte die Wirklichkeit nicht vom Vermögen verschieden. Ist dem aber so, so muss nothwendig in ihm der Punkt, die Linie, die Fläche und der Körper nichts verschiedenes sein. Denn dann ist jene Linie Fläche, da die Linie, indem sie sich bewegt, Fläche sein kann; dann ist jene Fläche bewegt und ein Körper geworden, da die Fläche sich bewegen und durch ihre Bewegung zum Körper werden kann. Also kann nothwendigerweise der Punkt im Unendlichen nicht verschieden sein vom Körper; denn der Punkt wird vom Punktsein sich losreissend zur Linie, vom Liniesein sich losreissend zur Fläche, vom Flächesein sich losreissend zum Körper: da also der Punkt das Vermögen hat, Körper zu sein, so ist er, wo Vermögen und Wirklichkeit eins und dasselbe ist, vom Körper nicht verschieden. Mithin ist das Untheilbare nicht verschieden vom Theilbaren, das Einfachste nicht vom Unendlichen, der Mittelpunkt nicht vom Umfang. Weil also das Unendliche alles ist, was es sein kann, so ist es unbeweglich; weil in ihm alles ununterschieden ist, so ist es eins; und weil es alle Grösse und Vollkommenheit hat, die etwas überhaupt haben kann, so ist es ein grösstes und bestes Unermessliches.

Wenn der Punkt nicht vom Körper, der Mittelpunkt nicht vom Umfang, das Endliche nicht vom Unendlichen, das Grösste nicht vom Kleinsten verschieden ist: so können wir mit Sicherheit behaupten, dass das Universum ganz Centrum oder das Centrum des Universums überall ist, und dass der Umkeis nicht in irgend einem Theile, sofern derselbe vom Mittelpunkt verschieden ist, sondern vielmehr, dass er überall ist; aber ein Mittelpunkt als etwas von jenem verschiedenes ist nicht vorhanden. So ist es denn nicht nur möglich, sondern sogar nothwendig, dass das Beste, Grösste, Unbegreifliche alles ist, überall ist, in allem ist; denn als Einfaches und Untheilbares kann es alles, überall und in allem sein. Und also hat man nicht umsonst gesagt, dass Zeus alle Dinge erfülle, allen Theilen des Universums einwohne, der Mittelpunkt von dem sei, was das Sein hat, als eines in allem, und dass durch ihn Eines Alles ist. Da er nun alles ist und alles Sein in sich umfasst, so bewirkt er, dass Jegliches in Jeglichem ist.

[5] Aber ihr werdet mir sagen: warum verändern sich denn die Dinge? warum wird die geordnete Materie in immer andere Formen gezwängt? Ich antworte, dass alle Veränderung nicht ein anderes Sein, sondern nur eine andere Art zu sein anstrebt. Und das ist der Unterschied zwischen dem Universum selber und den Dingen im Universum. Denn jenes umfasst alles Sein und alle Arten zu sein; von diesen hat jegliches das ganze Sein, aber nicht alle Arten des Seins, und es kann nicht alle Bestimmungen und Accidentien in Wirklichkeit haben. Denn viele Formen sind nicht zugleich an demselben Substrat möglich, entweder weil sie entgegengesetzt sind, oder weil sie verschiedene Arten bezeichnen; so kann z. B. dasselbe individuelle Substrat nicht zugleich unter der Accidenz eines Pferdes und eines Menschen existiren oder die Raumausdehnung einer Pflanze und die eines Thieres haben. Ferner umfasst das Universum alles Sein gänzlich; denn ausserhalb und über dem unendlichen Sein ist überhaupt nichts, da es kein Aussen und kein Jenseits für dasselbe giebt; von den Dingen im Universum aber umfasst jedes alles Sein, aber nicht gänzlich, weil jenseits

eines jeden unendlich viel anderes ist. So seht ihr ein, dass alles in allem ist, aber in Jeglichem nicht gänzlich und auf jegliche Weise. So seht ihr ein, wie jedes Ding eines ist, aber nicht auf einheitliche Weise. So täuscht sich nicht, wer das Seiende, die Substanz und das Wesen eines nennt; als unendlich und unbegrenzt sowohl der Substanz als der Dauer nach, sowohl der Grösse als der Kraft nach hat es die Eigenschaft weder eines Princips noch eines Abgeleiteten; denn da jedes Ding in die Einheit und Identität einmündet, d. h. eins und dasselbe wird, so erlangt es die Eigenschaft des Absoluten, nicht des Relativen. In dem einen Unendlichen, Unbeweglichen, [6] d. h. der Substanz, dem Wesen, findet sich die Vielheit, die Zahl; diese aber als Modus und als Vielgestaltigkeit des Wesens, welche Ding für Ding besonders bestimmt, macht deshalb doch nicht das Wesen zu mehr als Einem, sondern nur zu einem vielartigen, vielgestaltigen und vielförmigen Wesen. Wenn wir daher mit den Naturphilosophen in die Tiefe gehen und die Logiker mit ihren Einbildungen bei Seite lassen, so finden wir, dass alles, was Unterschied und Zahl bewirkt, blosses Accidenz, blosse Gestalt, blosse Complexion ist. Jede Erzeugung, von welcher Art sie auch sei, ist eine Veränderung, während die Substanz immer dieselbe bleibt, weil es nur eine giebt, ein göttliches, unsterbliches Wesen. Das hat Pythagoras wohl einzusehen vermocht, welcher den Tod nicht fürchtet, sondern nur eine Verwandlung erwartet; alle die Philosophen haben es einzusehen vermocht, die man gewöhnlich Naturphilosophen nennt, und welche lehren, dass nichts seiner Substanz nach entstehe oder vergehe: es sei denn dass wir auf diese Weise die Veränderung bezeichnen wollen. Das hat Salomo eingesehen, welcher lehrt, dass es nichts neues unter der Sonne gebe, sondern das was ist schon vorher war.*) Da seht ihr also, wie alle Dinge im Universum sind und das Universum in allen Dingen ist, wir in ihm, es in uns, und so alles in eine vollkommene Einheit einmündet. Da seht ihr, wie wir uns nicht den Geist abquälen, wie wir um keines Dinges willen verzagen sollten. Denn diese Einheit ist einzig und stätig und dauert immer; dieses eine ist ewig;

---

* Prediger Salom. 1, 9. 10.

jede Geberde, jede Gestalt, jedes andere ist Eitelkeit, ist wie nichts; ja, geradezu nichts ist alles was ausser diesem Einen ist. Diejenigen Philosophen haben ihre Freundin, die Weisheit, gefunden, welche diese Einheit gefunden haben. Weisheit, Wahrheit, Einheit sind durchaus eins und dasselbe. Dass das Wahre, das Eine und das Wesen eins und dasselbe sind, haben viele*) zu sagen gewusst, aber nicht alle haben's verstanden. Denn manche haben nur den Ausdruck sich angeeignet, aber nicht das Verständniss der wahrhaft Weisen erreicht. Aristoteles unter den anderen, der das Eine nicht fand, fand auch das Wesen nicht und nicht das Wahre. Denn er erkannte das Wesen nicht als Eines; und obgleich er freie Hand hatte, die Bedeutung des der Substanz und dem Accidenz gemeinsamen Wesens zu erfassen und dann weiterhin seine Kategorieen mit Rücksicht auf die Vielheit der Gattungen und Arten durch ebenso viele Unterschiede zu bestimmen, so ist er nichts desto weniger in die Wahrheit deshalb so wenig eingedrungen, weil er nicht bis zur Erkenntniss dieser Einheit und Ununterschiedenheit der bleibenden Natur und des bleibenden Wesens hindurch gedrungen ist, und als ein recht seichter Sophist mit boshaften Auslegungen und wohlfeilen Ueberredungskünsten die Meinungen der Alten verdreht und sich der Wahrheit widersetzt hat, vielleicht nicht so sehr aus Schwäche der Einsicht, als aus Missgunst und Ehrsucht.

Dic. Also ist diese Welt, dieses Wesen, das wahre, das universelle, das unendliche, unermessliche, in jedem seiner Theile ganz, und mithin das Ubique, die Allgegenwart selber. Was daher im Universum ist, ist in Bezug auf das Universum nach dem Maasse seiner Fähigkeit überall, sei es auch was es wolle in Bezug auf die anderen besonderen Körper. Denn ist es über, unter, innerhalb, rechts, links und nach allen räumlichen Unterschieden; weil in dem ganzen Unendlichen alle diese Unterschiede und keiner von ihnen sind. Jedes Ding, das wir im Universum ergreifen, umfasst, weil es das was alles in allem ist in sich hat, in seiner Art die ganze Weltseele, obschon nicht gänzlich, wie wir oben gesagt haben, welche in jedem Theile desselben ganz ist.

---

*) Wir lesen *molti* statt *tutti*.

Wie daher die Wirklichkeit Eines ist und ein Sein bewirkt, wo es auch sei, so ist nicht zu glauben, dass es in der Welt eine Mehrheit von Substanzen und von dem was wahrhaft Wesen ist gebe. Sodann weiss ich, dass ihr es als ausgemacht anseht, dass jede von allen den unzähligen Welten, die wir im Universum sehen, darin nicht sowohl wie in einem sie umschliessenden Raume und wie in einer Ausdehnung und an einem Orte ist, sondern vielmehr wie in einer umfassenden, erhaltenden, bewegenden, wirkenden Kraft, welche von jeder unter diesen Welten ebenso vollständig umfasst wird, wie die ganze Seele von jedem Theile derselben. Mag daher auch immer eine einzelne Welt sich auf die andere zu und um dieselbe drehen, wie die Erde zur Sonne und um die Sonne: in Bezug auf das Universum bewegt sich doch nichts desto weniger keine auf dasselbe zu, noch um dasselbe, sondern in demselben.

Ferner nehmt ihr an, dass, wie die Seele auch nach [9] der gewöhnlichen Ansicht in der ganzen grossen Masse ist, der sie das Sein giebt, und doch zugleich ein Untheilbares und insofern auf dieselbe Weise im Ganzen und in jeglichem Theile ganz ist, so auch das Wesen des Universums Eines ist im Unendlichen und in jedem beliebigen Ding, dieses als ein Glied von jenem genommen: so dass in der That das Ganze und jeder Theil desselben der Substanz nach eines ist. Deshalb habe es Parmenides nicht unpassend Eines, unendlich, unbeweglich genannt, sei es auch mit seiner Ansicht sonst wie es wolle, welche unsicher ist, weil von einem nicht hinlänglich zuverlässigen Berichterstatter überliefert ist. Ihr lehrt, dass alle die Unterschiede, die man an den Körpern wahrnimmt in Bezug auf Form, Beschaffenheit, Gestalt, Farbe und anderes, was einzelnen eigenthümlich oder vielen gemeinsam ist, nichts anderes sind als die verschiedenen Erscheinungsweisen einer und derselben Substanz, die schwankende, bewegliche, vergängliche Erscheinung eines unbeweglichen, verharrenden und ewigen Wesens, in dem alle Formen, Gestalten und Glieder sind, aber in unterschiedenem und gleichsam ineinandergewickeltem Zustande, gerade wie im Samen der Arm noch nicht von der Hand, der Rumpf nicht vom Kopf, die Sehne nicht vom Knochen geschieden ist. Was aber durch die Sonderung und Scheidung erzeugt wird, das ist nicht eine neue und andere Substanz; sondern sie bringt nur gewisse Eigenschaften, Unterschiede, Accidentien und Abstufungen an jener Substanz zur Wirklichkeit und Erfüllung. Was man nun vom Samen mit Bezug auf die Glieder des Thieres sagt, dasselbe sagt man von der Nahrung mit Rücksicht auf die Daseinsform als Nahrungssaft, Blut, Schleim, Fleisch, Samen; dasselbe von jedem andern Dinge, welches ist, ehe es noch Speise oder etwas anderes wird; dasselbe von allen Dingen, indem wir von der untersten bis zur höchsten Stufe der Natur, von dem physischen Universum, welches von den Philosophen erkannt wird, zu der Hoheit des Urbildes aufsteigen, welches von den Theologen geglaubt wird, wenn du's gelten lässt, bis man zu der einen ursprünglichen und universellen, allem gemeinsamen Substanz gelangt, die so das Wesen, das Fundament aller verschiedenen Arten und Formen heisst, wie in der Kunst des Zimmermanns es eine Substanz, das Holz, giebt, welche für alle Maasse und Gestalten, die selbst nicht Holz, aber von Holz, im Holz, am Holz sind, als Substrat dient. Alles daher, was Verschiedenheit von Gattungen, Arten, was Unterschiede, Eigenthümlichkeiten bewirkt; alles was im Entstehen, Vergehen, in Veränderung und Wechsel existirt, ist nicht Wesen, nicht Sein, sondern Umstand und Bestimmung an Wesen und Sein; dieses aber ist ein einiges, unendliches, unbewegliches Substrat, Materie, Leben, Seele, Wahres und Gutes. Weil das Wesen untheilbar und schlechthin einfach ist, — weil es unendlich und ganz Wirklichkeit ist, ganz in allem und ganz in jedem Theile, so dass wir von Theilen im Unendlichen reden, nicht von Theilen des Unendlichen, — deshalb ist es eure Meinung, dass wir in keiner Weise die Erde als einen Theil des Wesens, die Sonne als einen Theil der Substanz ansehen können, da diese untheilbar ist; aber wohl ist es erlaubt, von der Substanz des Theiles oder besser von der Substanz in dem Theile zu sprechen, grade wie man nicht sagen darf, dass ein Theil der Seele im Arme, ein anderer im Kopfe ist, aber ganz wohl, dass die Seele in dem Theil, welcher Kopf ist, dass sie die Substanz des Theiles, oder in dem Theile ist, welcher Arm ist. Denn Theil, Stück, Glied, Ganzes, so viel als, grösser, kleiner, wie dies, wie jenes, als dies, als jenes, übereinstimmend, verschieden und andere Beziehungen drücken nicht ein Absolutes aus und können sich deshalb nicht auf die Substanz, auf das Eine, das Wesen beziehen, sondern nur vermittelst der Substanz an dem Einen und an dem Wesen als Modi, Beziehungen und Formen sein, wie man gemeinhin sagt, dass an einer Substanz die Quantität, Qualität, Relation, das Wirken, Leiden und andere Arten von Umständen sind. Solchergestalt ist das*) eine höchste Wesen, in welchem Wirklichkeit und Vermögen ungeschieden sind, welches auf absolute Weise alles sein kann und alles das ist, was es sein kann, in unentfalteter Weise ein Einiges, Unermessliches, Unendliches, was alles Sein umfasst; in entfalteter Weise dagegen ist es in den sinnlich wahrnehmbaren Körpern und in der Trennung von Vermögen und Wirklichkeit, wie wir sie in ihnen wahrnehmen. Deshalb ist es eure Ansicht, dass das, was erzeugt ist und erzeugt, sei es nun, um in der Redeweise der herkömmlichen Philosophie zu reden, ein anders benanntes oder ein gleichbenanntes Agens,**) und das, woraus erzeugt wird, immer von einer und derselben Substanz sind. Deshalb wird die Meinung des Heraklit eurem Ohr nicht übel klingen, welcher behauptete, alle Dinge seien ein Einiges, das vermöge der Veränderlichkeit alle Dinge in sich habe; und weil alle Formen in ihm seien, so kommen ihm demgemäss alle Bestimmungen zu, und insofern seien die sich widersprechenden Sätze wahr. Das nun, was in den Dingen die Vielheit ausmacht, ist nicht das Wesen, nicht die Sache selber, sondern nur Erscheinung, die sich den Sinnen darstellt, und nur an der Oberfläche der Sache.

Teo. Ganz richtig. Weiter aber möchte ich, dass ihr euch mehrere Hauptpunkte dieser allerwichtigsten Erkenntnis und dieses zuverlässigsten Fundamentes für die Wahrheiten und Geheimnisse der Natur fester einprägt. Zuerst also merkt euch, dass es eine und dieselbe Stufen-

---

*) Wir lesen: *geni: talmente l'uno*. Die Interpunction haben wir vielfach stillschweigend berichtigt. Lagarde 282, 26.

**) Das soll wohl heissen: „ob das Erzeugte dem Erzeugenden gleichartig ist oder nicht;" im Text steht: *o sia equivoco o univoco agente*. Vgl. Arist. Metaph. VII, 9; 7; 8. 1034^a 21. 1032^a 24. 1033^b 29.

leiter ist, auf welcher die Natur zur Hervorbringung der Dinge herabsteigt, und auf welcher die Vernunft zur Erkenntniss derselben emporsteigt: beide gehen von der Einheit aus zur Einheit hin, indem sie durch die Vielheit der Mittelglieder sich hindurchbewegen. Ich bemerke beiläufig, dass in ihrem philosophischen Verfahren die Peripatetiker und viele Platoniker der Vielheit der Dinge als der Mitte die absolute Wirklichkeit von dem einen Extrem und das absolute Vermögen vom andern Extrem aus vorangehen lassen, während wieder andere mit einer Art von Metapher die Finsterniss und das Licht zur Erzeugung unzähliger Stufen von Formen, Bildern, Gestalten und Farben zusammenwirken lassen. Hinter diesen, welche zwei Principien und zwei Herren ins Auge fassen, rücken andere heran, welche der Vielherrschaft feindlich und überdrüssig jene beiden in Einem sich vereinigen lassen, was zugleich Abgrund und Finsterniss, Klarheit und Licht, tiefes und undurchdringliches Dunkel, erhabenes und unzugängliches Licht ist.*) — Zweitens sollt ihr merken, dass die Vernunft, sobald sie sich von der Vorstellungskraft, mit der sie verbunden ist, soweit befreien und ablösen will, dass sie nur noch mathematische und vorstellbare Figuren verwendet, um entweder vermittelst derselben oder nach ihrer Analogie das Sein und die Substanz der Dinge zu begreifen, — dass also die Vernunft in dieser Absicht wiederum die Vielheit und Verschiedenheit der Arten auf eine und dieselbe Wurzel zurückführt. So dachte sich Pythagoras, der die Zahlen zu den specifischen Principien der Dinge machte, als das Fundament und die Substanz von allen die Einheit; Plato und andere, welche die dauernden Gattungen in die Formen setzten, dachten sich als den einen Stamm und die eine Wurzel von allen, als universelle Substanz und Gattung den Punkt; und vielleicht sind Fläche und Körper das, was Plato schliesslich unter seinem „Grossen" verstand, und Punkt und Atom das, was er sich bei seinem „Kleinen" dachte, den beiden artbildenden Principien der Dinge, welche nachher auf eines zurückgehen, wie jedes

---

*) Die Neuplatoniker sind gemeint, wie vorher etwa die Manichäer als die, welche die Dinge aus Licht und Finsterniss ableiten.

Theilbare auf das Untheilbare. Diejenigen also, welche
als das substantielle Princip die Eins bezeichnen, sehen
die Substanzen für Zahlen an; die andern, welche das
substantielle Princip als Punkt fassen, denken sich die
Substanzen der Dinge wie Figuren; alle aber kommen
darin überein, als Princip ein Untheilbares zu setzen.
Indes besser und befriedigender ist doch die Auffassung
des Pythagoras als die des Plato; denn die Einheit ist
Ursache und Grund der Untheilbarkeit und Punktualität
und ein absoluteres und dem universellen Wesen angemesseneres Princip.

Gerv. Wie kommt's, dass Plato, der doch der Spätere
ist, es nicht eben so gut oder besser gemacht hat als
Pythagoras?

Teo. Weil er lieber für einen Meister angesehen
werden wollte, wenn er eine weniger gute Lehre auf eine
weniger passende und angemessene Weise vortrug, als
für einen Schüler, wenn er für die bessere Lehre den
besseren Ausdruck gebrauchte; ich will sagen, dass er
bei seinem Philosophiren mehr den eignen Ruhm als die
Wahrheit im Auge hatte. Kann ich doch nicht zweifeln,
dass er recht gut wusste, dass seine Lehrart mehr auf
die körperlichen und als körperlich angesehenen Dinge
passte, während jene andere auf diese ganz eben so gut
und passend anzuwenden war, wie auf alle anderen, welche
Verstand, Einbildungskraft, Vernunft, die eine wie die
andere Natur, erzeugen könnten. Jeder wird zugestehen,
dass es dem Plato nicht verborgen blieb, dass Einheit
und Zahl wohl unentbehrlich sind, um Figuren und
Punkte zu untersuchen und verständlich zu machen; aber
dass nicht umgekehrt Figuren und Punkte unentbehrlich
sind, um von der Zahl ein Verständnis zu erlangen. Denn
während die ausgedehnte und körperliche Substanz von
der unkörperlichen und ungetheilten abhängt, ist diese
doch von jener unabhängig, weil der Begriff der Zahl
ohne den des Maasses gegeben ist, der Begriff des
Maasses aber nicht von jenem abgelöst werden kann.
Denn der Begriff des Maasses kommt nicht vor ohne den
der Zahl. Deshalb ist die arithmetische Analogie und
Proportion geeigneter als die geometrische, uns durch
die Mitte der Vielheit zur Betrachtung und Auffassung
jenes untheilbaren Princips zu führen, für welches es,

weil es die einheitliche und wurzelhafte Substanz aller Dinge ist, unmöglich einen festen und bestimmten Namen und einen Ausdruck der Art geben kann, der positiv und nicht bloss negativ das Wesen desselben ausdrückte. Daher haben es einige Punkt, andere Einheit, andere Unendliches und auf verschiedene ähnliche Weisen benannt. Dazu kommt, dass die Vernunft einen Gegenstand, wenn sie das Wesen desselben begreifen will, soviel wie möglich vereinfacht, d. h. sich aus der Zusammensetzung und
10 Vielheit zurückzieht, indem sie die vergänglichen Accidentien, die Ausdehnungen, die Zeichen, die Figuren auf das ihnen zu Grunde Liegende zurückführt. So verstehen wir ein langes Schriftstück, eine weitläufige Rede nur durch Zusammenziehung in einen einfachen Grundgedanken. Die Vernunft beweist darin offenbar, wie die Substanz der Dinge in der Einheit besteht, welche sie in voller Wahrheit oder wenigstens annähernd zu erfassen sucht. Glaube mir, derjenige würde der idealste und vollkommenste Mathematiker sein, der alle in den
20 Elementen des Euklides zerstreuten Sätze in einen einzigen Satz zusammenzuziehen vermöchte; der vollkommenste Logiker derjenige, welcher alle Gedanken auf einen einzigen zurückführte. Daher giebt es eine Stufenleiter der Intelligenzen.

Die niederen vermögen eine Vielheit von Dingen nur vermittelst vieler Vorstellungen, Gleichnisse und Formen aufzufassen; die höheren verstehen sie besser vermittelst einer geringen Anzahl; die höchsten verstehen sie vollkommen vermittelst der allergeringsten Anzahl; die Ur-Intelligenz versteht das Ganze aufs vollkommenste in
30 einer Anschauung; der göttliche Verstand und die absolute Einheit ist ohne irgend eine Vorstellung das was versteht und das was verstanden wird in einem zugleich. So lasst uns denn, zu der vollkommnen Erkenntnis emporsteigend, die Vielheit vereinfachen, wie die Einheit, wenn sie zur Hervorbringung der Dinge herabsteigt, sich vermannichfacht. Das Herabsteigen geschieht von einem Wesen zu unendlich vielen Individuen und unzähligen Arten, das Emporsteigen umgekehrt von diesen zu jenem.
40 Zum Beschluss dieser zweiten Betrachtung also bemerke ich Folgendes. Wenn wir emporstreben und uns um das Princip und die Substanz der Dinge bemühen, so

klimmen wir zur Unterschiedslosigkeit auf, und niemals glauben wir das erste Wesen und die universelle Substanz erreicht zu haben, so lange wir nicht zu jenem einen Unterschiedslosen gelangt sind, in welchem alles enthalten ist; so sehr glauben wir von Substanz und Wesen nicht mehr zu verstehen, als wir von der Unterschiedslosigkeit zu verstehen vermögen. Daher führen die Peripatetiker und die Platoniker unendlich viele Individuen auf einen ungeschiedenen Grund vieler Arten zurück; unzählige Arten befassen sie unter bestimmten Gattungen, wie deren Archytas zuerst zehn aufgestellt hat, die einem Wesen, einem Ding zukämen. Dieses reale Wesen haben jene nur als einen Namen und eine Wortbezeichnung, als einen logischen Begriff und schliesslich als ein Nichtiges*) gefasst; denn nachher, wenn sie von der Physik handeln, kennen sie ein solches Princip der Wirklichkeit und des Seins für alles Seiende nicht, wie sie einen Begriff und einen allem Sagbaren und Begreiflichen gemeinsamen Namen kennen, was ihnen sicher aus Schwäche des Verstandes begegnet ist.

Drittens merke Folgendes. Da Substanz und Sein von der Quantität gesondert und unabhängig und demzufolge Maass und Zahl nicht Substanz, sondern an der Substanz, nicht Wesen, sondern etwas am Wesen ist, so müssen wir nothwendigerweise die Substanz als ihrem Wesen nach von Zahl und Maass frei bezeichnen, und deshalb als ein ungetheiltes Einheitliches in allen besonderen Dingen, welche ihre Besonderheit von der Zahl, das heisst von dem haben, was an der Substanz ist. Wer daher den Poliinnio als Poliinnio wahrnimmt, nimmt keine particuläre Substanz, sondern die Substanz im Partikulären und in den Unterschieden, welche an ihr sind, wahr; die Substanz setzt vermittelst der letzteren diesen Menschen unter einer bestimmten Art in Zahl und Vielheit. Wie hier bestimmte Accidentien der menschlichen Natur eine Vielfachheit derjenigen bewirken, welche individuelle Exemplare der Menschheit heissen, so bewirken gewisse Accidentien des thierischen Organismus eine Vielfachheit von Arten thierischer Organismen, be-

---

*) Wir lesen mit der Ausgabe v. 1584 *vanità*. Wagner (p. 287) hat *unità*. Lagarde, p. 285, 14.

stimmte Accidentien des lebenden Wesens eine Vielfachheit
von Beseeltem und Lebendigem, gewisse Accidentien der
Körperlichkeit eine Vielfachheit der Körperlichkeit, gewisse Accidentien der Subsistenz eine Vielfachheit der
Substanz. Gerade so bewirken gewisse Accidentien des
Seins eine Vielfachheit der Wesenheit, der Wahrheit, der
Einheit, des Wesens, des Wahren, des Einen.

Viertens, merke dir die Hindeutungen und die Mittel
zur Bekräftigung, vermittelst deren wir schliessen wollen,
dass die Gegensätze in Einem zusammentreffen; und
daraus wird zuletzt sich unschwer erweisen lassen, dass
alle Dinge Eines sind. Denn jede Zahl, ebensowohl die
grade wie die ungrade, sowohl die unendliche, wie die
endliche, geht auf die Einheit zurück, welche in endlicher
Reihe wiederholt die Zahl setzt, in unendlicher die Zahl
negirt. Die Hindeutungen werde ich der Mathematik, die
Mittel der Bekräftigung den andern ethischen und speculativen Doctrinen entnehmen. Also zunächst die Hindeutungen. Sagt mir: was ist der graden Linie unähnlicher als der Kreis? was dem Graden entgegengesetzter
als das Krumme? Dennoch stimmen sie im Princip und
im kleinsten Theile überein. Denn welcher Unterschied
liesse sich — wie Cusanus, der Enthüller der schönsten
Geheimnisse der Geometrie so vortrefflich bemerkt hat,
— zwischen dem kleinsten Bogen und der kleinsten Sehne
entdecken? Ferner im Grössten: welcher Unterschied liesse
sich zwischen dem unendlichen Kreise und der graden
Linie finden? Seht ihr nicht, wie der Kreis, je grösser
er ist, sich um so mehr mit seinem Bogen der Gradlinigkeit nähert? Wer ist so blind, dass er nicht sähe,*)
wie der Bogen, je grösser er wird, und je grösser der
Kreis, dessen Theil er ist, um so mehr sich der graden
Linie annähert, die durch die Tangente bezeichnet wird?
Hier muss man doch sicher sagen und glauben, dass wie
die Linie, je mehr ihre Grösse zunimmt, um so mehr
sich der graden annähert, so auch die grösste von allen
im Superlativ mehr als alle andern grade sein muss, so
dass zuletzt die unendliche Grade sich als der unendliche

---

*) Die drei im Texte befindlichen Figuren haben wir bei der
an sich klaren Betrachtung für entbehrlich gehalten. Das hat
auch kleine Aenderungen im Texte selber bedingt.

Kreis erweist. Da seht ihr, dass nicht nur das Grösste
und Kleinste in einem Sein zusammentreffen, wie wir
öfter ausgeführt haben, sondern auch im Grössten und
im Kleinsten die Gegensätze eins und ununterschieden
werden. Vielleicht möchtest du ferner die endlichen
Arten mit dem Dreieck vergleichen, weil alle endlichen
Dinge am Begrenzt- und Eingeschlossensein des ersten
Begrenzten und des ersten Eingeschlossenen nach einer
gewissen Analogie theilnehmend gedacht werden, wie in
allen Gattungen alle entsprechenden Prädikate ihren Rang
und ihre Stellung vom ersten und grössten innerhalb
derselben Gattung empfangen. Das Dreieck nun ist die
erste Figur, die sich nicht mehr in eine andere noch ein-
fachere Art von Figur auflösen lässt, während im Gegentheil das Viereck in Dreiecke aufgelöst wird. Es ist deshalb die Urform jedes endlichen und gestalteten Dinges.
Du würdest aber finden, dass das Dreieck, wie es sich
nicht in eine andere Figur auflösen lässt, sich auch nicht
in solchen Dreiecken darstellen kann, in denen die Summe
der drei Winkel grösser oder kleiner wäre, mögen sie auch
sonst noch so verschieden, von noch so verschiedener Gestalt,
dem Rauminhalt nach noch so gross oder noch so klein sein.
Setze nun ein unendlich grosses Dreieck, — ich meine
nicht auf reelle und absolute Weise; denn das Unendliche
hat keine Gestalt, sondern unendlich meine ich in bloss
hypothetischer Weise und soweit sich an einem Winkel
das was wir zeigen wollen überhaupt zeigen lässt; —
es wird keine grössere Winkelsumme haben, als das kleinste
endliche Dreieck, nicht bloss keine grössere als die
mittelgrossen oder ein anderes grösstes. Wenn wir nun
die Vergleichung von Figuren und Figuren, ich meine
von Dreiecken und Dreiecken bei Seite lassen, und Winkel
gegen Winkel halten, so sind alle, so gross oder so klein
sonst, dennoch gleich. Man sieht dies leicht, wo eine
und dieselbe Linie die Diagonale mehrerer Quadrate von
ungleicher Grösse ist. Nicht nur die rechten Winkel der
Quadrate sind einander gleich, sondern auch alle spitzen,
welche durch die Theilung vermittelst der Diagonale entstehen, welche doppelt so viele Dreiecke von lauter gleichen
Winkeln erzeugt. Dies ist ein sehr fassliches Gleichnis
dafür, wie die eine unendliche Substanz in allen Dingen
ganz sein kann, obgleich in den einen auf endliche, in

Fünfter Dialog.

den andern auf unendliche Weise, in diesen nach geringerem, in jenen nach grösserem Maassstab. Aber lass uns weiter sehen, wie in diesem Einen und Unendlichen die Gegensätze zusammenfallen. Der spitze und stumpfe Winkel sind solche Gegensätze; und doch siehst du sie aus einem untheilbaren und identischen Princip entstehen, d. h. aus einer Neigung des Perpendikels, welches sich mit einer andern Linie schneidet, gegen diese. Drehet sich das Perpendikel in der Ebene um den Punkt, in welchem es eine andere Linie schneidet, so bildet es jedesmal in einer und derselben Richtung in einem und demselben Punkte erst zwei einander durchaus gleiche rechte Winkel, dann einen spitzen und einen stumpfen Winkel von um so grösserem Unterschied, je grösser die Drehung wird; hat diese eine bestimmte Grösse erreicht, so tritt wieder die Indifferenz von Spitz und Stumpf ein, indem beide sich gleicherweise aufheben, weil sie in dem Vermögen einer und derselben Linie Eines sind. Und wie die Linien haben zusammenfallen und den Unterschied aufheben können, so kann sich die drehende Linie von der anderen auch wieder trennen und den Unterschied setzen, indem sie aus demselbigen einen und untheilbaren Princip die entgegengesetztesten Winkel erzeugt, nämlich den grössten spitzen und den grössten stumpfen bis zum kleinsten spitzen und kleinsten stumpfen und weiter bis zur Indifferenz des rechten Winkels und zu der Uebereinstimmung, welche in dem Zusammenfallen der Senkrechten mit der Wagerechten besteht.

Ich komme jetzt zu den Mitteln der Bekräftigung. Zunächst von den wirksamen Urqualitäten der körperlichen Natur. Wer wüsste nicht, dass das Princip der Wärme etwas untheilbares und darum von aller Wärme geschiedenes ist, weil das Princip keines von den abgeleiteten Dingen sein darf? Wenn dem so ist, wer kann etwas gegen die Behauptung einwenden, dass das Princip weder warm noch kalt, sondern eine Identität des Warmen und des Kalten ist? So ist denn ein Entgegengesetztes Princip des andern, und die Veränderungen bilden deshalb einen Kreislauf nur dadurch, dass es nur ein Substrat, ein Princip, ein Ziel, eine Fortentwickelung und eine Wiedervereinigung beider giebt. Das Minimum der Wärme und das Minimum der Kälte sind durchaus eins und dasselbe; von der Grenze, wo das Maximum der Wärme liegt, entspringt das Princip der Bewegung zur Kälte hin. Daher ist es offenbar, dass zuweilen nicht nur die beiden Maxima in dem Widerstreit und die beiden Minima in der Uebereinstimmung, sondern auch das Maximum und das Minimum im Wechselspiel der Veränderung zusammentreffen.*) Deshalb pflegen die Aerzte nicht ohne Grund grade bei der vollkommensten Gesundheit besorgt zu sein; im höchsten Grade des Glücks sind vorsichtige Leute am bedenklichsten. Wer sähe nicht, dass das Princip des Vergehens und Entstehens nur eines ist? Ist nicht der letzte Rest des Zerstörten Princip des Erzeugten? Sagen wir nicht zugleich, wenn jenes aufgehoben, dies gesetzt ist: jenes war, dieses ist? Gewiss, wenn wir recht erwägen, sehen wir ein, dass Untergang nichts anderes als Entstehung und Entstehung nichts anderes als Untergang ist: Liebe ist eine Art des Hasses, Hass endlich ist eine Art der Liebe. Hass gegen das Widrige ist Liebe zum Zusagenden: die Liebe zu diesem ist der Hass gegen jenes. Der Substanz und Wurzel nach ist also Liebe und Hass, Freundschaft und Streit eins und dasselbe. Woher entnimmt der Arzt das Gegengift sicherer als aus dem Gifte? Was liefert besseren Theriak als die Viper? In den schlimmsten Giften die besten Heilkräfte. Wohnt nicht ein Vermögen zwei entgegengesetzten Gegenständen bei? Nun, woher glaubst du denn kommt dies, wenn nicht davon, dass das Princip des Seins ebenso eins ist, wie das Princip des Begreifens beider Gegenstände eines ist, und dass die Gegensätze ebenso an einem Substrat sind, wie sie von einem und demselben Sinne wahrgenommen werden? Nicht zu reden davon, dass das Kugelförmige auf dem Ebenen ruht, das Concave im Convexen weilt und liegt, das Zornige mit dem Geduldigen verbunden lebt, dem Hoffährtigsten am allermeisten der Demütige, dem Geizigen der Freigebige gefällt.

Zum Schluss also: wer die tiefsten Geheimnisse der Natur ergründen will, der sehe auf die Minima und Maxima am Entgegengetetzten und Widerstreitenden und

---

*) Wir lesen: *concorreno*. Die Ausgabe von 1584: *ocorreno*. Wagner (p. 291): *accorreno*. Lagarde p. 288,21.

fasse diese ins Auge. Es ist eine tiefe Magie, das Entgegengesetzte hervorlocken zu können,*) nachdem man den Punkt der Vereinigung gefunden hat. Aristoteles bei aller seiner Dürftigkeit hat wohl an etwas derartiges gedacht, als er die Privation, mit welcher eine bestimmte Anlage verbunden ist, als Urheberin, Erzeugerin und Mutter der Form setzte; aber freilich vermag er nicht das Ziel zu erreichen. Er hat es nicht erreichen können, weil er bei der Gattung, dem Unterschiede überhaupt, stehen blieb und wie angefesselt nicht weiter kam bis zur Art, dem conträren Gegensatz. Deshalb hat er das Ziel nicht erreicht, nicht einmal sein Augenmerk darauf gerichtet; deshalb hat er den ganzen Weg mit der einen Behauptung verfehlt, Gegensätze könnten nicht in Wirklichkeit an einem und demselben Substrat zusammentreffen.

Pol. Sublim, seltsamlich und fürtrefflich habt ihr vom Ganzen, vom Maximo, vom Wesen, vom Principio, von dem Einen disseriret. Aber ich möchte euch von der Einheit nun auch die Unterschiede aufzeigen sehen; denn ich finde, dass geschrieben stehet: Es ist nicht gut, allein sein!**) Ueberdies empfinde ich auch grosse Angst, weil in meinem Geldbeutel und Geldsack nur ein verwitweter Groschen herberget.

Teo. Diejenige Einheit ist alles, die nicht entfaltet, nicht als etwas Vertheiltes und der Zahl nach Unterschiedenes, nicht in solcher Eigenthümlichkeit existirt, wie du es vielleicht verstehen würdest, sondern welche ein Umschliessendes und Umfangendes ist.

Pol. Ein Exemplum her! Denn die Wahrheit zu sagen, ich höre wohl, aber ich capire mit nichten.

Teo. So wie der Zehner auch eine Einheit, aber eine umschliessende ist, der Hunderter eben so sehr Einheit, aber eine noch mehr umschliessende, der Tausender eben so sehr Einheit ist, wie die andern, aber viel mehr enthaltend. Was ich euch hier in arithmetischem Gleichnis aufzeige, das musst du in höherem und abstracterem Sinne in allen Dingen verstehen. Das höchste Gut, der höchste Gegenstand des Begehrens, die höchste Vollkom-

---

*) *saper trar,* wie die Ausg. v. 1584 hat. Wagner (p. 291) hat *saper* fortgelassen.

**) 1. Buch Mos. 2, 18

menheit, die höchste Glückseligkeit besteht in der Einheit, welche alles in sich schliesst. Wir ergetzen uns an der Farbe, aber nicht so an einer entfalteten, welcher Art sie auch sei, sondern am meisten an einer solchen, welche alle Farben in sich schliesst. Wir erfreuen uns an dem Klange, nicht an einem besondern, sonderen an einem inhaltsvollen, welcher aus der Harmonie vieler Töne sich ergiebt. Wir freuen uns an einem sinnlich Wahrnehmbaren, aber zumeist an dem, welches alles sinnlich Wahrnehmbare in sich fasst; an einem Erkennbaren, welches alles Erkennbare, an einem Begreiflichen, welches alles Begreifliche umfasst, an einem Wesen, welches alles umschliesst, am meisten an dem einen, welches das All selber ist. So würdest du, Poliinnio, dich auch mehr freuen an der Einheit eines Edelsteines, der so kostbar wäre, dass er alles Gold der Erde aufwöge, als an der Vielheit der Tausende von Tausenden solcher Groschen wie die, von denen du einen in der Börse hast.

Pol. Excellent!

Gerv. Nun bin ich also ein Gelehrter. Denn wie der, der das Eine nicht versteht, nichts versteht, so versteht der alles, wer wahrhaft das Eine versteht; und wer sich der Erkenntnis des Einen mehr annähert, kommt auch der Erkenntnis von allem näher.

Dic. So gehe ich, wenn ich's recht verstanden habe, durch die Auseinandersetzungen des Teofilo, des treuen Berichterstatters über die Lehre des Philosophen von Nola, wesentlich bereichert von dannen.

Teo. Gelobt seien die Götter, und gepriesen von allem was da lebet sei das Unendliche, das Einfachste, Einheitlichste, Erhabenste und Absoluteste: **Ursache, Princip und Eines!**

ANMERKUNGEN

1*, 6: Der Druckort Venedig ist zwecks besseren Verkaufs fingiert: Doc. ven. XI; Literatur aus Italien war in der Umgebung des englischen Hofes in Mode. In Wirklichkeit: London bei John Charlewood (C S. XII).

3*, 11: Michel de Castelnau (1520—1592), französischer Diplomat, zeitweise in Deutschland, Savoyen, beim Papst, 1574 bis Oktober 1585 Botschafter Heinrichs III. bei Elisabeth von England. Weitere Informationen in Yates 1934, Kap. V und CC 1955, Anm. S. 67 u. 79. Er beherbergte B. während dessen Aufenthaltes in London, Juni 1583—Oktober 1585, in seinem Haus (Doc. ven. IX).

5*, 19: „regolato senso" bzw. „sentimento": Klausel für B.s Erkenntnismethode; Vgl. S. 27,7 u. 64, 21; CC 37, 143; I 455, 467, 500, 516; E 1087; Ad Oxon. Acad. Procancellarium, OL II 2, S. 78; LC 245, S. 246 plant der Autor: „in regulanda ratione, et intellectus artificiosa formatione (...) tentanda est promotio".

6*, 29: „Substrat", „soggetto": wie bei L. durchgehend so übersetzt.

6*, 34: „non è uno animale positiva, ma negativamente". Die Adverbien müssen auf „uno" bezogen werden, statt auf „animale", was keinen Sinne gäbe. Die gleiche Unterscheidung LTS 30: „dicitur (sc. materia) una privativé, non autem formaliter et terminativé; dicitur inquam una per absolutionem a numero, non per contractionem ab unitate". Vgl. u. S. 98,11—13; LTS 188, LPA 284, STM 16 u.ö. Eins also nicht als Beginn einer Zahlenreihe (quantitativ), sondern als ununterschiedene Gemeinsamkeit (qualitativ).

12*, 2: Der Zusatz (C nach Namer) ist entspr. dem Sinn im 4. Dial. notwendig: S. 80, 37 f.

14*, 21: Zeus wird hier eindeutig als bloßer Name gekennzeichnet. In Spaccio ist er einer der Protagonisten, von dem es heißt, sein Name sei Grundlage des ganzen Metaphernsystems der griechischen Mythologie, an die B. sich dort anlehnt (Spaccio 647). Vgl. Im 204 (OL I 1): „natura atque efficiens ille (quocumque appellatur nomine) universalis".

14*, 25: Das, was zuletzt und entscheidend das Sein und die Erkenntnis begründet, nennt B. wiederholt innerlicher als das zu Begründende sich selbst ist: A 69: „(divinitas) magis ipsa nobis, quam ipsi nobis esse possimus, intimus". (Ähnl. CC 34, E 1087, STM 73, U 59, Comp. imag. OL II 3 S. 90; Giov. Pico, Heptaplus V u VI, ed. Garin, Firenze 1942, S. 302 f, 310; Augustinus, Conf. III 6, 11.) Diesen Doppelsinn der Identität und Nichtidentität von Be gründendem und Begründetem muß eine Diskussion über B.s „Pan theismus" bedenken (vgl. Tocco 1891, S. 46 f). (Daß B. in diesem Zusammenhang Ansätze einer transzendentalen Konstruktion vor wegnimmt, werde ich in meiner Dissertation über die philosophi schen Grundlagen der Aristotelesrezeption bei B., auf die mir er laubt sei hier hinzuweisen, im Einzelnen darlegen. Auf anderem Wege kommt W. Beierwaltes, Einleitung o. S. XXI zu ähnlicher Ergebnissen.) — LTS 41: „Pater seu mens seu plenitudo: Magis in trinsecum est rerum substantiae, et intimius in omnibus ac singu lis, quam omnia ac singula esse possunt in se ipsis." LTS 42: „Dici tur omnia in omnibus, ex qua ratione, quia ipse est totus ubique praesens, dixit Anaxagoras ‚omnia esse in omnibus'; quia qui est omnia, est in omnibus."

Dieses ‚omnia in omnibus' des Anaxagoras (Vgl. Diels 59 B 6 8; 11; A 44 = Lukrez I 876 f, A 52 = Arist., Phys. I 4 187 a 26 ff), beweist er hier mit der ‚Innerlichkeit' des Göttlichen im All und in den Dingen, in S 196 u. Ma 436 u.ö. mit der anima mundi. Es ist eine häufig wiederkehrende Kurzformel für B.s Erkenntnistheorie und Ontologie, wonach es möglich ist, ausgehend vom Einen, Unendlichen oder Göttlichen Einzelnes zu erkennen, indem man „von allem zu allem fortschreitet" (S. 208), und auf der u.a. seine lullistisch-mnemonischen Schriften basieren . — U 25 f: „natura facere den soll.
ex omnibus"; vgl. OL II 2 S. 53, 133, 179f; II 3 S. 95, 282; III S. 35, 42.

Zu B.s Quellen s. Anm. 29,7, Empedokles; vgl. Cusanus, Doct. ign. II 5 „Quodlibet in quolibet". Im Text s.a. S. 37 u. 68.

16*, 10: Auf diese Stelle bezieht sich B. in I 362 und erklärt. daß auch diese Schrift noch nicht B.s Physik enthält, sondern nur die Hindernisse des Aristotelismus und anderer Vorurteile überwinden soll.

17*, 1: Die Gedichte stehen nicht in direktem Zusammenhang mit den nachfolgenden Dialogen; sie stellen aber einige Grundmotive der Brunoschen Philosophie — poetisch verschlüsselt — vor.

L. übersetzt metrisch u. daher nicht wörtlich, aber inhaltsgetreu. Seine Korrekturen beziehen sich auf: Opere di Giordano Bruno Nolano, ed. Wagner, Leipzig (Weidmann) 1830, u. Le opere italiane di Giordano Bruno, ed. Paolo die Lagarde, Göttingen (Dieterich) 1888/89. Für einen Detailkommentar s. Limentani 1931.

1, 3: Elitropio: Helitrop, eine Pflanze, die sich im Wappen von John Florio (lat. flos-Blume), einem Freund Brunos in London, findet. Florio (1553—1625), italienischer Abstammung, verfaßte u.a. ein italienisch-englisches Wörterbuch (1598 u.ö.), in das er auch B.s Werke einarbeitete. Über ihn s. bes. Yates 1934, vgl. auch Singer 1950, S. 26—45, über B.s Freunde in England, und die übrige biographische Literatur. — Elitropio (wörtlich: der sich nach der Sonne wendet — U 7) stellt als Dialogpartner einen Anhänger der Philosophie Brunos dar. Filoteo: in den folgenden Dialogen und in CC heißt er Teofilo, in I wieder Filoteo („Gottesfreund"; beide Formen sind hier austauschbar: vgl. S. 10,23), ein lange Zeit gebräuchliches Pseudonym für Philosophen: Er vertritt die Lehre Brunos (s. S. 115, 26f), der sogar mehrere seiner lateinischen Schriften unter dem Namen Philotheus Jordanus Brunus Nolanus veröffentlicht hat.

Armesso: Namer (Anm. z. St.) und Singer 1950, S. 39 Anm. 40, assoziieren „Hermes Trismegistos", was nicht zu seiner Rolle im Dialog paßt, er müßte denn vielmehr der Lehrer der anderen sein (vgl. Yates 1964, S. 194), wie z.B. Hermes in U 7. Außerdem ist es Elitropio, der S. 2 das gleiche sagt wie dort Hermes zu Beginn: „Ipso (sc. sole) oriente operatores tenebrarum congregantur in cubilia, homo vero & animalia lucis exeunt at opus suum." — Mit Sicherheit ist Armesso ein Engländer (S. u. S. 12,16), vielleicht soll er an B.s Freund Matthew Gwinne erinnern (Yates 1934, S. 103).

1,5: Burgverliess: vgl. Platons Höhlengleichnis, Resp. 514 a ff, ähnlich CC 33, A 66 f.

1,27: Im (OL I 1) 206—208. Die inhaltliche Parallele geht bis S. 3, 10.

2,1: Der Sinn: 1. menschliche Individuen vertreten auch andere als die menschl. Gattung, während die Individuen der anderen Arten nur diese und nichts sonst vertreten. 2. Legitimation der Vergleiche mit Maulwürfen usw. und Hinweis darauf. 3. Da die menschl. Individuen in ihrem Verhalten u. Naturell mit Tieren usw. vergleichbar sind, ist im Menschen das Ganze der Natur in gewissem Grad verknüpft. 4. Zentrale Stellung des Menschen, ontologisch u. folgl.

auch erkenntnistheoretisch. Im 207 (OL I 1): Die Erde hat verschiedene Arten von Lebewesen hervorgebracht, wenigen ist die Form des Menschen zugeteilt, nur sehr wenige sind wahre Menschen, die unter den Vielen der hohen Natur der Götter für würdig gehalten werden.

2,4: Maulwürfe: So nennt B. die der Erkenntnis Unfähigen, zumeist gekoppelt mit der platonischen Höhlenmetapher: CC 33 u. 149, A 55, Im 19 (OL I1).

2,30: „Hyginus, Poetic. Astronomic. XXIII", vgl. „(Pseudo)-Eratosthenes, Katasterism. 11" (L.). Vgl. CC 23 f, wo die Ohren des Esels des Silen ein Monument für die von B. verachteten Pedanten sein sollen. B. bezeichnet seine Gegner immer wieder als Esel, besonders in Cabala del Cavallo pepaseo con l'aggiunta dell'Asino Cillenico (Dial. it. S. 833 ff); vgl. Vincenzo Spampanato: G.B. e la letteratura dell'Asino, Portici 1904.

3,26: Gemeint ist CC (Das Aschermittwochsmahl — ebenfalls 1584), fünf Dialoge, in denen Bruno die Lehre des Kopernikus von der Bewegung der Erde in seinem Sinne interpretiert und (ähnlich wie im folgenden) die Aristoteliker der Universität Oxford lächerlich macht; ferner finden sich drastische, aber z.T. allegorisch gemeinte Schilderungen der sozialen Verhältnisse in London. Die u.S. 5 erwähnten Smith, Prudenzio und Frulla sind die Dialogpartner. Im übrigen hat gerade dieser Dialog der Causa viel zur Fama B.s als eines ebenso leidenschaftlichen wie unbesonnenen Verfechters der geistigen Freiheit beigetragen.

4,35: Sparagorio: Verballhornung (und als solche wie gewöhnlich wohl obszön) von Sankt Paragorius, dem eine Kirche in Noli (Ligurien), wo B. zeitweise lebte, geweiht war, und der als Ritter dargestellt wird (C z.St.).

6,9: Vgl. das CC vorangestellte Gedicht „Dem Unzufriedenen". „Zyniker" hat bei B. immer auch den Nebensinn „Hund".

9,31: Bestien aller Art: S. o. S. 2.

10,7: Teofilo: Der Wortführer der Cena.

11,40: Von der coincidentia oppositorum handelt besonders Dial. V (s. S. 110,10), vorbereitet durch die Erörterung der Einheit des „Substrats" („prossimi suggetti") und der Prinzipien. Die Formulierung erinnert an die aristotelische Abstraktions- und Definitionenlehre (definitio fit per genus proximum et differentiam specificam, Metaph. VII 12, 1037 b 29), die folgenden Dialoge werden zeigen, daß B. einen anderen Lösungsweg versucht. — Übrigens ist die Erwähnung hier auch ironisch gemeint.

Anmerkungen

14,30: Universität Oxford: vgl. Anm. 3,26.

15,10: Ein wichtiges Zeugnis für das Problem der Kontinuität oder Diskontinuität von der Spätscholastik über den Humanismus zur Philosophie und Naturwissenschaft der Neuzeit (Forschungsberichte dazu: Garin 1975, Krafft 1975); vgl. Anm. 58, 30. B. unterscheidet also Scholastiker (evtl. Robert Grosseteste, Johannes Duns Scotus, Wilhelm von Ockham), denen er hier den relativen Vorzug (NB Z. 30—33) gibt, von neueren humanistischen Gelehrten.

17,22: Höfe, Universität: Zur Zeit der Königin Elisabeth I. bildeten sich in der Umgebung des Hofes Gelehrten-Zirkel, die sich von den Universitäten distanzierten und für neue Lehren und Methoden zugänglich waren. Zu ihnen gehörten John Florio, Philipp Sidney und andere Freunde Brunos, sowie die eben erwähnten Martin Culpepper und Tobie Matthew, die aber zugleich auch in Oxford lehrten. (Aquilecchia 1953). B. nennt sich im Titel seiner Komödie Candelaio (1582) „Achademico di nulla Achademia".

18,5: Personen in CC, entsprechen Gervasio bzw. Poliinnio im folgenden.

18,34: Päderastie, vgl. S. 76 f, Spaccio 584, Candelaio passim.

19,2: „Vergil, Aen. VI, 432." (L.)

19,12: Polihimnio: B. benutzt die antiquierte Schreibweise, während L. die italienische wiedergibt.

19,21: Anspielungen auf humanistische Handbücher: L. Io. Scoppae Spicilegium, Venetiis 1511 u.ö.; F. Ambrosii Calepini (. . .) Dictionarium 1502 u.ö.; Nicolai Peroti Eruditissimi viri Cornucopiae, Venetiis 1489 u.ö.; Marii Nizolii Brixellensis Observationum in M. T. Ciceronem Prima (Secunda) pars, 1533 u.ö. (Angegeben nach C. Anm. z.St. u. L.). Ähnliche Polemik in TMM 236.

19,23: „mentre ciascuno è uno lui solo è tutto": man beachte den Hinweis, in diesem Zusammenhang, auf das Problem des Einen und Vielen, Allgemeinen und Einzelnen.

20,19: Nach Konjektur von Gentile/Aquilecchia muß übersetzt werden: „wie dir ein leckeres Brot und Rebhuhn".

20,25: Pyrrhoniander: Diogenes Laert. IX, 72/73.

21,9: Die in der Fußnote bezeichnete Auslassung. Der Satz geht weiter: „ . . . auftauchen; an Euch, Schildknappen der Athene, Vorläufer der Minerva, Verwalter des Merkur, Aufseher des Zeus, Ziehbrüder des Apoll, Handlanger des Epimetheus, Weinhändler des Bacchus, Antreiber der Bacchanten, Einpeitscher der Hedoniden, Anstachler der Myaden, Aufreizer der Mänaden, Verführer der

Basseriden, Reiter der Mimalloniden, Liebhaber der Nymphe Egeria, Korrektoren des Enthusiasmus, Demagogen des irrenden Volkes, Schilderer des Demogorgon, Dioskuren der fließenden Disziplinen, Schatzmeister des Allesformers, Weihewidder des Hohenpriesters Aron (Lev. 8,18 ff)." Ein Teil der zitierten Namen läßt sich mit den S. 19 erwähnten Handbüchern erklären.

21,34: Sarza Rodomonte: CC 1955, S. 118 Anm.: Ariost, Orl. fur. 28, 85—91. Zum Folgenden vgl. u. S. 74—79.

24,3: Alexander Dicson, Schüler B.s, s. Anm. 50,35. Gervasio, der gesunde Menschenverstand. Poliinnio, der Pedant, s. S. 18; Polyhymnia ist eine der griech. Musen: Dante, Par. XXIII 56.

24,11: Prinzip u. Ursache: STM 17—19, 75, 105. Platon, Phaidr. 245 d. Aristoteles, Metaph. V 1 u. 2, 1012 b 34 ff. Thomas von Aquin, Summa Theol. 1 q 33 a 1.

24,17: Spur (vestigio): s.u. S. 25,20; 26,15; 27,25, Eine der Metaphern B.s für das Verhältnis von Prinzip und Prinzipiatum, die die Abständigkeit beider voneinander und die Erkennbarkeit auseinander andeutet. Vgl. z. B. TMM 149; S 162; E 1123, 1159. De compos. imag. OL II 3 S. 94: „Ideae sunt causa rerum ante res, idearum vestigia sunt ipsae res seu quae in rebus, idearum umbrae sunt ab ipsis rebus seu post res". Dazu Tocco 1892, S. 508: „Era una conciliazione tra il realismo e il nominalismo, nella quale s'adagiarono i principali dottori (. . .)." — Plotin, z.B. Enn. VI 7,15: „hic est duntaxat vitae vestigium. Hic nihil mentis est nisi vestigium" (Übers. Ficino, ed. Creuzer/Moser, Paris 1855). — Parallelen B./Plotin gibt Sarauw 1916, Unterschiede hebt Saracista 1935 (zur Causa S. 59—74) hervor.

26,20: Hülle: vgl. Sohar I, 19b—20a, dt. Ausw. hrg. v. Ernst Müller, Wien (Glanz) 1932, S. 67 f. „von hinten anchsehen" vgl. Exodus 33,23. Spiegel: 1 Kor. 13,12. Vgl. CC 33, E 996, 1122, 1159, Compos. imag. OL II 3 S. 91; weitere Stellen bei Brunnhofer 1890. Schatten: vgl. die Schrift De umbris idearum (1582) OL II 1; M 389 verweist auf Platons Liniengleichnis (Resp. 509 c ff.). Theosophen: „Apocaliptici", lt. Corsano (Hrsg.), Causa, Milano (Signorelli) 1961, Anm. z. St.: Anhänger des Joachim von Floris.

26,30: „quella similitudine deve essere intesa senza proporzional comparazione"; vgl. Cusanus, Doct. ign. I 3: „infiniti ad finitum proportionem non esse"; s.a. Thomas, S. th. 1 q 2 a 2 ad 3.

26,40: „gesunde Philosophie": „riformate filosofie", riformato i.S. von verbessert, richtig, auch u.S. 28,21; LPA 262. Sonst im Sinne der protestant. Reformation: I 385 Anm. mit weiterer Literatur.

27,7: „con gli occhi di regolati sentimenti": s.o. Anm. 5*,19.

27,16: In Platons Timaios redet der Demiurg „die Götter, die immersichtbaren, die Gestirne, und die nur nach ihrem Willen erscheinenden, die Götter des Volksglaubens, folgendermaassen an (p. 41 A. ff.): ‚Alles Verbundene ist auch wieder lösbar. Doch was schön gefügt ist und sich wohl verhält, könnte nur Bosheit lösen wollen. Deshalb seid ihr zwar, weil entstanden, nicht unsterblich, noch schlechthin zerstörbar. Doch werdet ihr nicht zerstört werden, noch dem Todesloose verfallen, da mein Wille für euer Bestehen ein stärkeres und festeres Band bildet, als jene, durch die ihr bei euerem Entstehen verbunden wurdet'." (L.). — Weitere Zitierungen dieser Stelle: A 76, Nr. 74—77, 176; CC 155; Im 274 (OL I1). Im Prozeß schrieb er diese Lehre den „Rabini et altri santi nel Testamento nuovo" zu: Mercati § 95, S. 82, vgl. § 255, S. 116 (Ps. 81,6 f). Dort auch § 258, S. 117 f u.ö., die These, daß die Erde und die Sterne Lebewesen und Gottheiten sind und die oberste Ursache bezeugen; s. bes. A 68; CC 34 (dazu Ps. 18,2: Caeli enarrant gloriam Dei, et opera manuum eius annunciant firmamentum); Im 80 (OL I 2): „astra quippe Deos secunda ratione dico"; S. u. S. 34. Plotin, Enn. II 9,5; V 1,2; V 8,3; IV 4,9.

Zugleich greift B. hier das aristotelisch-mittelalterliche Axiom an, wonach die Erde von ontologisch und physikalisch geringerem Rang sei als die Sterne und im Zentrum der Welt liege (Arist., De caelo II 13/14, bes. 293a 21 — 23), ausgehend von der Annahme unendlich vieler Welten: Darüber I u. Im; CC 33 u. 108 f. (vgl. Cusanus, Doct. ign. II 12; Kopernikus, De rev. orb. cael. I 10; Galilei, Dialogo mass. sist., Ed. naz. VII S. 122).

Die Betonung der Abhängigkeit vom Willen des „Schöpfergottes" verweist auf B.s Auseinandersetzung mit dem Voluntarismus: I 512 u. 532; Im 252 f (OL I 2 — „argumentum Theologorum"), 275 f, 316. B. fordert in allen seinen Schriften eine genaue Entsprechung der potentia activa (Gottes) und der potentia passiva (seiner Schöpfung): z.B. Im 243 (OL I 1), STM 12, LTS 190, RP 510 u. 531, unten S. 52,23 u. 66—68.

27,23: Dieser erste Abschnitt gibt das eigentliche Thema der folgenden Dialoge an: die Erkennbarkeit/Unerkennbarkeit Gottes oder des ersten Prinzips. B. spielt auf unzählige Philosophen und Theologen, vergangene und zeitgenössische Lösungsversuche an: die „Erste Philosophie" bei Aristoteles (Met. VI 1, 1025 b 1 ff); dessen Analogie Natur/Kunst (Met. VII 7, 1032 a 27 ff; Phys. II 8, 199 b 26 ff; vgl. LPA 312 u. 329 f); die Theologie der Scholastik (vgl.

Thomas, S. th. 1 q 12 a 2) und die Gottesbeweise; die negative Theologie (vgl. u. S. 70f; E 1164 mit Verweis auf Pseudo-Dionysios Areopagita); die Lehre von der doppelten Wahrheit (vgl. A 66, Ma 458, I 499; s.u. Anm. 66,19; S. 81; Doc. ven. IX, letzter Abschn., XI; Literatur in Hist. Wörterb. d. Philos. s.v. doppelte Wahrheit) etc.

Hier scheint B. theologische Ambitionen von sich zu weisen; im Dial. V zeichnet er das Eine mit allen Attributen der Göttlichkeit aus; in CC 126 f, beansprucht er für sich eine Theologie und Religion begründende Philosophie. Zum Gottesbegriff bei B. s. Namer 1926.

27,25: „consideriamo del pricipio e causa, per quanto in vestigio o è la natura istessa, o pur riluce nel ambito e grembo di quella". Syntaktisch schwierige Formulierung: Unterschieden wird, ob die Natur selbst ein Prinzip/Ursache niederen Ranges ist, oder ob das Prinzip/Ursache vermittels der Natur erkennbar ist, was sich nicht ausschließt.

28,21: „quei che parlano piú riformatamente", s. Anm. 26,40.

28,24: Aristoteles, Metaph. V 1, 1012 a 19: „die eine Art von diesen Prinzipien ist dem Dinge innewohnend, die andere außerhalb desselben" (Übers. Bonitz, Hamburg 1966). „An diese letztere Unterscheidung knüpft Bruno an. Denn was er Princip nennt, ist die immanente Ursache im Gegensatz zur transeunten, ein Unterschied, der dann später bei Spinoza zu entscheidender Bedeutung gelangt. Überweg (Grundriss der Gesch. der Philos., 3. Aufl. III, S. 81) macht darauf aufmerksam, daß schon bei Petrus Hispanus (Papst Johann XXI, † 1277) und anderen eine ‚causa materialis permanens' und ‚transiens' unterschieden wird." (L).

Die hiernach erwähnten „Elemente" sind die ‚Atome', von denen u.a. TMM handelt.

29,4: L. übersetzt „intelletto" durchgehend mit „Vernunft".

29,7: Eine Reihe von Beispielen aus der Antike (bis 30,15): Empedokles: L. vermutet: B. hält sich an mittelalterliche, Empedokles zugeschriebene Schriften, die „wesentlich neuplatonische Lehren" mit echten Fragmenten verbrämen, u. verweist auf: S(alomon) Munk, Mélanges de philosophie juive et arabe, Paris 1955 ([1]1859), S. 241 ff. Wenn diese Vermutung stimmt, dürften hier auch Quellen der sog. pythagoreischen Lehre zu finden sein. Ferner: Fragm. 31 B 110,10 Diels: „Denn alles, wisse, hat Bewußtsein und am Denken Anteil". B. kannte zumindest die Berichte des Aristoteles, Phys. I u. II. – Zu 30,7, wo B. Empedokles mit Anaxagoras zu verwechseln scheint, vgl. OL I1 S. 272, I 4 S. 114, III S. 55 u.

Arist., Phys. I 8, 198 b 16 u. III 4, 203 b 13.

Vergil: s.u. Anm. 38,34.

Weltbaumeister (Demiurg): Platon, Tim. 29a; 29d — 30b: „Er war gut; im Guten aber erwächst niemals und in keiner Beziehung Mißgunst. (. . .) brachte er, da er alles Sichtbare nicht in Ruhe, sondern in ungehöriger und ordnungsloser Bewegung vorfand, dasselbe aus der Unordnung zur Ordnung (. . .). (. . .) verlieh er der Seele Vernunft und dem Körper die Seele und gestaltete daraus das Weltall (. . .)" (Übers. Müller, Hamburg 1959).

Magier: Corpus hermeticum IX 6 (ed. Nock, trad. Festugière, Paris ²1960, S. 99): „conservant dans son sein toutes les semences qu'il a reçues de Dieu (. . .), tel un bon semeur de vie (. . .). Il n'est rien que le monde n'engendre à la vie; par son mouvement même il vivifie tous les êtres, et il est à la fois le lieu et le créateur de la vie".

Orpheus: cf. Ficino, Theol. platonica II 10 (ed. Marcel, Paris 1964, I S. 104): „diuina mens, cum sit infinita, merito nominatur ab Orphicis (. . .) ‚oculus infinitus'"; Ovid, Metam. IV 228. Vgl. Comp. architectura OL II 2 S. 55,5: „ ‚quid sol?' ‚oculus mundi'"; Oratio valed., OL I 1 S. 24: „sol, mundi oculus, et lampas universi istius".

Plotin, z.B. Enn. III 8,2 (Übers. Ficino) „in animalibus atque plantis, seminales rationes esse omnium effectrices; naturamque existere rationem, quae velut ipsius prolem, alteram generat rationem (. . .)". Vgl. S 202: „Una prima forma (. . .) pater formarumque dator appellatur" (vgl. Anm. 60,22).

Die Vielzahl der Belege läßt vermuten, daß es B. nicht auf die Quellen, sondern darauf ankommt, seine Gedanken in verschiedenen Ausdrucksformen einsichtig zu macheen und durch Autoritäten neuplatonischer Richtungen zu bestätigen.

30,31: Über den Zusammenhang von B.s Philosophie und derartigen Ansätzen naturwissenschaftlicher Beschreibung s. Pagel 1951.

30,38: Natur/Kunst: Aristoteles, Phys. II 8, 199 b 28—30: „Und hätte die Schiffsbaukunst ihren Sitz im Bauholz, so wäre ihre Arbeitsweise wie in der Natur. Daraus folgt: Wenn im menschlichen Herstellen Finalität vorliegt, dann auch in (der Produktion) der Natur" (Übers. Wagner, Berlin 1967). B. ‚folgert' statt dessen eine Natur als inneres Prinzip, so auch im Kommentar LPA 329, 14—16: „Natura enim ita operatur ac si in ligno esset ars faciendae navis, utpote intrinsecum principium a centro materiam efformans et figurans." Vgl. S. 54, 91 u. Anm. 34,18.

31,7: Vgl. A 81: „In eo (sc. universo) tria licet contemplari: Legem, Justitiam, et Judicium. Legem in mente divina quae est ipsa rerum omnium dispositio; Iudicium in mente animae mundi ad divinae legis normam singula decernente; Justitiam in omnium adpulsu atque voluntate singula juxta animae mundi decretum exequante" (als platonisch-pythagoreische Thesen bezeichnet). — Vgl. die Trias „Pallas—Vulcanus—Mars" in S 161 f; ferner die Dreiteilungen im Gedicht „Ursach' und Grund . . . "; TMM IV 2 ff (OL I 3 S. 274 ff); LTS 37; STM 73. — L. kommentiert: „Bruno, welcher die Transscendenz Gottes aufrecht erhalten und doch alles Geschehen in der Natur als deren eigenes inneres Leben begreifen will, schiebt so zwischen Gott und Natur ein Mittleres ein, was weder Gott noch Natur ist, aber an beiden Theil hat. In der That wird freilich damit der Gottesbegriff für die Erklärung der Natur überflüssig." — Vgl. a. Clemens 1847, S. 11 u. 147.

31,32: „ideale Begriff": „raggione ideale".

32,18: Vgl. o. Anm. 29,7. Aristoteles, De an. III 6; Phys. II 8; Metaph. III 4 (Diels frg. 31B21); Diogenes Laert.VIII 77.

33,15: Aristoteles, De an. II 1, 413 a 8f: „Ferner ist unklar, ob die Seele auf diese Weise Erfüllung für den Körper ist, wie der Matrose für das Schiff." (Übers. Theiler, Berlin [2]1966); u. III 5, 430 a 10ff; Plotin, Enn. IV 3,21; Thomas v. A., S. gent. III 78.

B. argumentiert in zwei Richtungen: 1.) die Seele ist vom Leib des einzelnen Lebewesens trennbar (unsterblich), was gegen das Entelechie-Konzept verstößt, 2.) das gesamte Universum hat eine Seele (eben die Weltseele), die sein „Prinzip der Bewegung" (Im 365, OL I 1 ist. Parallelstellen zur „Steuermann"-These: OL I 1 S. 14, I 2 S. 313, II 1 S. 42, III S. 246, 253; Spaccio 557. Diese These galt als häretisch, weil nur die Menschen als mit unsterblicher Seele begabt galten (Mercati § 259 S. 119 Anm.). B.s Stellungnahme steht im Kontext der Diskussion um die Sterblichkeit der Seele und die Einheit des Intellekts („Alexandrismus", „Averroismus") in MA u. Renaissance (vgl. a. Tocco 1892, S. 528 f); STM 119 f (Intellectus: Genus et species; Per se et secundum quod ipsum).

33,20: Plotin, Enn. II 9,7; zum folgenden vgl. IV 4, 38.

34,18: Vgl. o. Anm. 30,38; Arist. Phys. II 8, 199 a 33. Der „Zitherspieler" in Eth. Nic. I 6, 1098 a 9 u. II 1, 1103 a 34; vgl. Plotin, Enn. II 2,2; IV 4,12. B. legt die Betonung auf die Vernünftigkeit, statt der Finalität, des Weltganzen. Er unterscheidet in LTS 55 diskursives Denken von der Tätigkeit des „spiritus universorum", der „simplicii obtutu citra omnem studiosam attentionem facit

Anmerkungen

omnia" (dort auch das Zitherbeispiel), entsprechend Im 312 f (OL I 2); ferner U 12 u. 74.

34,26: Timaios 29 e (s.o. Anm. 29,7), 37 c. Vgl. a. Genesis 1.

34,39: Arist., De caelo II 12, 292a 20 f. Vielleicht denkt B. auch an Phys. VIII 8 f und die dazugehörigen Kommentare.

35,25: L. verweist auf die Doxographie in Aristoteles, De anima I, vgl. a. Anm. 27,16; Ma 497 (aus Agrippa von Nettesheim, De occ. philos. II 55 f).

35,28: Hier wird B.s. Intention deutlich: er sucht nach einem durchgängigen Prinzip des Seienden, das Mannigfaltigkeit sowohl ermöglicht als auch begründet. Vgl. Plotin, Enn. IV 4, 36: „in Wahrheit ist aber jegliches im Verborgenen ein Lebendes, und der bewußt lebende Organismus setzt sich zusammen aus Teilen, die zwar nicht bewußt leben, die aber einem derartigen Organismus wunderbare Lebenskräfte mitteilen" (Übers. Harder, PhB 212 a).

37,1: „Vgl. Vergil, Eclog. III,1" (L.).

37,24: „Kleinste Körperchen": „minimo corpusculo". Vgl. TMM 138 ff; AM 24 § 23: „Minimum ergo est prima rerum materia et substantia", § 26: „In minimo ergo (...) vis omnis est".

37,37: S. Anm. 14*,25.

38,6: Von B.s Interesse an Magie u. Astrologie zeugen bes. die Schriften De magia, De rerum princ., Medicina Lulliana, De vinculis in genere u. das Exzerptheft De Magia mathematica (OL III; Quellen: Trithemius, Agrippa von Nettesheim, Pseudo-Albertus Magnus); eine Übersicht über die Formen und Methoden dort S. 396 ff, u. S. 197–199. Magie soll „sapientiae supplementum" sein (Ma 403) und der „praxis" (im technischen Sinne) dienen (RP 532, 535; s.a. u. S. 52 f.): Den Magier im philosophischen Sinne nennt er einen „hominem sapientem cum virtute agendi" (Ma 400). „Ita et magus quicunque vult perficere opera similia naturae, est quod praecique cognoscat ideale principium, specificum quidem ad speciem, moxque numerale ad numerum, seu individuale ad individuum" (Ma 408). In der „magia naturalis" „omnia ad spiritum seu animam in rebus existentem referuntur" (Ma 397 f). Damit, und sei es durch Äquivokationen, ist der Grund für die Beschäftigung mit diesen Quellen offenkundig. S. auch Anm. 106,1.

Historische Herleitung und biographisches Material bietet Yates 1964; ihre Urteile über B. (ähnl. Corsano 1940, S. 280 ff) sind umstritten. Einen Zusammenhang mit B.s Ablehnung des Voluntarismus sieht Fellmann, Mythos, S. 254. Grundlegend zur Renaissance-Magie: Eugenio Garin, Medioevo e Rinascimento, Bari 1973 (=Universale Laterza 274), S. 141—178; ders., Lo zodiaco della vita, Bari 1976 (= UL 349).

38,34: Vergil, Aen. VI 724 ff: „Principio caelum ac terras, camposque liquentis (B.: -tes)/Lucentemque globum Lunae. Titaniaque astra,/Spiritus intus alit, totamque infusa per artus (B.: arctus) /Mens agitat molem, et magno (B. hier: totoque; S. 29: et toto) se corpore miscet." S.o.S. 29; außerdem zitiert in OL III S. 60, 434 u. 497, wo Vergil zumeist auch nur Poeta oder Pythagoricus genannt wird, Doc. ven. XI S. 711; dort auch im Zusammenhang mit dem nachfolgenden ungenauen Bibelzitat: „Spiritus Domini replevit orbem terrarum, et hoc quod continet omnia". Vgl. TMM 142: „Conlectis atomis circum undique spiritus archi-/tectus se infuso totum moderatur"; S 174,12 f; A 100. — Über die Bedeutung dieses Verses bei Ficino (De vita III Opp. 535) u.a. s. Yates 1964, S. 69: er scheint gewissermaßen der Wahlspruch des Renaissance-Hermetismus gewesen zu sein. Walker 1958 S. 13, 128 f. u. 1953.

39,4: Evtl. Thomas v.A., S. th. 1 q 76 a l ad 4: die menschliche Seele sei zwar keine in die körperliche Materie eingetauchte oder von dieser gänzlich umschlossene Form, dennoch sei sie ihrem Wesen nach die Form des Körpers.

39,29: „dauerndes Sein zukommt": „è subsistente". — Über die „äußeren Formen" (Z. 30) vgl. S 180 u. STM 18, wo B. Schulmeinungen referiert.

40,1: Sophisten: gemeint ist v.a. Aristoteles u. dessen Tradition, s. Anm. 41,8 u. Einl.-Schreiben. Zur Substanz: vgl. z.B. Arist., Kat. 5, 2 a 11 ff u. Metaph. VII 15, 1039 b 20 ff; u.u. S. 59 f.

40,21: Ovid, Metam. XV 153—159 u. 165 (als pythagoreische Lehre vorgetragen). Vgl. o. „An die Zeit"; u. S. 101. RP 550 u.E 1110 variiert er Seneca: „Peior est morte timor ipse mortis" (Thyestes v. 572). Vgl. a. TMM 143: „Nativitas ergo est expansio centri, vita consistentia sphaerae, mors contractio in centrum", u. AM 24 f. (s. Anm. 30,31); Cusanus, Doct. ign. II 12.

40,35: Auch u. S. 101; OL II 1 S. 44; II 2 S. 213; Doc. ven. XI; Mercati § 225 S. 115; Autographen s. Salvestrini 1958 S. 171 f („Salomon et Pythagoras"). Wichtig LPA 340 f zu De gen et corr., „Quid sit generatio".

40,38: „Pol." im Orig. „Dics.", d.h. Dicson spricht weiter.

41,8: Daher der Vorwurf ‚Sophist'. Vgl. A 101 f, 104 f, 142. Zur Unterscheidung ‚logisch/natürlich' s. Anm. 94,29. B. wird im folgenden Form und Materie auf ein Prinzip reduzieren.

41,14: „forma prima": Orig. (1584) „forma Prima"; C „forma,

prima la quale", also „die erste, welche"; der Sinn ist davon nicht berührt. Zu dieser ersten, materialen Form vgl. Aristoteles, Metaph. VI 1, 1026 a 5 u. De an. 11, 403 a 9: „Seele nicht ohne Stoff", was B. auf alles Seiende überträgt. L. verweist auf die Einteilung: 1.) Gleichteiliges (Elemente), 2.) Ungleichteiliges (Organisches), 3.) der abtrennbare Intellekt (De an. I 5, 411 a 16 ff).

Zur ‚perfectio' bei B. vgl. STM 30 f, 77 f, 107 f u. Im 302 ff (OL I 1).

43,32: D.h. es geht um das Individuationsprinzip. Vgl. auch Anm. 29,7; u. S. 55,3 f.

44,5: Heute Randazzo/Prov. Catania.

44,35: Der Vergleich auch in Oratio valed. OL I1 S. 14; TMM 209, 272, S 179, Ma 410 f. Cusanus, Id. de mente 12; Plotin, Enn. VI 4,12. — Die Individuation durch Materie und Form erläutert B. auch durch den Vergleich mit einem zerbrochenen Spiegel, dessen Scherben die ganze Sonne widerspiegeln können: LTS 59 f; variiert in Mercati § 225 S. 115 f.

47,42: „Diogenes von Sinope soll, als er ein Frauenzimmer öffentlich umarmte, auf die Frage was er thue, geantwortet haben: Φυτεύω ἄνδρωπον; — übrigens eine in moderner Zeit entstandene Erfindung. Vgl. Bayle, Dictionnaire hist.et crit. Art. Hipparchia. Not. D." (L.).

49,8: Paracelsus: Vgl. unten S. 53 u. 63; OL I 1 S. 17, II 2 S. 181 u. 234. — Tocco 1892, S. 514, 524, 617 f, sieht Einflüsse auf B.s De monade.

Galen: kritisiert in M 414, TMM 143, STM 120 (immer im Zusammenhang der Individuation), s.u. S. 53.

Avicenna: erwähnt OL II 2 S. 239 (?); III S. 458 u. 475.

50,35: Petrus Ramus: Scholae in Liberales Artes, Basel 1569 (u.ö.); ders.: Aristotelicae animadversiones, Paris 1543 (u.ö.).W.J. Ong: Ramus, Method, and the Decay of Dialoque, Cambridge/ Mass. 1958. Vgl. E 1115, Figuratio phys. aud. OL I 4 S. 133.

A. Dicsons Schrift De umbra rationis (1583), eine Nachahmung von B.s De umbris idearum, löste wegen der propagierten Mnemotechnik Polemiken seitens der Ramisten von Cambridge aus: C S. LIII ff; Yates 1966 S. 266—286). B.s Mäzen Castelnau hatte übrigens Ramus' De Moribus veterum Gallorum ins Französische übersetzt (Paris, Andre Wechel, 1559; [2]1581 — s. Bartholomèss I 1846 S. 106 f). — Über Unterschiede in der Verwendung der aristotelischen Logik bei Ramus u. B. Corsano 1940, S. 100—104.

Francesco Patrizi da Cherso: Discussiones peripateticae, Basel

1581. (Garin 1966, S. 661—665; Bibliogr. S. 712 f.) Das Werk steht in der humanistischen Tradition, Aristoteles mit Platon zu vergleichen oder auf ihn (oder die Vorsokratiker) zurückzuführen.

Bernardino Telesio (aus Cosenza): De rerum natura iuxta propria principia, Neapel 1565 (u.ö.). Freund Patrizis. (Garin 1966, S. 644—656; Bibliogr. S. 711.) B. lobt in M 395, Telesio habe Aristoteles „ex principiis adversarii ipsius Aristotelis inductis" widerlegt, eine Methode, die B. selbst verwendet; wörtlich: CC 138, u.ö., vgl. o Einl.-Schr. zu Dial. IV, Nr. 2.

52,2: Auf Demokrit beruft sich wiederholt TMM z.B. 176 f 183, 212, 223 ff, 240.

Avicebron (Ibn Gabirol, Jude in Spanien), Fons vitae, 11. Jh Munk (o. Anm. 29,7, der Auszüge bringt) S. 300 f. stimmt mit Wittmann 1900 überein, daß B. nicht tiefgehend von ihm beeinflußt worden ist. B. entnimmt ihm Argumente für die Materie als Prinzip, dem Thema des Dialogs. Ähnlich Thomas, S. th. 1 q 50 a 2. Vgl. S. 61 u. 80. Dem Einleitungsschreiben nach müßte hier David von Dinant erwähnt werden, auf den er sich V 696 zusammen mit Avicebron beruft (zitiert u. Anm. 95,15). Für Badaloni 1955, S. 24—26, sind diese Stellen Indizien für eine materialistische Interpretation B.s. „zwei Arten von Substanzen": Dazu Tocco 1889, S. 345: „Ma siffatto dualismo, per quanto paja chiaro, è soltanto apparente, e Teofilo qui si mostra così risoluto monista, da non perdonare allo stesso Avicebronio di aver distinta la materia universale dalla sensibile", (s.S. 95).

52,23: Ein Grundaxiom der Philosophie B.s: Der potentia activa (Gott) muß eine potentia passiva (Schöpfung) entsprechen. Ausführlich S. 66—68. Vgl. Koyré 1969, S. 48—50. Stellen u. Zusammenhang mit dem Voluntarismus s. Anm. 27,16; vgl. STM passim.

52,30: „se noi vogliamo considerar l'universo corpo formato esser materia, chiamarlo materia, come un animale . . .": „wenn wir den universalen geformten Körper (also das Universum) als Materie ansehen (und) Materie nennen wollen, wie wir ein Lebewesen . . ." — Der Sinn scheint mir nicht tangiert; die Betonung liegt auf „wenn", man beachte Teofilos Antwort.

53,30: S.o. Anm. 49,8 u. 38,6.

54,7: LPA 304: „Cognoscitur autem (sc. materia), nominatur et definitur, sicut primum Pythagorici, deinde Timaeus et Plato docuerunt, per quandam analogiam, id est similitudinem et proportionem ad subiecta rerum artificialium." Marginalie in Aristotelis Opera cum Averrois commentariis, Venetiis apud Junctas 1562

(Repr. Frankfurt 1962), IV f. 41 G (zu Phys. I 7, 191 a 7): „Hoc a Pythagoreo Timaeo sumpsit Aritoteles." Platon, Tim. 52 a/b; Timaios Lokros 94 b (s. Anm. 57,38). Zur Analogie Natur/Kunst s. Anm. 30,38 u. 91,19.

55,25: „secondo la debita proporzione", s.o. Anm. 26,30.

57,38: Timaios Lokros (s. Anm. 54,7), eine fingierte Vorlage zu Platons Timaios: Timeus Locrus, De natura mundi et animae, hrsg. u. übers. v. Walter Marg, Leiden (Brill) 1972; die B. evtl. zugänglichen Drucke S. 79 f.

58,30: Johannes Duns Scotus († 1308) wurde Doctor subtilis genannt. Zum vorliegenden Problem: Étienne Gilson, Johannes Duns Scotus, Düsseldorf (Schwann) 1959, S. 461–484. Ähnlich die Anspielung in Cabala 843; in kosmologischem Kontext I 465 f. u. A 85 f: „Considerate an Aristoteles docuerit unquam dicere de Socrate, de Callia, de Platone, esse scientiam, secundum quod homo, de homine esse scientiam, secundum rationem specificam, quoad ejus substantiam, essentiam, naturam: an potius sicut quorundam Scoticolarum voces, atque similium cucullatorum?" — Thema bleibt das Individuationsproblem, von dessen Lösung die Erkennbarkeit der Natur abhängt; die „numerale Sustanz" (haecceitas) des Nominalismus („voces"!) wird abgelehnt, denn diese ist eine „rein logische Form" („logica intenzione" — u.S. 60,3). Vgl. a. Anm. 79,34 u. 89,37. Zum methodologischen u. historischen Aspekt dieser u. ähnlicher Stellen: Crescini 1972, S. 48 ff.

Zu den „Unzulänglichkeiten": B. beschreibt hier, wie auch öfter, was grundsätzlich als Charakteristikum des Auflösungsprozesses des spätscholastischen Aristotelismus angesehen werden kann, „daß er meist von innersystematischen Unstimmigkeiten seinen Ausgang nimmt" und im Bemühen, diese zu beheben, dahin tendiert, den Aristotelismus ad absurdum zu führen, bzw. philosophischen Gegenbewegungen das Feld zu bereiten (Zitat aus Fellmann, Scholastik 1971, S. 40 f; vgl. Anm. 15,10).

59,10: Arist., De anima II 1, 412 a 27 f: „ist die Seele die vorläufige Erfüllung (Entelechie) des natürlichen Körpers, welcher der Möglichkeit nach Leben besitzt" (Übers. Theiler, Berlin ^{2}1966); vgl. II 4, 415 a 8 ff (Seele als Prinzip).

60,12: Arist., Metaph. VII 15, 1039 b 27–29: „von den einzelnen sinnlichen Wesenheiten (gibt es) keine Wesenbestimmung und keinen Beweis"; XIII 10, 1086 b 33: „die Wissenschaft geht auf das Allgemeine" (Übers. Bonitz). Anal. post. I 31, 86 b 39; II 8, 93 b 16 f u.ö. Vgl. Zitat Anm. 58,30; LPA 264 f. Thomas v.A., S. th. 1 q

13 a 9 c: „omne nomen impositum ad significandum aliquod singulare est incommunicabile et re et ratione". Vgl. De ente et essentia IV.

60,22: „datore delle forme": damals gemeinhin Avicenna zugeschrieben, (Bruno Nardi, Saggi sull'Aristotelismo padovano, Firenze, Sansoni, 1958, S. 16, 41,241), Vgl. Anm. 29,7 (Plotin).

61,17: Avicebron: s. S. 52 u. Anm., Zitat Anm. 95,15.

62,11: „Onde diciamo in questo corpo tre cose". Zeile 17: „vernünftigen Organismus": „animale razionale" (die klassische Definition des Menschen).

62,21: Aristoteles (Phys. IV 6–9, De caelo IV 2) lehnt den Begriff des Leeren ab. Ausführlich diskutiert: I 396–398, A 130–143.
— Ausgehend von der ‚Raum-Materie' in Platons Timaios dringt B. zu einem Raumbegriff der reinen Dimensionalität vor, in dem Leere, Ort, Raum und Fülle ‚dasselbe' sind (Im 316, OL I 2): Im 231 (Ol I 1): „Est ergo spacium, quantitas quaedam continua physica triplici dimensione constans, in qua corporum magnitudo capiatur, natura ante omnia corpora, et citra omnia corpora consistens, indifferenter omnia recipiens, citra actionis passionisque conditiones" (etc.) — vgl. auch u. S. 102 f. Seine Form von Atomismus erfordert eine Theorie des Vakuum: Im 199 f (OL I 2), AM 23, TMM 140. In Ma 414 nennt er die anima mundi als Grund, warum kein reales Vakuum entsteht. Vgl. bes. Michel 1962, S. 177–182.

63,1: Vgl. U 17 f (und die ganze Methode der Schrift). Hierin haben die elektizistisch scheinenden Nachweise eine zunächst vordergründige Rechtfertigung. — Nowicki 1962 S. 95–106 u. 1965.
— Zum Folgenden s.a. Anm. 38,6 u. 49,8 (Paracelsus).

64,6: TMM 193: „Philosophia vero, ut didicit a particularibus abstrahere et rerum naturam et conditionem ad absolutum, quantum possibile est, deducere iudicium, aliter utile et bonum simpliciter, aliter utile et bonum ad speciem humanam contractum definiat oportet." Vgl. Anm. 5*,19.

65,20: Hermes Trismegistos; s. Yates 1964.

66,7: Man beachte die retardierende Dramaturgie. Teofilos Antwort ist vom vorangehenden auch typographisch abgesetzt (vgl. C).

66,19: Ausgehend von Aristoteles, Metaph. V 12, 1019 a 15 ff („dynamis"), stand die Unterseidung von potentia activa u. passiva im Zentrum der scholastischen Diskussion des Gottes und Materiebegriffes: Thomas v. A., S. th. 1 q 25. „De divina potentia"; 1 q 9 a 2 c. Cusanus, De possest (ed. Steiger, PhB 285, S. 34); vgl. Anm. 52,23. B. ist jedoch nicht an der Subtilität der Unterscheidungen, sondern an deren Zusammenfassung interessiert, so daß er — wie schon S. 61 angedeutet — im folgenden die Materie mit denselben Attributen ausstattet wie das Göttliche. (Vgl. Cusanus, Doct. ign. II 8, De pace fidei VIII).

Daraus folgt systematisch notwendig die Unendlichkeit der Welt: s. Anm. 27,16, eine Folgerung, die zweien der im Pariser Fakultätenstreit 1277 verbotenen Thesen entspricht; s. Denifle/ Chatelain: Chart. Univ. Paris. I (1889) S. 544 ff; Nardi (s. Anm. 60,22) S. 185 m. Anm. 22. Zu der daraus folgenden Annahme einer doppelten (philosophischen/theologischen) Wahrheit s. ibid. passim u. oben Anm. 27,23. — Im Übrigen ist B.s Umgang mit dem Potenz- und dem Substanzbegriff noch so gut wie unerforscht.

66,41: Ebenso C.

67,9: Cusanus, De possest (PhB 285) S. 7 f: „Posse enim fieri si se ipsum ad actum produceret, esset actu antequam actu esset. Possibilitas ergo absoluta, de qua loquimur, per quam ea quae actu sunt actu esse possunt, non praecedit actualitatem neque etiam sequitur." Vgl. Thomas v. A., S. th. 1 q 66 a 1: „Utrum informitas materiae tempore praeccesserit formationem ipsiums." Zur Identifizierung von Gott u. Universum s. Namer 1926, S. 58—62, 136—141.

68,9: „Ur-Wirklichkeit", „Ur-Vermögen": „primo atto", „prima potenza".

68,17: „alles in allem": „tutto è tutto", also „(es ist) ganz alles", vgl. c. S. 44.

Cusanus, Doct. ign. II 3 u. 8 (PhB 264 b, S. 60): „possibilitas absoluta in deo est deus, extra ipsum vero non est possibilis. Numquam enim est dabile aliquid, quod sit in potentia absoluta, cum omnia praeter primum necessario sint contracta." Vgl. Spaccio 641: „l'unità è uno infinito implicito, e l'infinito è una unità explicata". STM 88: „Ea omnia, quae in rerum natura sunt explicata, dispersa, distincta, ordinata, differentia, in eo (sc. Deo seu Mente) omnia sunt, non inquam, unita, concordantia, convenientia, sed sunt unum, sunt idem, sunt ipsa unitas, sunt ipsa identitas."

68,35: Der Rest des Dialoges besteht aus direkten u. indirekten Zitaten aus Cusanus, De possest — einschließlich der Bibelzitate. Daher wäre ein punktueller Nachweis müßig, da nur eine durchgehender Textvergleich den Sinn der Adaption erhellen könnte. Vgl. auch Doct. ign. I 3 u. 4. Zum Materiebegriff bei Cusanus und Bruno: Santinello 1969. Wilde 1901, S. 15 f weist auf Parallelen S. 68 f u. S. 99 f hin.

69,24: Hier (bis 70,13) variiert B. das Beispiel vom Kreiselspiel in Cusanus, De possest (PhB 285) S. 22 ff. In TMM 145 verschärft er es zu der These: „Si gyrum cunctiparentis/Telluris spectes, quo se pro luce diurna/Expedit, est punctus quicunque occasus et ortus" etc. (vgl. Scholien S. 147). Ähnlich Im 250 u. 315 (OL I 1), wo die „Himmelsrichtungen" als subjektive Bestimmungen erklärt werden. Von hier ist nur ein Schritt zu der berühmten Metapher, Gott (bzw. das Universum) sei eine Kugel, deren Peripherie nirgendwo und deren Zentrum überall sei; s.u. S. 100,6 ff.

69,31: Auslassung L.s: „... zu sein (und deshalb die Fähigkeit hat dort zu sein), und weil...". Gemeint ist der Schluß: Gott sei eine Sonne, die sich bewegt. Bewegung bedeutet, in einem Punkt wirklich sein, in anderen Punkten dem Vermögen nach sein, (Vermögen als positive Fähigkeit). Gott ist aber alles, was er sein kann. Also ist die Gott-Sonne in allen Punkten zugleich.

69,41: Psalm 19,5 u. 7; Sap. 7,11–24 u. 8,1.

70,14: Im Hintergrund dieser Bemerkungen steht bereits der in der Frankfurter Trilogie (1591) ausgearbeitete Atomismus B.s.: s. z.B. TMM 209: „Individua sola substantia est ens, reliqua vero in ente" (folgt Dichotomie des Atom-Begriffes).

70,18: Zur Übersetzung auf dieser Seite: Z. 18 „Vermögen", ausnahmsweise „potestà". 70,22: „Wesen", „essere"; ebenso 72,28. 70,26 f: „gehe...hinaus", „discorri per...", richtiger: „gehe... durch". 70,29: Muß lauten: „er ist nichts altes und nichts neues". 70,36 f: „verstandesmässige Vorstellung", „specie intelligibile". Für „Vernunft" und „Verstand" hat B. immer „intelletto".

71,18: Gemeint ist vielleicht Platons Timaios, der an die Resp. anknüpft. Da B. in LTS 35 den Tim. mit Theaitet zu verwechseln scheint, wäre zu vermuten, daß er (der ein sicheres Gedächtnis hatte) sich auf sekundäre Quellen stützt und einem Mißverständnis unterlegen ist. Im 389 (OL I 2) sagt er, das Liniengleichnis (Resp. 509 d ff) gebe die Meinung „Magorum, Timaeique" wieder.

71,27: Plotin, Enn. II 4,4 („Probat esse in intelligibili mundo materiam." Übers. Ficino).

72,5: Der Originaltext ist korrupt, der Wortsinn aber klar. Die Vorsilbe „Ur —" hat L. zu „atto" u. „potenza" angesetzt.

72,23: B. bezieht sich wohl auf Phys. I 2/3, 184 b 16, 185 a 8, b 18, 186 a 7, a 22, die er in LPA 274–285 kritisch referiert; ebenso A 96–98. LTS 186 zitiert er vielleicht indirekt: „Ens, seu quod actu; et significat naturam subsistentem, de qua verum est dicere esse, falsum est dicere non esse" (Diels 28B6). Vgl. a. S 180, u. Anm. 102,26 u. 103,26.

72,26: Scala naturae, s.S. 105/106.

73,2: „non è sopra il nostro discorso", kann auch bedeuten: „nicht über unser Thema hinausgeht".

73,11: B.: „Bonis avibus."

74,29: Der (ganz adäquate) Übersetzungsstil L.s zeigt, daß B. derlei Weisheiten ironisiert; — dennoch: vgl. Platon, Tim. 50 d; Arist., Phys. I 9, 192a22—25; Gen. an. I2, 716a15f; Plotin, Enn. III 6,19. — Zum aristotelischen Materiebegriff umfassend: Heinz Happ, Hyle, Berlin/New York 1971 (mit Bibliogr.). — Über den 4. Dial. ausführlich Corsano 1940, S. 135—150.

76,28: Ariost., Orl. fur. 27,119.

77,4: Statt „Dic." lies „Gerv.". — Zum Inhalt s. Anm. 18,34.

77,20: Johannes Bachmann, Die Philosophie des Neupythagoreers Secundus, Berlin 1888, S. 19 u.ö. (Texte). — Der anschliessend genannte Biscajer ist nicht zu identifizieren.

77,35: Cicala (Cicada): histor. Person u. Sprecher in E (s. dort S. 953 Anm. 2).

78,3: S. Anm. 3*, 11; Maria Boshtel war seine Frau, Maria de Castelnau seine Tochter.

79,28: Vgl. Thomas. v. A., S. th. 1 q 50 a 2, wo auch die Lehre Avicebrons (s.u. S. 80) diskutiert wird.

Zur Substanz bei Aristoteles s. Kat. 5; bei Platonikern: vgl. Arist. Met. XIII 4, 1078 b 30: „Sokrates aber setzte das Allgemeine und die Begriffsbestimmungen nicht als abgetrennte, selbständige Wesenheiten (choristá); die Anhänger der Ideenlehre aber trennten es und nannten dieses Ideen der Dinge."

B.s Verwendung des Substanzbegriffes (bes. STM 14f,73,104; Tabellen in LTS 184 u. 196 f) ist noch so gut wie unerforscht; Ansätze bei Cassirer 1922, S. 295—297.

79,30: „si reducono alla potenza di medesimo geno": „sind auf das Vermögen derselben Gattung zurückzuführen". Diese These wird im 5. Dial. in das Bild vom Zusammenfall der Gegensätze münden.

79,34: Wesenheit (entità) usw.: ‚erste Intentionen' (im Gegensatz zu den ‚zweiten') der scotistischen Logik; da B. sie nicht so bezeichnet, ist zu vermuten, daß er die ersten Intentionen substantialistisch faßt und die zweiten (Substantialität etc.) nicht gelten läßt (vgl. Anm. 58,30).

80,3: Avicebron s. Anm. 79,28, 52,2 u. 95,15.

80,13: Stufenleiter: s. S. 105/106.

80,30: LTS 14: (Chaos) „Non est ens neque non ens, sed verum, et horum quae sunt susceptaculum. Quod si ens et verum quis undique converti velit, libertatem nominandi concedimus et appetimus, dummodo rerum ratio maneat intacta." — Lehnt sich an die Erarbeitung des Materiebegriffs in Aristoteles, Phys. I 7/8, 190 b 29ff, aus den Gegensätzen Seiend/Nichtseiend an: vgl. B.s Referat LPA 303 ff; 306: „omnia contraria per eiusdem generis divisionem et eiusdem materiae subiectionem cognoscuntur et sunt." Vgl. Anm. 114,4.

80,36: „intelligibilità": „Intelligibilität". In Zeile 38 steht „Begriff" für „raggione" (= lat. ratio mit dessen Bedeutungsbreite).

81,40: B. denkt zugleich an Jacobs Kampf mit dem Engel: Gen. 32,26: „Ich lasse Dich nicht, du segnetest mich denn" und 29: „mit Gott und den Menschen hast Du gekämpft".

82,3: Marginalie auf ital. im Expl. Oxford, Bodleian Lib. (17. Jh.): „Nichtsdestoweniger stehen deine Thesen von der Ewigkeit der Welt, der Unendlichkeit der intelligiblen Materie und andere ähnliche Paradoxe im offenem Gegensatz zur gesamten Lehre der Religion." (C Anm. z. St.). Hierbei ist die Materietheorie z.B. des Thomas (S. th. 1 q 85 a 1 — u.a.) gegenwärtig zu halten.

82,6: Plotin, Enn. II 4,4.

82,29: „vorgestellt — Vorstellung": „conceputo — concetto". Zu diesem Abschnitt vgl. o. Anm. 6*,34, die Definitionsweisen in STM 21 f, 76, 105f und Ma 462: „(materia) ipsa est substantia individua ante quantitatem, ante rationem partis et totius"; TMM 209,16 f: „Sed minimum ulterius speculando suppeditemus/Materiram menti, qua sese ad maxima tollat".

83,35: „eigenthümliche Art — unterscheidende Eigentümlichkeit" (Z. 40 f): „propria raggione — raggione propria".

84,7: Vgl. S. 40.

84,14: L. übersetzt umständlich: B. meint eine direkte Analogie von körperlich und unkörperlich in allen Ebenen des Seins u. Vermögens.

84,28: Plotin, Enn. II 4, 4—5.

85,26: „Wirklichkeit": „atto". — Marginalie in Expl. Oxford B: „Welche Differenz nehmt Ihr dann an zwischen dieser Materie und Gott?" (C Anm. z. St.).

86,31: Eine averroistische These: De subst. orbis c. 1, Arist. Opera cum Averrois comm., (zit. Anm. 54,7) IX, f. 4 B, diskutiert in Thomas v. A., De natura materiae et dimensionibus interminatis, in Opuscula philos., Rom (Marietti) 1954, S. 134 ff, 138 ff.

86,41: E 1017 f: „non piú visibile ma cogitabile, non piú dividua ma individua, non piú sotto specie di cosa, ma sotto specie di buono o bello".

87,34: „. . . damit dich nicht hemmt, was der Araber einfältig sagte: Unwissend ist, wer nicht mit Aristoteles weiß" (Im 244, OL I 2.) Positiv über Averroes: M 411: „more subtilissimi et sapientissimi inter Peripateticos loquens"; u.ö. Tocco 1892, S. 527—29, vgl. o. Anm. 33,15. — Über die griechischen Kommentatoren genauso negativ bzgl. der Logik: LC 325.

87,41: C: „tutti", bezogen auf „Peripatetiker".

88,2: Plotin, Enn. II 4,3 u. II 5,3.

88,12: „Moment": „istante" = lat. instans. Vgl. den vorsichtigen Exkurs über Zeit und Augenblick in E 1066—1069, übers. u. erläutert in G.B.: Heroische Leidenschaften (1957), S. 79—81; S. 81: „So wie die Zeit eine Einheit ist, aber in verschiedenen zeitlich bestehenden Subjekten zugleich vorhanden, so ist auch der Augenblick eine Einheit und doch in allen Teilen der Zeit da." Zu Aristoteles, Phys. IV 11, 219 b 9 ff: LPA 338. Zur Zeittheorie bei B.: Michel 1962, S. 297—316.

88,21: Vgl. dagegen Aristoteles, z.B. Metaph. VII 8/9 zum Werden aus Materie und Form; Plotin, Enn. II 5,5, 24 ff: „Ist sie (die Materie) also aktuell ein Nichtseiendes, so ist sie in umso höherem Grade nichtseiend, und also wahrhaft nichtseiend" (Übers. Harder, PhB 212a). LTS 154: „Quid enim minus esse potest, quam quale fingitur esse materia, quam prope nihil appellant? In ipsa tamen est voluntas, quin immo insatiabilis et inexplebilis voluntas." 59 f: in einigen Splittern eines zerbrochenen Spiegels (vgl. Anm. 44,35) „aliquid confusum vel prope nihil de illa forma universali apparebit, cum tamen nihilominus insit, inexplicata tamen". Ähnlich mit erkenntnistheoretischem Anspruch schon in U 41 f: „ab eo quod est per se maximé ens; ad id quod minimum habet entitatis, & prope nihil haud temeré nuncupatur fiat accessus. (. . .) Vnde quasi per naturam agens: sine difficultate peraget vniversa."

Die Formel „prope nihil": Augustinus, Conf. XII 7,7 u.ö.; Thomas v.A., De spirit. creat. a. 1 c. 14 (Qu. disp. II, Turin, Marietti, [8]1949, S. 370).

In diesen Beispielen zeigt sich die Ambivalenz solcher Bezugnahmen B.s: Entscheidend ist nicht die jeweilige Zustimmung oder Ablehnung, sondern die in solchen Formeln festgehaltene und aktualisierte Problematik: hier die Notwendigkeit und zugleich Undurchführbarkeit, Materie als Gegenpol zur Form aufzufassen, und die daraus folgende Stufung des Seins und der Erkenntnis. — Gegen die Annahme einer eventuellen Widersprüchlichkeit und/oder Entwicklung in B.s Materiebegriff: Namer 1927 u. 1926, S. 63—80 u.ö.

88,22: „Energie", „perfezzione": L. denkt an die aristotelische energeia (Vollendung im Tätigsein).

88,37: So auch C. — Die Terminologie (complicatio/explicatio) ist cusanisch (Doct. ign. II 3 u.ö.) u. wird von B. oft verwendet, z.B. U 45 f, TMM 274, I 377.

89,6: „tutta in tutto", richtiger: „ganz in allem", s. S. 44. — Die nachfolgende Hervorhebung von L.

89,23: S. o. Anm. 27,23 u. 27,25.

89,37: D.h. Scotisten; s. Anm. 58,30.

90,35: B. beruft sich auf Phys. I 9, wo von der Materie als in gewisser Hinsicht Nicht-Seiendem (192 a 3ff) u. als nahezu aktivem Prinzip (a 22 f) die Rede ist; ferner auf II,1 192 b 13—16 (u.a.) mit der Definition des Naturdings, als etwas, das das Prinzip der Bewegung in sich hat. Metaph. VII 7, 1032 a 17: „dasjenige woraus (!) etwas wird, ist nach unserem Ausdruck der Stoff" (Übers. Bonitz); vgl. De gen. an.II 1,733 b 23—734 b 19. Daß B. Aristoteles hier ‚nicht gerecht wird' ist offenkundig und auch so beabsichtigt, da B. die arist. Konzeption von Materie u. Form (vgl. bes. Metaph. VII 6, 1045 a 23f) und Bewegung, die nach Möglichkeit u. Wirklichkeit begreifbar wäre (bes. Phys. III 3), unterlaufen will.

91,19: Aristoteles, Phys. II 1 berichtet von Vorsokratikern, die „sagen, nicht die Gestalt, sondern das Holz sei die Natur (des Bettes), weil Holz sich bilden würde, wenn es (. . .) zur Bildung eines Schößlings käme" (193 b 9—11 — Übers. Wagner). Zur Analogie Natur/Kunst: Phys. I 7, 190 b 5—9; s. Anm. 30,38; vgl. S. 104. — Über die Vorsokratiker Phys. I 4, 187 a.

91,35: Trockene: Lat. arida, s. 1. Buch Mos. 1,9: Im Hintergrund steht B.s physikalische Theorie, die Naturdinge seien aus ‚Atomen' oder ‚arida' aufgebaut, verbunden durch Wasser: RP 529, 531, 511 mit Bezug auf Thales u. die Bibelstelle, u.ö.; auch I 408, 453 f.

92,10: S. Anm. 91,19 u. 30,38.

93,26: „Typen", „sigilli"; sigillus ist in B.s Erkenntnistheorie bzw. Mnemotechnik ein rational hergestelltes Kürzel für einen komplexen Zusammenhang: De compos. imaginum OL II 3 S. 98; ein Schlüsselbegriff in den Schriften in OL II 2; dazu wichtig: Vasoli 1968.

94,2: Aristoteles, Phys. III 1, 201 a 27 ff: „Prozeß heißt stets Verwirklichung einer Möglichkeit des Gegenstandes, wobei der Gegenstand selbst (bereits) im Modus der Wirklichkeit steht und nicht als solcher, sondern nur seinem Möglichkeitsmoment nach in Verwirklichung begriffen ist. Ich will es erläutern; Diese Bronze hier ist mögliches Standbild (. . .); aber nicht die Verwirklichung der Bronze als Bronze ist doch der Prozeß" (Übers. Wagner).

94,29: Logisch/physisch: eine von Aristoteles (z.B. Phys. III 5, 204 b 4 u. 10) vorgegebene Unterscheidung (vgl. Übers. Wagner, Einl. S. 322), die B. gegen ihn wendet: die arist. Begriffe führen zu keiner begründeten Naturerkenntnis, in einer wahren Philosophie aber müßten Seinsprinzipien und Denkprinzipien identisch sein (s. Anm. 41,8; S. 102).

94,35: S.o. Anm. 74,29.

95,15: David von Dinant (um 1200); seine Lehren sind hauptsächlich überliefert durch Albertus Magnus (z.B. Summa de Creat. II q 5 a 2, Opera ed. Borgnet XXXV S. 68a) und Thomas v. A., nach dem B. sie hier und o. S. 9* wiedergibt (S. th. 1 q 3 a 8: „qui stultissime posuit Deum esse materiam primam"; S. gent. I 17). G. Théry: Autour du décret de 1210 I. — David de Dinant. Étude sur son panthéisme matérialiste, 1925.

Die Nähe zu Avicebron (vgl. o. Anm. 52,2) stellt auch V 696 her („non stultam concludentes Davidis de Dinantho et Avicebronis in Libro Fontis vitae sententiam ab Arabibus citatam, qui ausi sunt materiam etiam Deum appellare"), wo er ausdrücklich auf unsere Stelle verweist. Nachdem er o. S. 52 diese Lehre abzulehnen scheint, nimmt er sie hier, verbal zumindest, wieder auf, da er die beiden Substanzen auf ein gemeinsames Prinzip zurückgeführt hat.

95,40: Der Text, den C vollständig wiedergibt, ist in der Tat ohne diese Korrektur unsinnig.

97,2: Der 5. Dialog bringt im Anfangsmonolog (der Rest sind Korollarien) das Ergebnis dieser Schrift. Auch hier bedient B. sich zahlreicher wörtlicher Anspielungen.

Bzgl. der aus der Tradition der negativen Theologie stammenden Methode, das Eine mit Kontradiktionen (vgl. 105,26) zu beschreiben, muß generell auf Cusanus, Doct. ign., verwiesen werden, wie auch B.s Inhaltsangabe durch Verwendung des Wortes „Koinzidenz" nahelegt. Parallelen bei Clemens 1847, S. 142 f. u.ö.; vgl. Anm. 110,23. Robert Kilwardby verbot 1277 in Oxford zu behaupten: „Quod contraria simul possunt esse vera in aliqua materia" (Denifle/Chatelain, Chart. Univ. Paris. I, Paris 1889, S. 558).

Für die verwendeten Topoi über das Eine vgl. LTS 62—65; in STM fehlt die Anwendung von „Unitas" (S. 16) auf den Geist und den Intellekt, s. aber S. 88 f u. 116 f (Simul, Idem). Vgl. auch Cusanus, Ven. sap. 21/22.

140 Anmerkungen

97,6: „Ursache", „cosa" also richtig: „Ding".
97,7 u. im folgenden: „Wesen", „ente" also: „Seiende"; vgl. S. 101,5.
97,13: „wird ... erzeugt", „si genera" richtig: „entsteht".
97,21 u. 98,22: „aliquoten Theile", „parte proporzionabili/ proporzionale" richtiger: „verhältnismäßig(r) Teil(e)".
98,16: Vgl. STM 88 über die Identität Gottes; LTS 38 f, wo auch Parmenides (s.u. S. 103,26) und das Zentrum, das überall ist (u. S. 100), aufgezählt werden.
98,24: Lukrez, De rer. nat. I 615—20: „Wenn es ein Kleinstes nicht gibt, wird auch noch der feinste/Körper bestehen an Zahl aus je unendlichen Teilen/(. . .). Was wird zwischen dem All und dem Kleinsten für ein Unterschied sein dann?/ Nichts wird der Unterschied sein". (Übers. Büchner, Stuttgart 1973.)
Dieses Argument des Lukrez (den B. in der Frankfurter Trilogie nachahmt und in I oft zitiert) zugunsten der Existenz von Atomen wird von Cusanus, Doct. ign. II 1, und von B. zugunsten der Existenz des — folglich unendlichen — Einen verwendet; das schließt für B. die Existenz von Atomen jedoch nicht aus. Im 87 (OL I2) nennt er die Frage nach Teil u. Ganzem „vere extra rem, idest aristotelicam".
99,22: Vgl. S. 68 ff.
99,24: Dimensionenfolge (s. S. 106—108): Grundlegender Gedanke für B.s Geometrie (TMM 269—274) und Lehre vom Minimum; TMM 148 § 76: „Ergo linea nihil est nisi punctus motus, superficies nisi linea mota, corpus nisi superficies mota, et consequenter punctus mobilis est substantia omnium, et punctus manens est totum". Der letzte Teilsatz schließt unmittelbar an unsere Stelle an. Ansonsten gilt: „Die Zeit verhält sich zur Ewigkeit wie der Punkt zur Linie" (s. Anm. 102,1). Cusanus, Doct. ign. II 3: Die Einheit ist „ipsa punctus, qui est terminus, perfectio et totalitas lineae et quantitatis, ipsam complicans"; vgl. bes. Idiota de mente IX. Zur Dimensionenlehre bei Platon, der Quelle dieser Spekulationen: Konrad Gaiser, Platons ungeschriebene Lehre, Stuttgart (Klett) 1963, S. 44 ff.
100,7: Zur Geschichte der Metapher von der Kugel, deren Zentrum überall und deren Peripherie nirgendwo ist, s. Mahnke 1937, zur Interpretation dieser und anderer Stellen bei B. S. 48—59 u.ö.; vgl. bes. Cusanus, Doct. ign. II 12.—Z. 9/10 „sondern vielmehr" muß heißen „oder auch" („o pur"); denn — so der Sinn des Satzes — der Umfang ist nur dann in keinem Teile, wenn man annehmen

will, er sei von Zentrum verschieden, das ja in allen Teilen ist. Dieser Schluß basiert auf der Voraussetzung, daß hier nicht nur ein transzendentes und zugleich immanent wirkendes Prinzip, sondern auch das Universum selbst gemeint ist. (Der Widerspruch darin ist die Crux der Brunoschen Philosophie.) Das Universum ist real unendlich, deshalb muß seine Grenze real (,überall', nicht ,nirgendwo') sein. Impliziert ist damit, daß B. die Grenze des endlichen aristotelischen Kosmos als real und dessen Teil auffaßt, der in einem Ort ist (Im 223ff, OL I1; Koyré 1969, S. 53), was B. zu einem neuen Raumbegriff zwingt (s. Anm. 62,21). Innerhalb dessen kann das Zentrum überall angenommen werden (s. Anm. 69,24), weshalb dieses auch gut nirgendwo sein kann (A 183; Im 237, OL I2; TMM 225).

100,16: S. Anm. 14*,21; vgl. Anm. 68,17.

101,18: Auch hier der Gegensatz logisch/natürlich. Über die Naturphilosophen s. Aristoteles, Phys. I 4 u. LPA 285 ff. Zu den folgenden Zitaten s.o. S. 40 u. bes. das Referat über Werden und Verändern in Arist., De gen. et corr. I in LPA 340 ff. Mercati § 255 S. 114: „In hoc mundo hihil generatur, neque corrumpitur secundum substantiam, nisi velimus alterationem hoc modo nominare".

102,1: E 976: „Cossí il sapiente ha tutte le cose mutabili come cose che non sono, ed afferma quelle non esser altro che vanità ed un niente; perché il tempo a l'eternità ha proporzione come il punto a la linea." Vgl. LPA 308.

102,26: B.s schärfster Angriff gegen Aristoteles: 1. Er habe das Eine nicht erkannt, weil er dies von der Erkenntnis des Wesens (bzw. Seienden) abhängig machte, statt umgekehrt: denn bei A. wird das Eine in ebenso vielfacher (!) Bedeutung ausgesagt wie das Seiende (Phys. I 2, 185 b 6; LPA 277; Metaph. X 2, 1053 b 25); „im ursprünglichen und strengen Sinne aber ist dasjenige eins, dessen Wesenheit eine einzige ist" (V 6, 1016 b 8f — Übers. Bonitz). 2. Was das Wesen ist, sei aber völlig ungesichert, denn die Substanz/Accidenz-Unterscheidung (z.B. I 398f) und die Kategorien (die er in Comp. architectura, OL II 2 S. 61, „völlig konfus" nennt) versteht B. nominalistisch als willkürliche Fiktionen (s. LPA 278, unten S. 104/105). 3. B. argumentiert platonisch (vgl. Metaph. X 2; I 6, 987 b 22), die Einheit habe erkenntnisleitende Funktion, so wie sie auch Gegenstand der Erkenntnis ist: u. S. 108,31f; Compos. imag., OL II 3 S. 95 f; S 180, 216: „qui intelligit, aut unum aut nihil intelligit"; TMM 140: „Tolle undique minimum, undique nihil erit", vgl. Cusanus, Idiota de mente 9 (ed. Baur, Leipzig, Meiner, 1937,

S. 87,7): „si tollis unitatem, deficit omnis multitudo"; TMM 272 f; vgl. Cassirer 1922, S. 292. 4. Deshalb pervertiere A. in seinen Doxographien die Lehren Platons und der Vorsokratiker (vgl. Anm. 72,23, S. 103,29 f) so wie er selbst „perversamente" über die Natur der Prinzipien und die Substanz der Dinge gedacht habe (Cabala 893).

102,29: „die Allgegenwart selber", Zusatz von L. — Vgl. u. S. 44,34 f; STM 66 f, 95 f, 45 f („Ubi").

103,7: Gemeint sind die Himmelssphären des aristotelisch-ptolemäischen Weltbildes; vgl. Anm. 62,21; im übrigen I, Im passim u. CC V.

103,26: Vgl. S. 98,15 f. — Die Frage, ob Aristoteles Parmenides die These von einem begrenzten oder unbegrenzten Einen zugeschrieben hat (Phys. I 3, 185 b 18) nennt B. hier irrelevant. Vgl. Im 291 (OL I1); TMM 271, 301; LTS 39; Ma 457; u. Anm. 72,23.

104,13: Theologen: vgl. Anm. 27,23. — Zur „Stufenleiter" s. S. 105/106. Zur Analogie Natur/Kunst Anm. 30,38; 54,7 u. 91,19.

104,31: Guzzo 1960, S. 112, sieht in dieser Unterscheidung die kritischste Stelle in B.s Theorie. Vgl. I 382 u. Anm. 98,24.

105,8: Über die Kategorien s. Anm. 102,26 Nr. 2.

105,22: Aristoteles, Phys. I 2, 185 a 7, b 20; III 5,205 a 3 (Kontext!) entspr. LPA 274,279; vgl. Im 286 (OL I 1). Man beachte, daß B. sich sowohl auf Heraklit wie auf Parmenides beruft, so wie Aristoteles deren Lehren gemeinsam diskutiert. Albertus Magnus, Phys. I tr. 2 c. 10: schreibt die Behauptung, „contraria sunt simul vera", David von Dinant in einer Diskussion der Lehren von Parmenides und Melissos zu (Opera ed. Borgnet III S. 37 b); vgl. auch Anm. 97,2.

106,1: Stufenleiter (scala): s. S. 72,26; 80,13. B. dürfte dieser, aus neuplatonischer Tradition (Dionysios Areopagita, Johannes Scotus Eriugena) stammende Gedanke durch Raimundus Lullus (s. Yates 1966, S. 178—181, Abb. 10), Agrippa von Nettesheim (De occ. philos. II 4 ff: Zahlen-Leitern) u.a. bekannt sein. Diese Variante der These von der Einheit des Denkens und des Seins (Parmenides 18B3, Diels; Plotin, Enn. V 9,5,29) setzt ein Gleichbleibendes auf allen Stufen voraus, (zu Platon vgl. Gaiser, zit. Anm. 99,24, S. 353 Anm. 58) wie z.B. die ‚dignitates' oder ‚Fragen' bei Lullus (s. Bild in Yates S. 180), die auf allen ontologischen Stufen von Gott über die Engel, den Menschen, bis zu den Steinen angewandt werden. Auf diesem Modell basiert B.s Logik und Erkenntnistheorie: LTS 5—9, 177 f; der Titel ‚Lampas de Entis descensu' STM 5. Die wechselseitige Entsprechung von Gesetzmäßigkeiten in allen

Anmerkungen 143

Seinsbereichen (CC 147) ist ebenfalls Voraussetzung jeder Form von Magie (s. Anm. 38,6) und so von B. theoretisch untersucht: Spaccio 777; Ma 401 f, 435 f, 457, 493. Diese scala naturae ist nicht mit der der Elemente bei Aristoteles zu verwechseln: I 450.

106,15: Homer, Ilias II 204: „Nimmer ist gut Vielherrschaft der Welt; nur Einer sei Herrscher!"; zit. bei Aristoteles, Metaph. XII 10, 1076 a 4 (Übers. Bonitz), wo auch — wie im folgenden — von der Zahlenlehre die Rede war.

106,28: Pythagoras, Platon (bis S. 107): s. Gaiser, zit. Anm. 99,24, S. 296 ff u.ö. mit Literatur und Quellen. Vgl. Cusanus, Doct. ign. I 11. Aristoteles, Metaph. I 5/6, bes. 987 b 22 ff (Platon habe die Zahlen vom Sinnlichen getrennt) und De an. I 2, 404 b 20f („daß das Lebewesen an sich aus der Idee an sich des Einen und der ersten Länge, Breite und Tiefe bestehe" — Übers. Theiler). — Zum „Großen/Kleinen", das B. mit der Dimensionenfolge assoziiert, s. Arist., Phys. III 4,203 a 15: „Platon lehrt zwei Unendliche, das Große und das Kleine" (Übers. Wagner). LPA 285 zu Phys. I 4,187a17 ff präzisiert, Platon habe mal „arithmetice" die Einheit und unbestimmte Zweiheit angenommen, mal „more geometrico et magis proprio (!) sibi ponebat rerum (!) substantiam primam atque fundamentum primum punctum seu atomum corpus" zur Konstitution „omnium specierum". B. hält also die Geometrie, die „mensurando figurat et figurando mensurat" (TMM 150), auch für geeignet zur Vermittlung des Einen und des manigfaltigen Einzelnen. Vgl. auch die Klassifikation des unteilbaren Einen TMM 209—211. Ferner ist die traditionelle Dreiteilung der Wissensbereiche, Physik, Mathematik, Metaphysik (Arist. Metaph. VI 1; Praelectiones S. XVIIIff), gegewärtig zu halten.

107,15: Derselbe Vorwurf betraf S. 102 Aristoteles. Hatte B. gegen diesen mit Platon argumentiert, gibt er jetzt Pythagoras den Vorzug. Im Hintergrund dürfte die Ideologie der „wahren alten Philosophie" stehen: Walker 1953; Charles B. Schmitt, Prisca Theologia e Philosophia Perennis: due temi del Rinascimento italiano e la loro fortuna, in: Il pensiero italiano del Rinascimento e il tempo nostro, Firenze (Olschki) 1970, S. 211—236. Vgl. LTS 8 u. den Exkurs über die Philosophiegeschichte CC 39—43.

108,14: Vgl. S. 212—215 über Abstraktion, Kontraktion, Zahl u. Maß.

108,24: TMM 274: „Intellectus quanto inferior, tanto in maiori multitudine consistit, quippe qui eo a prima monade, mente suprema, versus materiae regionem degenerat (...)", vgl. Spaccio 641.

108,25 u. 31: „Vorstellung(en)", „(molte) specie", lat. species bedeutet bei B. Seins- u. Erkenntnisstufe: STM 62 (91,119 f); U 25.

109,11: „Über die untergeschobene Kategorieenlehre des Archytas, deren wesentlichen Inhalt Simplicius im Commentar zu den Kategorieen aufbewahrt hat, vgl. Prantl, Gesch. d. Logik Bd. I, S. 615 ff. Zeller, Philos. der Griech. Thl. III. Abth. II." [5]1923 (Repr. Hildesheim 1963), S. 119 Anm. 1, 144 Anm. 2 (L.) — Architae Tarentini Decem Praedicamenta, Ventiis 1561, Apud Mutilium Borgominerium (C z. St.). Erwähnt auch in LPA 276, OL II 2 S. 60, 279, 284 im Vergleich mit Lullus. Man beachte auch hier die nominalistische Interpretation der Kategorien.

109,38: „thierischen Organismus", Z. 39 „ -er -men": „animali" u. „animalità", also richtiger: „gewisse tierische Akzidentien" u. „Arten der Tierheit". Zum Inhalt, dem Individuationsprinzip, vgl. die vorangehenden Seiten u. S. 43, 55; Cusanus, Doct. ign. I 5.

110,8: „Hindeutungen, Mittel zur Bekräftigung", „segni, verificazioni". Unter den Beweisarten propter quid seu causae, quia seu signi und simpliciter (a causis tum essendi tum cognoscendi) (Praelectiones S. 3 u. S. XVIII ff, LPA 268, LC 324 f) hat der aus den Anzeichen (signum) die geringste Sicherheit, da er von der Wirkung auf die Ursache schließt (CC 147). Zwar sind innergeometrische Beweise solche „simpliciter", da in ihnen Konstruktionsprinzip und Erkenntnisprinzip identisch sind, wenn sie aber — wie im folgenden — zum Beleg einer metaphysischen Wahrheit dienen, sind sie nur Anzeichen oder „Gleichnisse" (S. 111,40; Lasswitz 1890, I 363). Verifikation ist die Anwendung und Bestätigung anerkannter Prinzipien in davon abhängigen Bereichen (o. Einl. zu Dial. III§ 2; LC 246; LTS 130,21).

110,23: Obwohl Cusanus mehrfach als Quelle nachgewiesen werden konnte, wird er hier zum ersten und einzigen Male im Text genannt (vgl. OL I S. 17, 381; I 2 S. 45; I 3 S. 60; II 1 S. 60 § IX (?); II 2 S. 234). B. nennt ihn hier nur als Quelle für die geometrischen Beispiele, während er die von Cusanus stammende Denkmethode der coincidentia oppositorum (s. Hist. Wörterb. d. Philos. s.v. coincidentia opp. u. Gegensatz I; o. Anm. 97,2) für sich reklamiert: I 494, 519; Spaccio 573 (ohne Namen); E 938, 1130; Im 352 f (OL I 1); 268 (OL I 2); TMM 272; RP 550. B. ist sich der Unterschiede zu Cusanus bewußt — z.B. unterbleibt jeder Bezug zur Trinitätsspekulation (vgl. Doct. ign. I 14 u. 19) — und zieht die Einordnung in die Tradition des Platonismus vor, wie der vorangehende Hinweis auf die Einheit/unbestimmte Zweiheit (s. Anm. 106,28) nahelegt.

Anmerkungen 145

— Zum Ganzen: Cusanus, Doct. ign. I 12—19. Clemens 1847; Blumenberg 1976.

110,39: L. hat die Verweise zu den Punkten weggelassen. — Diese Zeichnung auch TMM 148; Cusanus, Doct. ign. I 13; vgl. De Beryllo 25; Die mathematischen Schriften (PhB 231) S. XI u. 161 f.

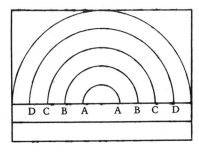

Figur 1

111:4: Entspr. dem Satz, daß Teile des Unendlichen selbst die Eigenschaften des Unendlichen haben (Anm. 98,24), vgl. TMM 146 f, §§ 16,20.

111,10: Anspielung auf die Lullschen Paronymien (Correlativa): LC 325 f mit Bezug auf diese Stelle. Erhard-Wolfram Platzeck, Raimund Lull I, Düsseldorf (Schwann) 1962, S. 171 u. 217.

111.34: Vgl. evtl. Cusanus, Doct. ign. I 14. (Figur 2)

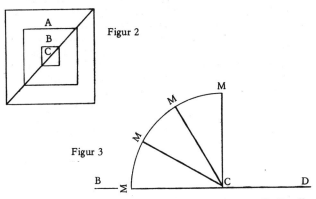

Figur 2

Figur 3

112,4: Auch TMM 147 (mit Kontext!) u. U 38. Cusanus, De Beryllo 25. (Figur 3)

112,30: Qualitäten: Aristoteles, Meteor. IV Anfang; LPA 373 ff; Cusanus, De Beryllo 25; Zum Werden aus Gegensätzen: Aristoteles, Phys. I 4/5; E 974—978.

113,24: RP 549 f.

113,38: Konträre und kontradiktorische Gegensätze.

114,1: F. W. J. Schelling, Bruno, PhB 208, S. 124 Anm. (GA I, IV, 332) nennt diese Worte „das Symbol der wahren Philosophie". — Anders betont U 26: „Hinc qui nouerit apta extraemorum media: & naturaliter & rationaliter omnia poterit ex omnibus elicere." Vgl. Spaccio 573; Cabala 873. — „Entgegengesetzte" („contrarii"): konträre Gegensätze.

114,4: Vgl. Anm. 102,26. Nocheinmal Cusanus, De Beryllo 25. Zur Privation: Aristoteles, Metaph. X4, 1055 b 3 ff. Gegenwärtig zu halten ist der Satz vom Widerspruch, ibid. IV3—6 (vgl. Anm. 97,2); 1011 b15 ff: „Da nun aber unmöglich der Widerspruch zugleich von demselben Gegenstande mit Wahrheit ausgesagt werden kann, so kann offenbar auch das Konträre nicht demselben Gegenstande zugleich zukommen" (Übers. Bonitz). — B. fragt nach den Minima u. Maxima, d.h. den Übergangspunkten, sowohl der kontradiktorischen als auch der konträren Gegensätze. Da Arist. dergl. bei den kontradiktorischen Gegensätzen ablehnt, kann er auch nicht schlüssig erklären, wie aus der Privation, dem konträren Ggs., die Gestalt entsteht, was er Phys. I 7, 191 a 12—14 sagt. In Phys. VI (bes. 5, 235 b 25) führt die Frage nach dem Übergang von Seiendem u. Nichtseiendem unmittelbar zur Diskussion der ‚Zenonischen Paradoxien'. Nur wenn der Übergang kontradiktorischer Ggss. als denkbar und real nachgewiesen wird, ist eine philosophische Begründung des Übergangs von Privation zu Bestimmtheit geleistet. B. berührt also eine zentrale Frage der aristotelischen, an der ‚Bewegung' orientierten Naturphilosophie. Vgl. a. Anm. 80,30.

114,21: Im Text: „Vae soli", Prediger 4,10.

114,31: Anders Cusanus, Doct. ign. II 6: „ut denarius est radix quadrata centenarii et cubica millenarii, ita unitas universi est radix universorum." Für B. läßt sich jede Größe als Einheit bezeichnen — jedoch ist wegen des Fragenden Vorsicht geboten.

114,36: „abstracterem", „piú semplicemente", also nicht i.S. logischer Abstraktion.

NAMEN- UND SACHREGISTER*

Namen

Agrippa von Nettesheim, H.C. 127, 142
Albertus Magnus 127, 139, 142
Anaxagoras 37, 43, 65, 91, 118, 125
Apokalyptiker 122
Archytas von Tarent 109, 144
Ariosto, L. 21, 76, 122, 135
Aristoteles 15, 16f, 48, 49, 51, 52, 58, 62, 87, 105, 114, 123, 124, 125, 126, 130, 132, 135, 137, 138, 141, 143, 146
— Definitionen 41, 90, 102, 120, 128
— Doxographie 15*, 64f, 72, 103, 118, 124f, 127, 138, 142
— Entelechie 59, 61, 92, 126, 131, vgl. perfectio
— Individuation 13*, 43, 60f, 131
— Materie 74, 76, 90, 92—94, 130f, 135, 136, 137, 138
— Seele 33, 126, 129, 131 vgl. Steuermann
— „Zitherspieler" 34, 126f
Aristoteliker 8*, 120
Augustinus 118, 137

Averroes 87, 130, 136f
Avicebron 52, 61, 130, 132, 135, 139
Avicenna 49, 129, 132

Boccaccio, G. 19
Boshtel, Maria 78, 135
Bruno, Giordano, Biographisches 3*—5*, 5—17, 52, 117, 120, 121, 135

Calepinus, F. A. 19, 121
Castelnau, Maria de 78, 135
Castelnau, Michel de 1*, 3*, 78, 117, 129
Ciceronianer, M. 15, 18
Culpepper, M. 17, 121
Cusanus, N. 110, 118, 122, 123, 129, 132f, 133f, 138, 139, 140, 141f, 144f, 146

David von Dinant 9*, 95, 130, 139, 142
Demokrit 51, 91, 130
Dicson, A. 18, 122, 129
Diogenes von Sinope 47, 129
Dionysios Areopagita 124, 142
Duns Scotus, J. 58, 121, 131 vgl. Scotisten

* zu Text und Anmerkungen

Namen- und Sachregister

Elisabeth I, Königin 3*, 22, 117, 121
Empedokles 29f, 32, 43, 60, 124
Epikureer 51, 65
Eratosthenes 120
Euklid 108

Ficino, M. 122, 125, 128, 134
Florio, J. 119, 121

Galen 49, 53, 129
Galilei, G. 123
Grosseteste, R. 121
Gwinne, M. 119

Heinrich III, König 117
Heraklit 105, 142
Hermes Trismegistos 65, 119, 132
Homer 143
Horaz 77
Hyginus 120

Joachim von Floris 122

Kabbalisten 26
Kilwardby, R. 139
Kopernikus, N. 120, 123
Kyniker 52
  vgl. Zyniker (Sachregister)
Kyrenaiker 52

Lukrez 118, 140
Lullus, R. 127, 142, 144, 145

Manichäer 106
Matthew, I. 17, 121
Melissos 142

Nizolius, M. 19, 121

Ockham, W. von 121
Orpheus 30, 125
Ovid 128

Paracelsus 49, 53, 129, 132
Parmenides 15*, 72, 103, 134, 140, 142
Patrizi, F. 50f, 129f
Peripatetiker 9*, 10*, 11*, 26, 34, 35, 37, 42, 54, 58, 79, 87, 106, 137
Perotus, N. 19, 121
Patrarca, F. 19
Petrus Hispanus 124
Pico della Mirandola, Giovanni 118
Platon 15*, 16f, 43, 49, 65, 71, 92, 106f, 119, 120, 122, 130, 143
— Timaios 27, 29, 34, 74, 125, 127, 130, 132, 134, 135, 140, 142
Platoniker 8*, 11*, 26, 29, 54, 66, 106, 144
Plotin 30, 33, 44, 82, 88, 122, 125, 127, 129, 134, 135, 136, 137, 142
Protagoras 77
Pyrrhonianer 20, 121
Pythagoras 15*, 16f, 38, 60, 101, 106f, 128, 143
Pythagoreer 54, 57, 60, 66, 91, 128, 130f

Ramus, P. 50f, 129

Scholastiker 18
Scoppa, L. J. 19, 121
Scotisten 58–60, 89, 135, 138
Scotus Eriugena, J. 142
Secundus 77, 135

Seneca 128
Sidney, Ph. 121
Simplicius 144
Spinoza, B. 124
Stoiker 66

Talmudisten 26
Telesio, B. 51, 130
Thales 138
Theosophen 26, 122

Thomas von Aquin 122, 124, 130, 131, 135, 136, 137, 139
Timaios Lokros 57, 60, 71, 130f
Trismegistus
  s. Hermes Trismegistos
Trithemius, J. 127

Vergil 19, 37, 38, 39, 50, 121, 125, 127, 128

Sachen
(Die Orthographie ist modernisiert und vereinheitlicht. Inhaltsverwandte Begriffe wurden zu einem Stichwort zusammengefaßt.)

Akzidens 12*, 25f, 43, 58—61, 109f
  vgl. Substanz/Akzidens
Analogie 11*, 26, 47, 55, 57, 71, 75, 80, 86, 94, 98, 106f, 130, 136, 142
  vgl. Proportion
Atom 37, 106, 124, 127, 132, 134, 140 vgl. Minimum
Ausdehnung, räumliche 13*, 41, 44, 82, 84—87, 100
  vgl. Raum

Bestien 2f, 9, 119
Beweis 57, 144
Bibelzitate 3, 16, 26, 37, 43, 47, 69, 70, 71, 74, 75, 81, 91, 101, 122, 123, 128, 133, 134, 138

coincidentia oppositorum 15*f, 11, 112, 120, 135, 139, 144
  vgl. Zusammenfallen
complicatio/explicatio s. Entfaltung

contractus (contractio) 84, 108, 132, 143

dator formarum 30, 60, 125, 132
Dimensionsfolge 99, 106, 140, 143
Dreiteilungen 31, 41f, 62, 126, 143

Eine, das 13*—15*, 20*, 97—100, 118, 124, 139, 140
einfach/zusammengesetzt 80, 89, 146
Einheit/Vielheit 14*f, 100—103, 106, 107f, 121, 127, 143
Entfaltung (entfaltet/unentfaltet; explicatio) 12*f, 15*, 88, 90f, 105, 114, 133, 138
Erkenntnis 13*, 80, 105f, 139, 142f, 144
Evidenz 57

Form, Arten von 8*, 41f
— ewig 39f

— immanent 39—44
— als Prinzip 32—45
— substantielle 9*, 42, 58—60, 61
vgl. Ursache, formale
Form/Materie 8*, 11*, 13*, 29—45, 85—96, 100, 128, 137
— gleich 39f, 85f
— unterschieden 42f, 60, 82

Gegensätze 15*, 58, 111—114, 139, 146
vgl. coincidentia oppositorum
Gleichnis 8*, 44, 111, 144
Geometrie 15*, 107, 110—112, 140, 143—145
Gott 10*f, 27, 89, 118, 123f, 126, 140

Hermetismus 125, 128
vgl. Magie
Heros 77
Höhle 1f, 119
Humanismus 15f, 50, 76, 121
vgl. Pedanten, Ciceronianer

Identität 29, 98f, 112, 140
Individuation (Individuum) 13*, 1f, 41—43, 59f, 82—96, 104, 119, 129, 131, 136f, 144
innerlich 6*, 14*, 31, 118
vgl. Form, immanent
innerlich/äußerlich 28, 31, 32, 90, 124
instans 88, 137
vgl. Zeit

Kabbalah 122
Kategorien 102, 105, 109, 141, 142, 144

Körper (körperlich) 11*f, 14*, 56, 59, 82—89, 99, 110
Kugel 98, 134, 140,
vgl. Zentrum
Leere 17*, 62, 132
vgl. Raum
Licht 19*f, 1—3, 106
logisch/natürlich 14*, 41, 60, 94, 101, 128, 138, 141

Magie 10*, 29, 38, 63, 114, 125, 127, 143
materia prima 58
Materie, eine 82
— ewig 39f
— formlos 55, 88
— göttlich 9*, 52, 61f, 71, 92, 95, 133, 136
— körperlich/unkörperlich 12*, 83—88
— der Möglichkeit nach 13*, 39, 93
— als Potenz 66—73, 87f
— prope nihil 12*, 74, 88, 137
— Schoß 12*, 1, 30, 60, 65, 87, 93, 95
— Substanz 9*f, 39, 51f, 58
vgl. Substrat
Mathematik 9*, 10*, 16*, 106—108, 110, 114, 143
Maulwürfe 2, 119f
Maximum/Minimum 68f, 111—113
Methode Brunos 15*, 18, 56f, 114, 130, 131, 132
Methoden 9*, 10*, 11*, 24, 52, 62—66, 81f
Mikrokosmos/Makrokosmos 47
Minimum 127, 136, 140
vgl. Atom, Maximum

Sachregister

Mnemotechnik 129, 138
Moral 26

Natur/Kunst 25, 29, 30f, 31f, 54—56, 91—94, 104, 123, 125, 130f, 138, 142
Naturwissenschaft 16*, 30, 34, 49, 62—66, 121
„Nicht neues unter der Sonne" 40, 101
Nichtsein 80
Nominalismus 131, 141, 144

Pedanten 15*, 9, 14—17, 18—22, 46
perfectio 129, 138
philosophia perennis 143
Philsophie (Aufgabe, Grenzen) 15*, 26f, 64, 89, 102, 132
 vgl. Methode
Philosophie, landläufige 1, 71, 89, 105
Potenz, aktiv/passiv 10*, 52, 66—72, 123, 130, 133
Potenz/Akt, absolut 11*, 12*, 13*f, 70—72, 88, 99, 133, 134
— unterschieden 8*, 39, 41f
Prinzip/Prinzipiatum 6*, 14*, 24, 59, 101
Prinzip/Ursache 6*, 20*, 24—28, 32—34, 67—72, 89, 123
Privation 13*, 114
Proportion 107, 122, 131, 140
 vgl. Analogie
Punkt 14*, 15*, 99f, 106

Quiddität 58—60

Raum 98, 103, 132, 141
 vgl. Ausdehnung, Leere

Reformation 122
regolato senso 5*, 27, 64, 117, 123

Schatten 26, 122
Seele der Dinge 7*, 34—39, 58—60 vgl. Weltseele
Seele, unsterblich 126
sigillus 138
Sonne 16*, 20*, 1—3
Sophisten 4*, 8*, 15, 40, 128
Spiegel 26, 122, 129, 137
Sprache 48—50, 71, 90
Spur 24, 26, 27, 122, 124
Sterne (Kosmologie) 7*, 17*, 1, 27, 33f, 35f, 89, 93, 103, 123
Steuermann 32f, 126
Stimme 44
Stufenleiter (Stufungen, scala naturae) 8*, 11*, 15*, 39, 72, 80, 86, 105f, 108, 135, 137, 142f, 144
Substanz 9*, 14*—16*, 101, 103, 111, 133, 135
 vgl. Materie, Substanz
— geistig (formal)/materiell 39, 52, 72, 79, 82, 130, 139, 141
— numerale 58
Substanz/Akzidens 7*f, 13*, 15*f, 39f, 102, 104, 109
 vgl. Akzidens
Substrat 10*, 11*f, 52, 54, 71, 80, 89, 117, 120

Teil/Ganzes 14*, 32f, 41, 97f, 140, 145
 vgl. Individuation
teilbar/unteilbar 70, 82, 99, 107, 112
theologia, prisca 143

Theologie (Theologen) 9, 14f, 26f, 63, 71f, 72f, 81f, 89, 104, 123f
Theologie, negative 70, 124, 139
Tod 7*f, 10*, 20, 68, 101, 128
Trockenes 91, 138

Unendlich 98–111, 118, 123, 133, 140, 145
Universität Oxford 14f, 120, 121, 139
Universitäten 17, 121
Universum 6*, 14*, 17*, 67
— Teile des 33–39, 98–103
Universum/Gott 10*, 25f, 97–100, 140f
Ursache 6*, 28–32
  vgl. Prinzip/Ursache
— formale 6*, 31f
— wirkende 12*, 29–31, 90

Verifizieren 9*, 110, 112, 144
Vernunft, drei Arten 31
— universelle 29, 31, 60
Voluntarismus 123, 127, 130

Wahrheit, doppelte 124, 133
Weltseele 6*, 8*, 29–34, 39, 44, 53, 61f, 89 125
Wille 25, 126
  vgl. Voluntarismus

Zeit 17*, 18*f, 20*, 98, 137, 140
  vgl. instans
Zentrum/Peripherie 14*, 30, 100, 128, 134 140f
Zusammenfallen (Koinzidenz) 11*, 13*, 71, 88, 139
  vgl. coincidentia oppositorum, Gegensätze
Zyniker 6f, 120
  vgl. Kyniker (Namenregister)

Philosophische Bibliothek Eine Auswahl/Herbst 1977

ARISTOTELES

Metaphysik. Bücher I–XII in 2 Bänden. Auf der Grundlage der Übersetzung von Hermann Bonitz mit Einleitung und Anmerkungen neu herausgegeben von Horst Seidl. Griechisch-deutsch. Griechischer Text von W. Christ mit freundlicher Genehmigung von B. G. Teubner, Stuttgart. (PhB 307–308). Band I erscheint im Herbst 1978.

Nikomachische Ethik. Auf der Grundlage der Übersetzung von E. Rolfes hrsg. von Günther Bien. (PhB 5). 1972. 3. Aufl. LXIII, 438 S. Kart. 36,– Ln. 48,–

Politik. Übersetzt, mit erklärenden Anmerkungen und Registern versehen von Eugen Rolfes. Neuauflage mit einer neuen Einleitung von Günther Bien in Vorbereitung. (PhB 7).

Organon. Übersetzt und mit Einleitungen sowie erklärenden Anmerkungen versehen von Eugen Rolfes. (PhB 8–13). 5 Bde. Gesamtpreis Kart. 70,–

Daraus einzeln:

Kategorien und *Lehre vom Satz* (Peri hermeneias) (Organon I/II). Voran geht: Porphyrius, Einleitung in die Kategorien. (PhB 8/9). Nachdruck 1974. 132 S. Kart. 11,–

Lehre vom Schluß oder Erste Analytik Organon III). (PhB 10). Nachdruck 1975. X, 209 S. Kart. 18,–

Lehre vom Beweis oder Zweite Analytik (Organon IV). Mit einer neuen Einleitung und Bibliographie von Otfried Höffe. (PhB 11). Nachdruck 1976. XLIII, 164 S. Kart. 18,–

Topik (Organon V). (PhB 12). Nachdruck 1968. XVII, 227 S. Kart. 22,–

Sophistische Widerlegungen (Organon VI). (PhB 13). Nachdruck 1968. IX, 80 S. Kart. 9,–

THOMAS VON AQUIN

Die Philosophie des Thomas von Aquin. In Auszügen aus seinen Schriften herausgegeben und mit erklärenden Anmerkungen versehen von Eugen Rolfes. Nachdruck der Ausgabe von 1920 mit einer Einleitung und Bibliographie von Karl Bormann. (PhB 100). 1977. XVIII, 224 S. Kart. 18,–

Fünf Fragen über die Intellektuelle Erkenntnis (Quaestio 84–88 des 1. Teils der Summa de theologia). Übersetzt und erklärt von Eugen Rolfes. Nachdruck der Ausgabe von 1924. Mit einer Einleitung und einem Literaturverzeichnis von Karl Bormann. (PhB 191). 1977. XVI, 126 S. Kart. 14,–

MAIMON, MOSE BEN

Führer der Unschlüssigen. Buch 1–3. Übersetzt und herausgegeben von Adolf Weiss. 2. Auflage. Unveränderter Nachdruck des Textes der Ausgabe von 1923/24 mit einer Einleitung und Bibliographie von Johann Maier. (PhB 184a–c). 1972. CXIV, 394; XI, 313; IX, 382 S. in zwei Bänden. Ln. 88,–

NIKOLAUS VON KUES *Schriften in deutscher Übersetzung*

Heft 1: *Der Laie über die Weisheit* (Idiota de sapientia). Herausgegeben von Elisabeth Bohnenstädt. [Mit Geleitwort von Ernst Hoffmann: Nikolaus von Kues als Philosph]. (PhB 216). 4. Auflage. 1962. III, 108 S. Kart. 9,–

Heft 3: *Drei Schriften vom verborgenen Gott* (De deo abscondito – De quaerendo deum – De filiatione dei). Herausgegeben von Elisabeth Bohnenstädt. (PhB 218). 3., durchgeschene Auflage. Nachdruck 1967. XLIII, 117 S. Kart. 16,–

Heft 12: *Vom Nichtanderen* (De li non aliud). Übersetzt und mit einer Einführung und Anmerkungen versehen von Paul Wilpert. (PhB 232). Durchgesehener Nachdruck 1976 der 1. Aufl. 1952. IV*, XXVIII, 219 S. Kart. 24,–

Lateinisch-deutsche Parallelausgaben

Heft 2: *Über den Beryll* (De beryllo). Neu übersetzt, eingeleitet und mit Anmerkungen herausgegeben von Karl Bormann. (PhB 295). 1977. XIII, 151 S. Kart. 24,–

Heft 9: *Dreiergespräch über das Können-Ist* (Trialogus de possest) Übersetzt und herausgegeben von Renate Steiger. (PhB 285). 1973. XXXIII, 130 S. Kart. 22,–

Die belehrte Unwissenheit (De docta ignorantia). Übersetzt und mit Vorwort und Anmerkungen herausgegeben von Paul Wilpert und H. G. Senger. Gesamtpreis PhB 264a–c (Buch I–III) Kart. 68,–

Heft 15a: Buch I. 2., verbesserte Auflage, besorgt v. H. G. Senger. (PhB 264a). 1970. XIII, 152 S. Kart. 18,– Ln. 23,–

Heft 15b: Buch II. (PhB 264b). VIII, 175 S. Kart. 24,– Ln 29,–

Heft 15c: Buch III. Text von Raymond Klibansky. Übersetzt, mit Einleitung, Anmerkungen und Register herausgegeben von Hans Gerhard Senger. Mit einem Anhang zur Geschichte der Überlieferung der Docta ignorantia von Raymond Klibansky. (PhB 264c). 1977. XVIII, 236 S. Kar. 32,– Ln. 40,–

Heft 16: *Kompendium* (Compendium). Kurze Darstellung der philosophisch-theologischen Lehren. Übersetzt, mit Einleitung und Anmerkungen herausgegeben von Karl Bormann. (PhB 267). 1970. X, 110 S. Kart. 15,–

Heft 17: *Mutmaßungen* (De coniecturis) Übersetzt, mit Einleitung und Anmerkungen herausgegeben von Winfried Happ und Josef Koch (PhB 268). 1971. XXI, 264 S. Kart. 34,–

SUAREZ, FRANCISCO

Über die Individualität und das Individuationsprinzip. (De unitate individuali eiusque principio) Fünfte metaphysische Disputation. Lateinisch-deutsch. Herausgegeben, übersetzt und mit Erläuterungen versehen von Rainer Specht. 2 Bde. 1976. Kart. 80,–

Text und Übersetzung. (PhB 294a) LIV, 359 S. Kart. 36,–

Anmerkungen. (PhB 294b). X, 402 S. Kart. 52,–